Die vertrauliche Geburt

Europäische Hochschulschriften

European University Studies

Publications Universitaires Européennes

Reihe II **Rechtswissenschaft**

Series II Law

Série II Droit

Band/ Volume **5980**

Christian Alexander Thomas Genz

Die vertrauliche Geburt

PETER LANG

Bibliografische Information der Deutschen Nationalbibliothek
Die Deutsche Nationalbibliothek verzeichnet diese Publikation in der Deutschen Nationalbibliografie; detaillierte bibliografische Daten sind im Internet über http://dnb.d-nb.de abrufbar.

Zugl.: Passau, Univ., Diss., 2017

D 739
ISSN 0531-7312
ISBN 978-3-631-74296-9 (Print)
E-ISBN 978-3-631-74446-8 (E-PDF)
E-ISBN 978-3-631-74447-5 (EPUB)
E-ISBN 978-3-631-74448-2 (MOBI)
DOI 10.3726/b13209

Peter Lang – Berlin · Bern · Bruxelles · New York · Oxford · Warszawa · Wien

Diese Publikation wurde begutachtet.

www.peterlang.com

Inhaltsverzeichnis

Literaturverzeichnis

Albers, Marion: Faktische Grundrechtsbeeinträchtigungen als Schutzbereichsproblem. In: Deutsches Verwaltungsblatt (DVBl.) 1996, S. 233–242.

Anke, Hans Ulrich/ Rass, Jens: Babyklappe und anonyme Geburt. In: Zeitschrift für Rechtspolitik (ZRP) 2002, S. 451.

Badenberg, Felor: Das Recht des Kindes auf Kenntnis der eigenen Abstammung unter Berücksichtigung der Problematik der anonymen Geburt. Diss. Univ. Köln 2005. Peter Lang Verlag, Frankfurt a. M. u. a. 2006 (zitiert: Badenberg, Das Recht des Kindes auf Kenntnis der eigenen Abstammung unter Berücksichtigung der Problematik der anonymen Geburt).

Balloff, Rainer: Kindeswohlgefährdungen durch Herausnahme des Kindes aus dem Elternhaus und bei Wegnahme und der Pflegefamilie. In; Familie Partnerschaft Recht (FPR) 2013, S. 208–213.

Bamberger, Georg/Roth, Herbert (Hg.): Beck'scher Online Kommentar BGB, 42. Edition, Stand 1.02.2017, München 2017 (zitiert: Beck-OK-BGB^{Stand}/Bearbeiter).

Bauermeister, Matthias: Die Tötung Neugeborener unter der Geburt (Kindstötung § 217 StGB) – Eine bundesweite Verbundstudie für die Jahre 1980–1989 -. Diss. Univ. Kiel 1994 (zitiert: Bauermeister, Die Tötung Neugeborener unter der Geburt).

Bayer, Wolfgang; Holm, Carsten: Das Ende eines Leidensweges. Ein Hamburger Findelkind-Projekt bewegt Medien und Politiker. In: Der Spiegel vom 13.03.2000.

Bärlein, Michael/Rixen, Stephan: Babywiegen – Ein Hilfskonzept eigener Art: Strafrechtliche Risiken der Einrichtung von „Babywiegen". In: Kriminalistik 2001, S. 54–56.

Benda, Ernst: Die „anonyme Geburt". In: Juristenzeitung 2003 (JZ), S. 533–540.

Benöhr, Susanne/Muth, Iris: „Babyklappe" und „Anonyme Geburt" -. im Widerstreit zwischen Hilfeleistung und Gesetzesverstoß. In: Kritische Justiz (KJ), S. 405–424.

Berkl, Melanie: Das Gesetz zum Ausbau der Hilfen für Schwangere und zur Regelung der vertraulichen Geburt – unter besonderer Berücksichtigung der personenstandsrechtlichen Konsequenzen. In: Das Standesamt (StAZ) 2014, S. 65–73.

Beulke, Werner. Ist die „Babyklappe" noch zu retten? In: Rolf Dietrich Herzberg und Holm Putzke (Hg.): Strafrecht zwischen System und Telos. Festschrift für Rolf Dietrich Herzberg zum siebzigsten Geburtstag am 14. Februar 2008. Tübingen 2008, S. 605–625 (zitiert: Beulke, FS-Herzberg).

—.: Zeugnisverweigerungsrechte im Zusammenhang mit der anonymen Kindesabgabe. In: Hefendehl, Rohland/Hörnle, Tatjana/Greco, Luis (Hg.): Festschrift für Bernd Schünemann zum 70. Geburtstag am 1. November 2014: Streitbare Strafrechtswissenschaft. Berlin 2014, S. 859–873 (zitiert: Beulke, FS-Schünemann).

—.: Strafprozessrecht. 13. Auflage, Heidelberg 2016.

Bleckmann, Albert/Eckhoff, Rolf: Der „mittelbare" Grundrechtseingriff. In: Deutsches Verwaltungsblatt (DVBl) 1988, S. 373–382.

Bleiker Carla: Vertrauliche Geburt – Hilfe für Schwangere in Not?, Bericht der Deutschen Welle v. 1.05.2014, abrufbar unter: http://www.dw.de/vertrauliche-geburt-hilfe-f%C3%BCr-schwangere-in-not/a-17595471.

Bonnet Catherine: Geste d'amour: L'Accouchement sous X. 3. Auflage, Paris 2001.

Bott, Regula: Wunsch und Wirklichkeit – zur bisherigen Praxis und Debatte. In: terre des hommes e. V. (Hg.): „Babyklappen und anoynme Geburt – ohne Alternative?". Aktualisierte Auflage, Osnabrück 2007, S. 20–42.

Bozankaya, Nadine: Neonatizid – Die rechtliche Reaktion auf die Tötung Neugeborener: Eine strafrechtliche Untersuchung anhand von Aktenanalysen. Diss. Univ. Bremen. 2010. Lit Verlag Dr. W. Hopf, Berlin u. a. 2010 (zitiert: Bozankaya, Neonatizid).

Bund deutscher Hebammen e. V.: Position des Bundes Deutscher Hebammen: Beratung und vertrauliche Geburt statt Babyklappe und Anonymität. 2006.

Bundesministerium für Familie, Senioren, Frauen und Jugend (Hg.): Die vertrauliche Geburt: Informationen über das Gesetz zum Ausbau der Hilfen für Schwangere und zur Regelung der vertraulichen Geburt. Berlin 2015 (zitiert: MBFSFJ, Die vertrauliche Geburt).

Canaris, Claus-Wilhelm: Die Feststellung von Lücken im Gesetz: Eine methodologische Studie über Voraussetzungen und Grenzen der richterlichen Rechtsfortbildung praeter legem. 2. Auflage, Berlin 1983 (zitiert: Canaris, Die Feststellung von Lücken im Gesetz).

Clasmann, Anne Beatrice: Vertrauliche Geburt: Ein dünnes Band zur Mama bleibt. In: Stern vom 30.04.2015.

Gernhuber, Joachim/Coester-Waltjen, Dagmar: Familienrecht. 6. Auflage, München 2010 (zitiert: Gernhuber/Coester-Waltjen, Familienrecht).

Coutinho, Joelle/Krell, Claudia: In: Deutsches Jugendinstitut e. V. (Hg.): „Anonyme Geburt und Babyklappen in Deutschland: Fallzahlen, Angebote, Kontexte. München 2011 (zitiert: Coutinho/Krell, Anonyme Geburt und Babyklappen in Deutschland).

Dellert, Nils: Die anonyme Kindesabgabe: Anonyme Geburt und Babyklappe. Diss. Univ. Potsdam 2008. Peter Lang Verlag, Frankfurt a.M, u. a. 2009 (zitiert: Dellert, Die anonyme Kindesabgabe).

Dethloff, Nina: Familienrecht. Ein Studienbuch. 31. Auflage, München 2015 (zitiert: Dethloff, Familienrecht).

Deutsches Institut für Jugendhilfe und Familienrecht e. V. (Hg.): Gutachten des Deutschen Instituts für Jugendhilfe und Familienrecht (DIJuF) eV vom 18.10.2009 zur Anfrage der Behörde für Soziales, Familie, Gesundheit und Verbraucherschutz (BSG) der Freien und Hansestadt Hamburg vom 21.08.2009: Rechtsfragen im Zusammenhang mit der Abgabe von Kindern in einer Babyklappe (zitiert: DIJuF, Rechtsfragen im Zusammenhang mit der Abgabe von Kindern in einer Babyklappe).

Deutscher Verein für öffentliche und private Fürsorge e. V. (Hg.), Empfehlungen des Deutschen Vereins zu den Mindeststandards von Babyklappen vom 11.06.2013, abrufbar unter https://www.deutscher-verein.de/de/uploads/empfehlungen-stellungnahmen/2013/dv-04-13-mindeststandards-von-babyklappen.pdf (zitiert: Deutscher Verein für öffentliche und private Fürsorge e. V., Empfehlungen des Deutschen Vereins zu den Mindeststandards von Babyklappen vom 11.06.2013).

Discher, Thomas: Mittelbarer Eingriff, Gesetzesvorbehalt, Verwaltungskompetenz: Die Jugendsekten-Entscheidungen – BVerwGE 82, 76; BVerwG, NJW 1991, 1770; 1992, 2496; BVerfG, NJW 1989, 3269. In: Juristische Schulung (JuS) 1993, S. 463–471.

Dornes, Martin: Der kompetente Säugling: Die präverbale Entwicklung des Menschen. In: Köhler, Willi (Hg.): Geist und Psyche. Frankfurt a. M. 1993 (Dornes, Der kompetente Säugling) .

Dölling, Dieter: Anmerkung zu LG Hamburg, Beschluss vom 3.03.1992–617 Qs 7/92. In: Neue Zeitschrift für Strafrecht (NStZ) 1993, S. 402–403.

Dpa: Babyleiche am Niederrhein gefunden. Dritter Fall im Jahr 2005. In: Die Welt vom 12.05.05.

Dreier, Horst (Hg.): Grundgesetz: Kommentar. Band I, Präambel, Artikel 1–19, 2. Auflage, Tübingen 2004.

Dreier, Horst (Hg.): Grundgesetz: Kommentar. Band I, Präambel, Artikel 1–19, 3. Auflage, Tübingen 2013 (zitiert: Dreier-GG-Kommentar I/Bearbeiter).

Eckebrecht, Marc et al: Verfahrenshandbuch Familiensachen. 2. Auflage, München 2010 (zitiert: Eckebrecht et al, Verfahrenshandbuch Familiensachen).

Eidenmüller, Horst: Der Auskunftsanspruch des Kindes gegen seine Mutter auf Benennung des leiblichen Vaters – BverfGE 96, 56. In Juristische Schulung (JuS) 1998, S. 789–795.

Elbel, Daniel: Rechtliche Bewertung anonymer Geburt und Kindesabgabe: unter besonderer Berücksichtigung der grundrechtlichen Abwehrrechts- und Schutzpflichtendogmatik. Diss. Univ, Potsdam 2006. Frank und Timme Verlag, Berlin 2007 (zitiert: Elbel, Rechtliche Bewertung anonyme Geburt und Kindesabgabe).

Engels, Andreas: (Verfassungs-)Rechtsfragen der vertraulichen Geburt. In: GesundheitsRecht (GesR) 2015, S. 129–136.

Engisch, Karl: Einführung in das juristische Denken. 11. Auflage, Stuttgart 2010 (zitiert: Engisch, Einführung in das juristische Denken).

Epping, Volker/Hillgruber, Christian (Hg.): Beck'scher Online-Kommentar Grundgesetz. 33. Edition, 01.06.2017, München 2017 (zitiert: Beck-OK-GG^{Stand}/Bearbeiter).

Frank, Rainer: Recht auf Kenntnis der genetischen Abstammung?. In: Zeitschrift für das gesamte Familienrecht 1988 (FamRZ), S. 113–120.

Frank, Rainer/Helms, Tobias: Rechtliche Aspekte der anonymen Kindesabgabe in Deutschland und Frankreich. In: Zeitschrift für das gesamte Familienrecht (FamRZ) 2001, S. 1340–1348.

Frister, Helmut: Strafrecht Allgemeiner Teil. 7. Auflage, München 2015.

Fietz, Martina: Das Vorzeigeobjekt „Babyklappe" gerät in die Kritik. In: Die Welt am Sonntag vom 29.12.2002.

Fischer, Thomas: Strafgesetzbuch mit Nebengesetzen. 64. Auflage, München 2017 (zitiert: Fischer-StGB).

Gaaz, Berthold/Bornhofen Heinrich: Personenstandsgesetz: Handkommentar. 2. Auflage, Frankfurt a. M. u. a. 2010 (zitiert: Gaaz/Bornhofen-HK-PStG^2/Bearbeiter).

Gaaz, Berthold/Bornhofen Heinrich: Personenstandsgesetz: Handkommentar. 3. Auflage, Frankfurt a. M. u. a. 2014 (zitiert: Gaaz/Bornhofen-HK-PStG^3/Bearbeiter).

Gerchow Joachim: Die ärztlich-forensische Beurteilung von Kindesmörderinnen: Ein Beitrag zum Problem der abartigen Erlebnisreaktionen. Halle (Saale) 1957 (zitiert: Gerchow, Die ärztlich-forensische Beurteilung von Kindesmörderinnen).

Gerchow, Joachim: Schwangerschaft und Geburt und medizinisch-forensischen Aspekten der Kindestötung. In: Monatsschrift für Kriminologie und Strafrechtsreform (MschrKrim) 1964, 233–240.

Gercke, Björn et al (Hg.): Strafprozessordnung: Heidelberger Kommentar. 5. Auflage, Heidelberg u. a. 2012 (zitiert: Gercke-StPO/Bearbeiter).

Graf, Jürgen-Peter (Hg.): Beck'scher Online-Kommentar StPO mit RiStBV und MiStra. 27. Edition, Stand 1.01.2017, München 2017 (zitiert: Beck-OK-StPO^{Stand}/Bearbeiter).

Gremmel, Cathrin: Anonyme Geburt und anonyme Abgabe von Kindern: Hilfe oder Risiko?: Ein deutsch-französischer Vergleich. In: Zenz, Gisela (Hg.): Traumatische Kindheiten: Beiträge zum Kinderschutz und zur Kinderschutzpolitik aus erziehungswissenschaftlicher und rechtswissenschaftlicher Perspektive. Frankfurt a. M. 2004 (zitiert: Gremmel, In: Traumatische Kindheiten).

Grylli, Chryssa et al: Anonymous birth law saves babies – optimization, sustainability and public awareness. In: Archive of Womens Mental Health (Arch Womens Ment Health) 2016, S. 291–297, abrufbar unter: http://download.springer.com/static/pdf/295/art%253A10.1007%252Fs00737-015-0567-3.pdf?originUrl=http%3A%2F%2Flink.springer.com%2Farticle%2F10.1007%2Fs00737-015-0567-3&token2=exp=1463506412~acl=%2Fstatic%2Fpdf%2F295%2Fart%25253A10.1007%25252Fs00737-015-0567-3.pdf%3ForiginUrl%3Dhttp%253A%252F%252Flink.springer.com%252Farticle%252F10.1007%252Fs00737-015-0567-3*~hmac=bd3b9ee169cdabef89666e6e98f7a9a517fa62d66c6b3579bd90171697c5eee3.

Grunewald, Barbara/Maier-Reimer, Georg/Westermann, Harm Peter (Hg.): Erman Bürgerliches Gesetzbuch, Handkommentar mit AGG, EGBGB (Auszug), ErbbauRG, HausratsVO, LPartG, ProdHaftG, UKlaG, VAHRG und WEG. 2. Band, 14. Auflage, Köln 2014 (zitiert: Erman-BGB II/Bearbeiter).

Gsell, Beate et al (Hg.): beck-online.GROSSKOMMENTAR BGB. Stand 01.03.2017, München 2017 (zitiert: BeckOGK^{Stand}/Bearbeiter).

Hahne, Meo-Micaela/Schlögel, Jürgen/Schlünder, Rolf (Hg.): Beck'scher Online-Kommentar FamFG. 23. Edition, 1.07.2017, München 2017 (zitiert: Beck-OK-FamFG^{Stand}/Bearbeiter).

Hannich, Rolf (Hg.): Karlsruher Kommentar zur Strafprozessordnung: mit GVG, EGGVG und EMRK. 7. Auflage, München 2013 (zitiert: KK-StPO/Bearbeiter).

Harnisch, Kai-Ulrich: Babyklappe und anonyme Geburt: Eine kritische Bestandsaufnahme im Kontext gegenwärtiger Reformvorschläge. Diss. Univ. Dießen 2008. Tectum Verlag, Marburg 2009 (zitiert: Harnisch, Babyklappe und anonyme Geburt).

Hassemer, Winfried/Eidam, Lutz: Babyklappen und Grundgesetz: Am Beispiel des Projekts „Findelbaby" in Hamburg. Baden-Baden 2011 (zitiert: Hassemer/Eidam, Babyklappen und Grundgesetz).

Heintschel-Heinegg, Bernd (Hg.): Beck'scher Online Kommentar StGB. 34. Edition, Stand 1.05.2017, München 2017 (zitiert: Beck-OK-StGB[Stand]/Bearbeiter).

Heiß, Beate/Born, Winfried: Unterhaltsrecht: Ein Handbuch für die Praxis. 49. EL, Stand 1.1.2016, München 2016 (zitiert: Heiß/Born-Unterhaltsrecht/Bearbeiter).

Helms, Tobias: Die Einführung der sog. vertraulichen Geburt. In: Zeitschrift für das gesamte Familienrecht (FamRZ) 2014, S. 609–614.

Henze, Christiane: Babyklappe und anonyme Geburt. In: Zorn, Dagmar (Hg.): Beiträge aus dem Fachbereich Rechtspflege. Diplomarbeit Hochschule für Wirtschaft und Recht Berlin. Berlin 2014 (zitiert: Henze, Babyklappe und anonyme Geburt).

Hepting, Reinhard: „Babyklappe" und „anonyme Geburt". In: Zeitschrift für das gesamte Familienrecht (FamRZ) 2001, S. 1573–1587.

Herpich-Behrens, Ulrike: Was brauchen Mütter in höchster Not wirklich?: Die Sicht des Landesjugendamtes Berlin. In: terre des hommes e. V. (Hg.): „Babyklappen und anoynme Geburt – ohne Alternative?". Aktualisierte Auflage, Osnabrück 2007 S. 145–159.

Herzberg, Rolf: Grundfälle zur Lehre von Täterschaft und Teilnahme. In: Juristische Schulung (JuS) 1976, S. 40–44.

Heyers, Johannes: Zivilrechtliche Institutionalisierung anonymer Geburten. In: Juristische Rundschau (JR) 2003, S. 45–51.

Hofmann, Rainer M. (Hg.): NomosKommentar: Ausländerrecht: AufenthG | AsylG (AsylVfG): GG | FreiZügG/EU | StAG: EU-Abkommen | Assoziationsrecht. 2. Auflage, Baden-Baden 2016.

Höynck, Theresia/Zähringer, Ulrike/Behnsen, Mira: In: Deutsches Jugendinstitut e. V. (Hg.): Neonatizid, Expertise im Rahmen des Projekts „Anonyme Geburt und Babyklappen in Deutschland – Fallzahlen, Angebote, Kontexte". München 2012 (zitiert: Höynck/Zähringer/Behnsen, Neonatizid).

Institut für Demoskopie Allensbach (Hg.): Schwangerschaftskonflikt und anonyme Geburt: Befragung von Müttern, die von SterniPark betreut wurden. Allensbach 2012, abrufbar unter: http://www.sternipark.de/fileadmin/content/6227_Allensbach_-_Bericht_Sternipark_Anonyme_Geburt.pdf (zitiert: Institut für Demoskopie Allensbach, Schwangerschaftskonflikt und anonyme Geburt).

Isensee, Josef/Kirchhof, Paul (Hg.): Handbuch des Staatsrechts der Bundesrepublik Deutschland. Band IX, Allgemeine Grundrechtslehren, 3. Auflage, Heidelberg 2011 (zitiert: HbdStR IX/Bearbeiter).

Jancker, Susanne: Die anonyme Geburt: Der schmale Grat zwischen blinder Barmherzigkeit und reeller Hilfe. Diss. Univ. Rostock 2012. Shaker Verlag, Aachen 2012 (zitiert: Jancker, Die anonyme Geburt).

Jarass, Hans/Pieroth, Bodo: Grundgesetz für die Bundesrepublik Deutschland: Kommentar. 14. Auflage, München 2016. (zitiert: Jarass/Pieroth-GG/Bearbeiter).

Joecks, Wolfgang/Miebach, Klaus (Hg.): Münchener Kommentar zum StGB. 1. Band, 3. Auflage, München 2017 (zitiert: MüKo-StGB I/Bearbeiter).

Joecks, Wolfgang/Miebach, Klaus (Hg.): Münchener Kommentar zum StGB. 3. Band, 3. Auflage, München 2017 (zitiert: MüKo-StGB III/Bearbeiter).

Kahl, Wolfgang/Waldhoff, Christian/Walter, Christian (Hg.): Bonner Kommentar zum Grundgesetz. 2. Ordner, Art. 4–6 III, München 2017 (zitiert BK-GG II/*Bearbeiter*).

Kahl, Wolfgang/Waldhoff, Christian/Walter, Christian (Hg.): Bonner Kommentar: Grundgesetz. 4. Ordner, Art. 15–19, München 2017 (zitiert BK-GG IV/*Bearbeiter*).

Kahlweit, Cathrin: Anonymität, die Kinderleben rettet. In: Die Süddeutsche vom 6. Dezember 2012.

Kamann, Matthias: Babyklappen-Betreiber reißen Mindestanforderungen. In: Die Welt vom 24.12.2014.

Katzenmeier, Christian: Rechtsfragen der „Babyklappe" und der medizinisch assistierten „anonymen Geburt". In: Zeitschrift für das gesamte Familienrecht (FamRZ) 2005, S. 1134–1139.

Käßmann, Margot: Abschaffung der Babyklappen? Contra. In: Zeitschrift für Rechtspolitik (ZRP) 2010, S. 63.

Kinderrechtekommission des Deutschen Familiengerichtstags: Stellungnahme zum Referentenentwurf eines Gesetzes zum Ausbau der Hilfen für Schwangere und zur Regelung der vertraulichen Geburt. In: Kindschaftsrecht und Jugendhilfe (ZKJ) 2013, S. 71–74.

Kindhäuser, Urs/Neumann, Ulfrid/Paeffgen, Hans-Ulrich (Hg.): Nomos Kommentar Strafgesetzbuch. 2. Band, 4. Auflage, Baden-Baden 2013 (zitiert: NK-StGB II/Bearbeiter).

Kingreen, Thorsten: Das Kind X: Verfassungsrechtliche Fragen der anonymen Kindesabgabe. In: Kritische Vierteljahresschrift für Gesetzgebung und Rechtsprechung (KritV) 2009, S. 88–107.

Klier, Claudia et al: Is the introduction of anonymous delivery associated with a reduction of high neonaticide rates in Austria?: A retrospective study. In: BJOG: an international journal of obstetrics and gynaecology (BJOG) 2012,

S. 428–434, abrufbar unter: http://onlinelibrary.wiley.com/doi/10.1111/1471-0528.12099/epdf.

Knauer, Wolfgang/Kudlich, Klaus/Schneider, Hartmut (Hg.): Münchener Kommentar zur StPO. 1. Band, 1. Auflage, München 2014 (zitiert: MüKo-StPO I/*Bearbeiter*).

Kuhn, Sonja: Babyklappen und anonyme Geburt: Sozialregulationen und sozialpädagogischer Handlungsbedarf. Diss. Univ. Bamberg 2005. Augsburg 2005 (zitiert: Kuhn, Babyklappen und anonyme Geburt).

Kühl, Kristian: Strafrecht Allgemeiner Teil. 8. Auflage, München 2017 (zitiert: Kühl, Strafrecht AT).

Kühl, Kristian/Heger, Martin: Strafgesetzbuch, Kommentar. 28. Auflage, München 2014 (zitiert: Kühl/Heger-StGB/Bearbeiter).

Labenski, Helga: Babyklappe im Waldkrankenhaus Spandau. Widerstand der Jugendämter: Fürsorger warnen vor Missbrauch und rechtlich ungeklärten Fragen. In: Die Welt vom 4.12.2002.

Laufhütte, Heinrich Wilhelm/Rissing-van Saan, Ruth/Tiedemann, Klaus (Hg.): Strafgesetzbuch: Leipziger Kommentar: Großkommentar. 1. Band, 12. Auflage, Berlin 2007 (zitiert: LK-StGB I/Bearbeiter).

Laufhütte, Heinrich Wilhelm/Rissing-van Saan, Ruth/Tiedemann, Klaus (Hg.): Strafgesetzbuch: Leipziger Kommentar: Großkommentar. 6. Band, 12. Auflage, Berlin 2010 (zitiert: LK-StGB VI/Bearbeiter).

Laufhütte, Heinrich Wilhelm/Rissing-van Saan, Ruth/Tiedemann, Klaus (Hg.): Strafgesetzbuch: Leipziger Kommentar: Großkommentar. 7. Band, 2. Teilband, 12. Auflage, Berlin 2015 (zitiert: LK-StGB VII-2/Bearbeiter).

Löwe-Rosenberg: Die Strafprozeßordnung und das Gerichtsverfassungsgesetz: Großkommentar. Dritter Band. §§ 94–111p. 26. Auflage, Berlin u.a. 2014 (zitiert Löwe-Rosenberg-StPO/Bearbeiter).

Lübbe-Wolf, Gertrude: Rechtsprobleme der behördlichen Umweltberatung. In: Neue Juristische Wochenschrift (NJW) 1987, S. 2705–2712.

Mangoldt, Hermann v./Klein, Friedrich/Starck, Christian (Hg.): Kommentar zum Grundgesetz: 1. Band: Präambel, Artikel 1 bis 19. 5. Auflage, München 2005.

Mangoldt, Hermann v./Klein, Friedrich/Starck, Christian (Hg.): Kommentar zum Grundgesetz: 1. Band: Präambel, Artikel 1 bis 19. 6. Auflage, München 2010 (zitiert: v. Mangoldt/Klein/Starck-GG I/Bearbeiter).

Manssen, Gerrit: Staatsrecht II: Grundrechte. 14. Auflage, München 2017 (zitiert: Manssen, Staatsrecht II).

Maunz, Theodor/Dürig, Günter: Grundgesetz Kommentar. 1. Band, 79. EL, 2016 München (zitiert: Maunz/Dürig-GG I/Bearbeiter).

Meyer-Goßner, Lutz/Schmitt, Bertram: Strafprozessordnung: Gerichtsverfassungsgesetz, Nebengesetze und ergänzende Bestimmungen. 60. Auflage, München 2017 (zitiert: Meyer-Goßner/Schmitt-StPO/*Bearbeiter*).

Mielitz, Cornelia: Anonyme Kindesabgabe: Babyklappe, anonyme Übergabe und anonyme Geburt zwischen Abwehr- und Schutzgewährrecht. Diss Univ. Regensburg 2005. Baden-Baden 2006 (zitiert: Mielitz, Anonyme Kindesabgabe).

Mittenzwei Ingo: Das Modellprojekt „Moses": Rechtsfragen der anonymen Abgabe neugeborener Kinder. In: Knothe, Hans-Georg/Kohler, Jürgen (Hg.): Status Familiae: Festschrift für Andreas Wacke zum 65. Geburtstag. München 2001, S. 327–344 (zitiert: Mittenzwei, FS-Wacke).

—.: Babyklappe und anonyme Geburt. In: Zeitschrift für Rechtspolitk (ZRP) 2002. S. 452.

Muscheler, Karlheinz: Offene und verdeckte Adoption – Recht des Kindes auf Kenntnis seiner Abstammung. In: Familie Partnerschaft Recht (FPR) 2008, 496–498.

Muscheler, Karlheinz/Bloch, Anke: Das Recht auf Kenntnis der genetischen Abstammung und der Anspruch des Kindes gegen die Mutter auf Nennung des leiblichen Vaters. In: Familie Partnerschaft Recht (FPR) 2002, S. 339–352.

Müller-Magdeburg, Thomas: Recht auf Leben – Die anonyme Geburt. In: Familie Partnerschaft Recht (FPR) 2003, S. 109–112.

Münch, Ingo v./Kunig, Philip (Hg.): Grundgesetz-Kommentar. 1. Band: Präambel bis Art. 69, 6. Auflage, München 2012 (zitiert: v. Münch/Kunig-GG I/Bearbeiter).

Münch, Ingo v./Mager, Ute: Staatsrecht II – Grundrechte. 6. Auflage, 2014 Stuttgart (zitiert: v. Münch/Mager, Grundrechte).

Mück-Raab, Marion: Kritik an Babyklappen und anonymen Geburten wächst. In: Badische Zeitung vom 05.06.2013.

Müller, Friedrich/Christensen, Ralph, Juristische Methodik, Band I: Grundlegung für die Arbeitsmethoden der Rechtspraxis. 10. Auflage, Berlin 2009 (zitiert: Müller/Christensen, Juristische Methodik I).

N.N.: Wer kann Hinweise zur Mutter geben?: Baby ausgesetzt. In: Bogenhausener Anzeiger vom 16.08.2001.

N.N.: Vertrauliche Geburt: 345 Frauen haben in Deutschland vertraulich geboren. In: Zeit Online vom 12.07.2017.

Neuheuser, Stefan: Begründet die Weggabe eines Neugeborenen in eine „Babyklappe“ den Anfangsverdacht einer Straftat?. In: Neue Zeitschrift für Strafrecht (NStZ) 2001, S. 175–178.

—.: Anmerkung zum Beschluss des LG Köln vom 9.11.2001–102 - 57/01. In: Juristische Rundschau (JR) 2002, S. 172–173.

Neuheuser, Stefan/Moysich, Jürgen: Babyklappe und anonyme Geburt. In: Zeitschrift für Rechtspolitik (ZRP) 2003, S. 216–217.

Pabst, Franziska: Die rechtliche Stellung des leiblichen, nicht rechtlichen Vaters – die Entwicklung der sogenannten Väterrechte. In: Dekan Fachbereich Rechtspflege (Hg.): Beiträge im Fachbereich Rechtspflege. Diplomarbeit Hochschule für Wirtschaft und Rechte Berlin. Berlin 2016 (zitiert: Pabst, Die rechtliche Stellung des leiblichen, nicht rechtlichen Vaters).

Palandt, Otto: Bürgerliches Gesetzbuch mit Nebengesetzen. 76. Auflage, München 2017 (zitiert: Palandt/Bearbeiter).

Park, Tido: Durchsuchung und Beschlagnahme. 3. Auflage, München 2015 (zitiert: Park, Durchsuchung und Beschlagnahme).

Peters, Johannes: Kindheit im Strafrecht: Eine Untersuchung des materiellen Strafrechts mit besonderem Schwerpunkt auf dem Kind als Opfer und Täter. Diss. Univ. Jena 2014. Herbert Utz Verlag, München 2014 (zitiert: Peters, Kindheit im Strafrecht).

Pfeiffer, Gerd: Strafprozessordnung: Kommentar, 5. Auflage, München 2005 (zitiert: Pfeiffer-StPO).

Pfeiffer, Gerd/Strickert, Hans-Georg: Personenstandsgesetz: Kommentar. Berlin 1961 (zitiert: Pfeiffer/Strickert-PStG).

Pruitt, Sandi: The Number of Illegally Abandoned and Legally Surrendered Newborns in the State of Texas, Estimated From News Stories, 1996–2006. In: Child Maltreatment (Child Maltreat) 2008, S. 89–93, abrufbar unter: http://cmx.sagepub.com/content/13/1/89 (zitiert: Pruitt, Child Maltreat 2008).

Radtke, Henning/Hohmann, Olaf (Hg.): Strafprozessordnung: Kommentar. München 2011 (zitiert: Radtke/Hohmann-StPO/Bearbeiter).

Ramm, Thilo: Ehelichkeitsanfechtung und Bundesverfassungsgericht. In: Neue Juristische Wochenschrift (NJW) 1989, S. 1594–1597.

Rauscher, Thomas/Krüger, Wolfgang (Hg.): Münchener Kommentar zum FamFG: Gesetz über das Verfahren in Familiensachen und in den Angelegenheiten der freiwilligen Gerichtsbarkeit (FamFG) mit Internationalem und Europäischem Zivilverfahrensrecht in Familiensachen (IZVR, EuZVR). 2. Auflage, München 2013 (zitiert: MüKo-FamFG/Bearbeiter).

Rauscher Thomas/Krüger, Wolfgang (Hg.): Münchener Kommentar zur Zivilprozessordnung mit Gerichtsverfassungsgesetz und Nebengesetzen. 2. Band, 5. Auflage, München 2016.

Reinhardt, Jörg/Wilmann, Linda/Kochems, Manuela: Die vertrauliche Geburt – Erste Eindrücke aus der praktischen Umsetzung. In: Das Jugendamt (JAmt) 2015, S. 70–74.

Rhein, Kay-Uwe: Nomos Kommentar Personenstandsgesetz. Baden-Baden 2012 (zitiert: NK-PStG/Rhein).

Rengier, Rudolf: Strafrecht Allgemeiner Teil. 8. Auflage, München 2016 (zitiert: Rengier, Strafrecht AT).

Rodegra, Heinz: Kindestötung und Verheimlichung der Schwangerschaft: Eine sozialgeschichtliche und medizinsoziologische Untersuchung mit Einzelfallanalysen. Herzogenrath 1981 (zitiert: Rodegra, Kindestötung und Verheimlichung der Schwangerschaft).

Rohde, Anke: Neugeborenentötung durch die Mutter – wirken Babyklappen und Anonyme Geburt präventiv?. Öffentliche Anhörung in der Berlin-Brandenburgischen Akademie der Wissenschaften am 23.10.2008, abrufbar unter: http://www.ethikrat.org/dateien/pdf/Praesentation_Rohde_Neugeborenentoetung_durch_die_Mutter_2008-10-23.pdf (zitiert: Rohde, Neugeborenentötung durch die Mutter – wirken Babyklappen und Anonyme Geburt präventiv?).

Rolfs, Christian et al (Hg.): Beck'scher Online-Kommentar Sozialrecht: Sozialgesetzbuch (SGB): Achtes Buch (VIII) – Kinder- und Jugendhilfe. 44. Edition, Stand 01.03.2017, München 2017 (zitiert: Beck-OK-SGB VIII^{Stand}/Bearbeiter).

Roth, Wolfgang: Faktische Eingriffe in Freiheit und Eigentum: Struktur und Dogmatik des Grundrechtstatbestandes und der Eingriffsrechtfertigung. Diss. Univ. Mannheim 1994. Duncker und Humblot Verlag, Berlin 1994 (zitiert: Roth, Faktische Eingriffe in Freiheit und Eigentum).

Rump, Andre/Hammer, Dirk: Zur Verfassungswidrigkeit des § 217 StGB. In: Neue Zeitschrift für Strafrecht (NStZ) 1994, 69–71.

Rupp, Marina: In: Bayerisches Staatsministerium für Arbeit und Sozialordnung, Familie und Frauen (Hg.): „Anonyme Geburt“ – „Das Moses-Projekt“ in Bayern: Eine Machbarkeitsstudie, Bamberg 2007 (zitiert: Rupp, Machbarkeitsstudie).

Sachs Michael (Hg.): Grundgesetz: Kommentar. 7. Auflage, München 2014 (zitiert: Sachs/Bearbeiter).

Säcker, Franz Jürgen et al (Hg.): Münchener Kommentar zum Bürgerlichen Gesetzbuch. 1. Band, 7. Auflage, München 2015 (zitiert: MüKo-BGB I/Bearbeiter).

Säcker, Franz Jürgen et al (Hg.): Münchener Kommentar zum Bürgerlichen Gesetzbuch. 9. Band, 7. Auflage, München 2017 (zitiert: MüKo-BGB IX/Bearbeiter).

Scheiwe, Kirsten: Babyklappe und anonyme Geburt – wohin mit Mütterrechten, Väterrechten, Kinderrechten?. In: Zeitschrift für Rechtspolitik (ZRP) 2001, S. 368–374.

Schlotz, N. et al: Von der verdrängten Schwangerschaft bis zur Kindstötung – Relevante Aspekte für Gynäkologen. In: Der Gynäkologe 2009, S. 614–618.

Schmidt-Bleibtreu, Bruno/Hofmann, Hans/Hopfauf, Axel, Henneke, Hans-Günter (Hg.): GG: Kommentar zum Grundgesetz. 13. Auflage, Köln 2014 (zitiert: Schmidt-Bleibtreu/Hofmann/Hopfauf/Henneke-GG/Bearbeiter).

Schoenke, Adolf/Schröder, Horst: Strafgesetzbuch: Kommentar. 29. Auflage, München 2014 (zitiert: Schönke/Schröder-StGB/*Bearbeiter*).

Schröder, Jan: Recht als Wissenschaft: Geschichte der juristischen Methodenlehre in der Neuzeit (1500–1933). 2. Auflage, München 2012 (zitiert: Schröder, Recht als Wissenschaft).

Schwacke, Peter, Juristische Methodik: mit Technik der Fallbearbeitung. 5. Auflage, Stuttgart 2011 (zitiert: Schwacke, Juristische Methodik).

Schwöbbermeyer, Friedrich-Wilhelm: Juristisches Denken und Kreativität. In: Zeitschrift für Rechtspolitik (ZRP) 2001, S. 571–572.

Schwarz, Kyrill-A.: Rechtliche Aspekte von „Babyklappe“ und „anonymer Geburt“?. In: Zeitschrift für Standesamtswesen, Familienrecht, Staatsangehörigkeitsrecht, Personenstandsrecht, internationales Privatrecht des In- und Auslands (StAZ) 2003, S. 33–39.

Schwedler, Anna: Die vertrauliche Geburt – Ein Meilenstein für Schwangere in Not?. In: Neue Zeitschrift Familienrecht (NZFam) 2014, S. 193–195.

Schwintowski, Hans-Peter: Juristische Methodenlehre. Frankfurt a. M. 2005 (zitiert; Schwintowski, Juristische Methodenlehre).

Simitis, Spiros (Hg.): NomosKommentar: Bundesdatenschutzgesetz. 8. Auflage, Baden-Baden 2014 (zitiert: NK-BDSG/Bearbeiter).

Staudinger, Julius v.: Kommentar zum Bürgerlichen Gesetzbuch: Staudinger BGB – Buch 4: Familienrecht: §§ 1616–1625 (Rechtsverhältnis Eltern – Kind). 15. Auflage, Berlin 2015 (zitiert: Staudinger/Bearbeiter).

Staudinger, Julius v.: Kommentar zum Bürgerlichen Gesetzbuch: Staudinger BGB – Buch 4: Familienrecht: §§ 1626–1633: RKEG (Elterliche Sorge 1 – Inhaberschaft und Inhalt). 15. Auflage, Berlin 2015 (zitiert: Staudinger/Bearbeiter).

Staudinger, Julius v.: Kommentar zum Bürgerlichen Gesetzbuch: Staudinger BGB – Buch 4: Familienrecht: §§ 1638–1683 (Elterliche Sorge 2 – Vermögenssorge, Kindesschutz, Sorgerechtswechsel). 16. Auflage, Berlin 2016 (zitiert: Staudinger/Bearbeiter).

Staudinger, Julius v.: Kommentar zum Bürgerlichen Gesetzbuch: Staudinger BGB – Buch 4: Familienrecht: §§ 1741–1772 (Adoption). 14. Auflage, Berlin 2007 (zitiert: Staudinger/Bearbeiter).

Stern, Klaus: Das Staatsrecht der Bundesrepublik Deutschland: Band III/1: Allgemeine Lehren der Grundrechte: Grundlagen und Geschichte, nationaler und internationaler Grundrechtskonstitutionalismus, juristische Bedeutung der Grundrechte, Grundrechtsberechtigte, Grundrechtsverpflichtete. München 1988 (zitiert: Stern, Staatsrecht III/1).

Stern, Klaus: Das Staatsrecht der Bundesrepublik Deutschland: Band III/2: Allgemeine Lehren der Grundrechte: Grundrechtstatbestand, Grundrechtsbeeinträchtigungen und Grundrechtsbegrenzungen, Grundrechtsverluste und Grundpflichten, Schutz der Grundrechte, Grundrechtskonkurrenzen, Grundrechtssystem. München 1994.

SterniPark e. V.: Übersicht Babyklappen deutschlandweit, abrufbar unter: http://www.sternipark.de/fileadmin/content/PDF_Upload/Findelbaby/Babyklappenliste__Stand_Januar_2016_.pdf.

Stürmann, Nicole: Europäischer Gerichtshof für Menschenrechte und anonyme Geburten in Frankreich. In: Kritische Justiz (KJ) 2004, S. 54–66.

Stürmer, Harriet: Babyklappen erneut in der Kritik. In: Märkische Onlinezeitung vom 07.03.2012.

Swientek, Christine: Warum anonym – und nicht nur diskret?: Babyklappen und anonyme Geburt. In: Familie Partnerschaft Recht (FPR) 2001, S. 353–357.

Taufkirch, Tina: Babyklappen und anonyme Geburt: Eine explorative Studie zu Möglichkeiten der anonymen Abgabe von Neugeborenen, Hamburg 2004 (zitiert: Taufkirch, Babyklappen und anonyme Geburt).

Terre des hommes e. V.: Tötung von Neugeborenen (Neonatizid) in Deutschland 1999–2010, abrufbar unter: http://www.tdh.de/fileadmin/user_upload/inhalte/04_Was_wir_tun/Themen/Weitere_Themen/Neu___Tabelle_Toetung_von_Neugeborenen_1999-2011.pdf.

Terre des hommes e. V.: Tötung von Neugeborenen (Neonatizid) in Deutschland 2006–2014, abrufbar unter: http://www.tdh.de/fileadmin/user_upload/inhalte/04_Was_wir_tun/Themen/Weitere_Themen/Babyklappen/Grafik.pdf.

Teubel, Alexander: Geboren und Weggegeben: Rechtliche Analyse der Babyklappen und anonymen Geburt. Diss. Humboldt-Univ. Berlin 2008. Duncker und Humblot Verlag, Berlin 2009 (zitiert: Teubel, Geboren und Weggegeben).

Thürkow, Alexandra: Strafrechtliche Bewertung der anonymen Kindesweggabe in die Babyklappe in Deutschland – unter besonderer Berücksichtigung der behördlichen Duldung -. Diss. Humboldt-Univ. Berlin 2009. Logos Verlag, Berlin 2010 (zitiert: Thürkow, Strafrechtliche Bewertung der anonymen Kindesweggabe in die Babyklappe in Deutschland).

Wacker, Bernd: Warum terre des hommes Babyklappen und anonyme Geburten ablehnt, abrufbar unter: http://www.tdh.de/was-wir-tun/themen-a-z/babyklappe-und-anonyme-geburt/warum-tdh-dagegen-ist.html.

Wagner, Christean: Babyklappe und anonyme Geburt. In: Zeitschrift für Rechtspolitik (ZRP) 2002, S. 529.

Weber-Dürler, Beatrice: Der Grundrechtseingriff. In: Öffentlich-rechtliche Rahmenbedingungen einer Informationsordnung, Veröffentlichung der Vereinigung der Deutschen Staatsrechtslehrer (VVDStRL) 1998, 57–95.

Wessel, Jens: Die verdrängte Schwangerschaft, Berlin 1998 (zitiert: Wessel, Die verdrängte Schwangerschaft).

Wiemann, Irmela: Adoption und Identitätsfindung. In: terre des hommes e.V. (Hg.): „Babyklappen und anoynme Geburt – ohne Alternative?“. Aktualisierte Auflage, Osnabrück 2007, S. 98–113.

Wiesner, Reinhard (Hg.): SGB VIII: Kinder- und Jugendhilfe: Kommentar. 5. Auflage, München 2015 (zitiert: Wiesner-SGB VIII/Bearbeiter).

Wiesner-Berg, Stephanie: Anonyme Kindesabgabe in Deutschland und der Schweiz: Rechtsvergleichende Untersuchung von „Babyklappe“, „anonymer Geburt“ und „anonymer Übergabe“. Diss. Univ. Zürich 2008. Nomos Verlag, Baden-Baden 2009 (zitiert: Wiesner-Berg, Anonyme Kindesabgabe in Deutschland und der Schweiz).

—.: Anonyme Kindesabgabe und Sozialdatenschutz: Zugleich eine Besprechung von LG Köln, Beschluss vom 25.09.2008–102 Qs 26/08. In: Neue Zeitschrift für Strafrecht (NStZ) 2010, S. 243–250.

Wolf, Alfred: Babyklappe und anonyme Geburt – Fragen zu einer neuen Entwicklung. In: Familie Partnerschaft Recht (FPR) 2001, S. 345–353.

—.: Über Konsequenzen aus den gescheiterten Versuchen, Babyklappen und „anonyme“ Geburten durch Gesetz zu legalisieren. In: Familie Partnerschaft Recht (FPR) 2003, S. 112–120.

Wolter, Jürgen (Hg.): SK-StPO: Systematischer Kommentar zur Strafprozessordnung: Mit GVG und EMRK. Band II. §§ 94–136a StPO. 4. Auflage, Köln 2010 (zitiert: SK-StPO/Bearbeiter).

Wolter, Jürgen (Hg.): SK-StGB: Systematischer Kommentar zum Strafgesetzbuch. Band III. §§ 123–211. 8. Auflage, Köln 2012 (zitiert: SK-StGB/Bearbeiter).

Zechlin, Lothar: Beeinträchtigungen der Koalitionsfreiheit durch Subventionsauflagen. In: Neue Juristische Wochenschrift (NJW) 1985, S. 585–592.

Zippelius, Reinhold: Juristische Methodenlehre. 10. Auflage, München 2006 (zitiert: Zippelius, Juristische Methodenlehre).

Zorn, Dagmar: Das Recht der elterlichen Sorge: Voraussetzungen, Inhalt, Schranken.3. Auflage, Berlin u. a. 2016 (zitiert: Zorn, Das Recht der elterlichen Sorge).

A. Einleitung

> *Die Aussetzung und Tötung von Neugeborenen ist auch im Deutschland der Jahrtausendwende anzutreffen. So wurde etwa im Jahre 1999 auf einer Hamburger Müllkippe ein erwürgtes Neugeborenes in einem Schuhkarton gefunden.[2] Derartige Handlungen von panischen Müttern versucht nunmehr eine Anzahl von gemeinnützigen Organisationen und Kliniken mit Hilfe der ‚Babyklappe' zu verhindern.*[1]

und

> *„Baby tot in Mülltonne." „Säugling ausgesetzt." „Neugeborenes tot auf der Toilette aufgefunden." Solche und ähnlich aufwühlende Meldungen erschüttern uns in regelmäßigen Abständen.*[2]

Damit begannen zwei einer großen Vielzahl von Beiträgen in der rechtswissenschaftlichen Diskussion, die sich der Themen „Babyklappe" und anonyme Geburt annahmen, und allzu oft las man in der Presse von Fällen wie diesem:

> *Der Stationsleiter einer Tankstelle in der Münchner Straße in Ismaning kontrollierte am Montag, 6. August, auf seinem Rundgang über das Tankstellenareal, gegen 18.05 Uhr die unversperrte Tankstellentoilette und fand dort einen Säugling auf.*[3]

Der Fund eines toten Neugeborenen im Müll im Jahre 1999 hatte eine breite Diskussion ausgelöst.[4] Ab dem Frühjahr 2000 wurden in ganz Deutschland Babyklappen eingerichtet.[5]

In den folgenden Jahren wurde das Konzept der Babyklappe und der anonymen Geburt zunächst in der Presse[6] und in Fachbeiträgen,[7] anschließend in

---

1 Benöhr/Muth, KJ 2001, 405 (405).

2 Müller-Magdeburg, FPR 2003, 109 (109).

3 N.N., Wer kann Hinweise zur Mutter geben?: Baby ausgesetzt. In: Bogenhausener Anzeiger vom 16.08.2001.

4 Swientek, FPR 2001, 353 (353).

5 Swientek, FPR 2001, 353 (353).

6 Labenski, Helga: Babyklappe im Waldkrankenhaus Spandau. Widerstand der Jugendämter: Fürsorger warnen vor Missbrauch und rechtlich ungeklärten Fragen. In: Die Welt vom 4.12.2002; Bayer, Wolfgang/Holm, Carsten: Das Ende eines Leidensweges. In: Der Spiegel vom 13.03.2000; Fietz, Martina: Das Vorzeigeobjekt „Babyklappe" gerät in die Kritik. In: Welt am Sonntag vom 29.12.2002.

7 Vgl. etwa Neuheuser, NStZ 2001, 175; Wolf, FPR 2001, 345; Hepting, FamRZ 2001, 1573; Heyers, JR 2003, 45; Katzenmeier, FamRZ 2005, 1134; Schwarz, StAZ 2003, 33.

zahlreichen Monographien[8] erörtert. Das Konzept einer anonymen Kindesabgabe[9] stieß dabei zwar teilweise auf Zustimmung,[10] aber auch auf deutliche Kritik.[11] Im Zuge der Diskussion wurden Bedenken geäußert im Hinblick auf seine Vereinbarkeit mit familien-, personenstands- und strafrechtlichen Normen, und nicht zuletzt Zweifel an seiner Wirksamkeit. Zeitgleich gab es erste Bestrebungen, sowohl des Bundestages[12] als auch des Bundesrates,[13] die anonyme Geburt gesetzlich zuzulassen oder sie wenigstens zu erleichtern. Diese Reformversuche konnten sich jedoch nicht durchsetzen. Schließlich wurde jüngst, im Jahre 2013, das *„Gesetz*

8 Teubel, Alexander: Geboren und Weggegeben: Rechtliche Analyse der Babyklappen und anonymen Geburt. Diss. Humboldt-Univ. Berlin 2008. Duncker und Humblot Verlag, Berlin 2009; Dellert, Nils: Die anonyme Kindesabgabe: Anonyme Geburt und Babyklappe. Diss. Univ. Potsdam 2008. Peter Lang Verlag, Frankfurt a.M, u.a. 2009; Badenberg, Felor: Das Recht des Kindes auf Kenntnis der eigenen Abstammung unter Berücksichtigung der Problematik der anonymen Geburt. Diss. Univ. Köln 2005. Peter Lang Verlag, Frankfurt a.M. u.a. 2006; Mielitz, Cornelia: Anonyme Kindesabgabe: Babyklappe, anonyme Übergabe und anonyme Geburt zwischen Abwehr- und Schutzgewährrecht. Diss Univ. Regensburg 2005. Baden-Baden 2006; Hassemer, Winfried/Eidam, Lutz: Babyklappen und Grundgesetz: Am Beispiel des Projekts „Findelbaby" in Hamburg. Baden-Baden 2011; Elbel, Daniel: Rechtliche Bewertung anonymer Geburt und Kindesabgabe: unter besonderer Berücksichtigung der grundrechtlichen Abwehrrechts- und Schutzpflichtendogmatik. Diss. Univ, Potsdam 2006. Frank und Timme Verlag, Berlin 2007; Wiesner-Berg, Stephanie: Anonyme Kindesabgabe in Deutschland und der Schweiz: Rechtsvergleichende Untersuchung von „Babyklappe", „anonymer Geburt" und „anonymer Übergabe". Diss. Univ. Zürich 2008. Nomos Verlag, Baden-Baden 2009.

9 Soweit im Folgenden ohne Differenzierung von der anonymen Abgabe die Rede ist, bezieht sich der Begriff auf alle derartigen Angebote mit der Ausnahme der neu geschaffenen vertraulichen Geburt.

10 Etwa Anke/Rass, ZRP 2002, 451; Mittenzwei, ZRP 2002, 452; ders., Mittenzwei Ingo: Das Modellprojekt „Moses": Rechtsfragen der anonymen Abgabe neugeborener Kinder. In: Knothe, Hans-Georg/Kohler, Jürgen (Hg.): Status Familiae: Festschrift für Andreas Wacke zum 65. Geburtstag. München 2001, S. 327–344 Beulke, Werner: Ist die „Babyklappe" noch zu retten? In: Rolf Dietrich Herzberg und Holm Putzke (Hg.): Strafrecht zwischen System und Telos. Festschrift für Rolf Dietrich Herzberg zum siebzigsten Geburtstag am 14. Februar 2008. Tübingen 2008, S. 605–625.

11 Vgl. nur Katzenmeier, FamRZ 2005, 1134; Wolf, FPR 2003, 112; Neuheuser, NStZ 2001, 175; Mielitz, Anonyme Kindesabgabe.

12 BT-Drucks. 14/4425; BT-Drucks. 14/8856; dazu Mielitz, Anonyme Kindesabgabe, S. 26 ff.

13 BR-Drucks. 506/02 (Grunddrucksache) und 682/04 (Ausschussempfehlung); dazu Mielitz, Anonyme Kindesabgabe, S. 28 ff.

zum Ausbau der Hilfen für Schwangere und zur Regelung der vertraulichen Geburt" verabschiedet.[14] Die nun geschaffene gesetzliche Grundlage für eine vertrauliche Geburt bietet Anlass, die Problematik der anonymen Kindesabgabe noch einmal aufzugreifen und nach 15 Jahren Praxiserfahrung ein Resümee zu ziehen.

Dazu sollen zunächst (B.) das Problem der Kindstötung/-aussetzung, die vor der gesetzlichen Regelung vorhandenen Angebote der anonymen Kindesabgabe und deren Wirksamkeit sowie mögliche Alternativen betrachtet werden. Das weitreichende Problemfeld des Neonatizides und der Kindesaussetzung wird jedoch nur insoweit untersucht, als es für die Behandlung des Themas dieser Arbeit von Belang ist. Im Anschluss (C.) soll die Rechtslage vor Inkrafttreten des neuen Gesetzes betrachtet werden. Sodann (D.) wird die Neugestaltung verschiedener Rechtsmaterien, insbesondere des Schwangerschaftskonfliktgesetzes, dargestellt. Ferner wird dabei der Frage nachgegangen, ob sich die Neuregelung ohne Friktionen in das bestehende Recht einfügt, und wie sie sich auf die bisher praktizierten Formen der Kindesabgabe auswirkt. Es folgt (E.) eine verfassungsrechtliche Betrachtung der Neureglung. Den Abschluss (F.) bilden eine Zusammenfassung der Ergebnisse sowie Änderungsvorschläge für das neue SchKG.

14 BGBl. I 2013, Nr. 53, S. 3458.

B. Kindstötungen und Kindsaussetzungen in Deutschland und Lösungsansätze

I. Das Problem der Kindesaussetzung/des Neonatizides

1. Beschreibung

Die Begriffe Kindesaussetzung und Neonatizid bezeichnen im hiesigen Kontext, wenn nicht explizit Abweichendes gesagt wird, eine Tatsituation, in der die Mutter das eigene, neugeborene (innerhalb von 24 Stunden nach der Geburt)[15] Kind tötet oder aussetzt. Dieses Tatbild, hinter dem unterschiedliche Motive und Anlässe stehen können,[16] ist dasjenige, welches im Rahmen dieser Arbeit primär von Interesse ist. Dieser Konstellation ähnlich ist die Tötung des Kindes durch den eigenen Vater, wobei etwa ein Neonatizid infolge der Belastung durch die Geburt schwerlich vom Vater ausgehen kann. Die Geburt ist aus medizinischer Sicht eine gefährliche Situation und stellt auch für die Psyche der gebärenden Frau eine Belastung dar. Der Stress, der während der Geburt besteht und in der Zeit danach fortwirken kann, kann im Einzelfall in der Tötung des Kindes gipfeln. Zu beachten ist, dass es nicht *die Kindstötung* oder *die Kindesaussetzung* gibt. Vielmehr gibt es neben der eben beschriebenen Panikreaktion weitere Gründe für die Tat.[17] Auf die Motive der Frauen und die sozialen und ökonomischen Hintergründe der Taten kann hier nicht detailliert eingegangen werden. Sie sollen nur am Rande angesprochen werden, soweit sie Rückschlüsse auf die Wirksamkeit der anonymen Abgabe bei der Verhinderung von Kindstötungen/-aussetzungen zulassen.

2. Häufigkeit

Die Tragweite des behandelten Problems richtig einzuschätzen, ist aus zweierlei Gründen diffizil. Zum einen weist die polizeiliche Kriminalstatistik seit der Abschaffung des § 217 StGB auch die Tötung von Neugeborenen nicht mehr gesondert aus, zum anderen ist bei der Tötung von Kleinkindern eine hohe Dunkelziffer wahrscheinlich, weil – zumindest bei Neugeborenen – außer der Mutter oftmals

15 Bozankaya, Nadine: Neonatizid – Die rechtliche Reaktion auf die Tötung Neugeborener: Eine strafrechtliche Untersuchung anhand von Aktenanalysen. Diss. Univ. Bremen. 2010. Lit Verlag Dr. W. Hopf, Berlin u. a. 2010, S. 16.

16 Bozankaya, Neonatizid, S. 121.

17 Bozankaya, Neonatizid, S. 121.

niemand von der Existenz des Kindes weiß, und sehr junge Kinder aufgrund ihrer geringen Körpergröße leicht zu verbergen sind. Die Schätzungen liegen zwischen der doppelten Zahl der Fälle im Hellfeld und dem 10- bis 30-fachen.[18] Für die Sammlung entsprechender Daten muss daher auf Presseberichte zurückgegriffen werden. Einer Auswertung von *terre des hommes e. V.* zufolge ergeben sich für den Zeitraum von 2001 bis 2014 folgende Zahlen:[19]

	2001	**2002**	**2003**	**2004**	**2005**	**2006**	**2007**	**2008**	**2009**	**2010**	**2011**	**2012**	**2013**	**2014**
	a	a	a	a	a									
Tot aufgefunden	17	20	31	19	20	32 b	26 c	29 d	24 f 25 g	14	16	24 h 27 i	21	16
Lebend aufgefunden	14	14	12	14	9	6	10	8	12	2	9	10	9	7
Unklar								1 e			1	1	1	
Gesamt	31	34	43	31	29	38	36	38/37	36	16	26	35/38	31	23

Legende:

a: Für 1999–2005 ist die Zahl der im jeweiligen Jahr tot aufgefundenen, aber schon früher getöteten Neugeborenen nicht eigens erfasst bzw. ausgewiesen.

b: 5 der 2006 tot aufgefunden Neugeborenen wurden bereits in den Jahren vor 2006 getötet.

c: 10 der 2007 tot aufgefunden Neugeborenen wurden bereits in den Jahren vor 2007 getötet.

d: 6 der 2008 tot aufgefunden Neugeborenen wurden bereits 2007 bzw. in den 1980er Jahren getötet.

e: Grevenbroich (Sept. 2008): Eine Mutter gibt an, ihr Kind nach der Geburt im Krankenhaus ausgesetzt zu haben; doch fehlt von dem Kind jede Spur

---

18 Nachweise bei Bauermeister, Matthias: Die Tötung Neugeborener unter der Geburt (Kindstötung § 217 StGB) – Eine bundesweite Verbundstudie für die Jahre 1980–1989 -. Diss. Univ. Kiel 1994, S. 19; kritisch gegenüber Dunkelfeldschätzungen Wacker, Bernd: Warum terre des hommes Babyklappen und anonyme Geburten ablehnt, unter II., abrufbar unter: http://www.tdh.de/was-wir-tun/themen-a-z/babyklappe-und-anonyme-geburt/warum-tdh-dagegen-ist.html [abgerufen am 21.08.2017].

19 Die nachstehenden Zahlen basieren auf zwei Statistiken, die terre des hommes e. V. veröffentlicht hat, und die auf der Grundlage von Medienberichten und der Auskunft einiger Landeskriminalämter erstellt wurden. Die Statistiken sind abrufbar unter: http://www.tdh.de/fileadmin/user_upload/inhalte/04_Was_wir_tun/Themen/Weitere_Themen/Babyklappen/Grafik.pdf [abgerufen am 26.10.2016] und: http://www.tdh.de/fileadmin/user_upload/inhalte/04_Was_wir_tun/Themen/Weitere_Themen/Neu___Tabelle_Toetung_von_Neugeborenen_1999-2011.pdf [abgerufen am 26.10.2016].

f: Von den zwanzig 2009 in Deutschland tot aufgefundenen Säuglingen wurden mindestens drei schon in den Jahren vor 2009 getötet.

g: Einer der toten Säuglinge, Kind einer deutschen Urlauberin, wurde am 6. Aug. in El Arenal/Mallorca aufgefunden.

h: Zahl der Neugeborenen, die unmittelbar nach der Geburt getötet wurden.

i: Im Jahr 2012 wurden drei Fälle registriert, bei denen die Tötung 30 Tage nach der Geburt erfolgte.

Ergänzender Hinweis: Teilweise wurden auch Neugeborene in solchen Städten getötet oder ausgesetzt, in denen es Babyklappen oder Angebote zur anonymen Geburt gab.[20]

Abweichende Zahlen finden sich auf der Seite der Babyklappe Hüllhorst-Ahlsen für den Zeitraum von 2004 bis 2016:[21]

	2004	**2005**	**2006**	**2007**	**2008**	**2009**	**2010**	**2011**	**2012**	**2013**	**2014**	**2015**	**2016**
Tot aufgefundene Neugeborene Klare Fälle (gesamt)	17 (27)	14 (25)	23 (32)	19 (25)	22 (27)	17 (24)	7 (8)	19 (23)	10 (15)	17 (20)	11 (12)	16 (17)	6 (6)
Lebend ausges. Klare Fälle (gesamt)	17 (17)	12 (12)	5 (5)	14 (14)	16 (16)	14 (14)	4 (6)	10 (10)	10 (10)	9 (9)	6 (6)	8 (9)	4 (4)
Neugeborene ges. Klare Fälle (gesamt)	34 (44)	26 (37)	28 (37)	33 (39)	38 (43)	31 (38)	11 (14)	29 (33)	20 (25)	26 (29)	17 (18)	24 (26)	10 (10)

Legende:

Später aufgedeckte Fälle von Kindstötungen aus der Grauzone stehen in Klammern und sind immer dem Tat-Jahr, nicht dem Fund-Jahr zugeordnet.

Bei lebend ausgesetzten Neugeborenen geben die Zahlen vor der Klammer an, wieviele Kinder die Aussetzung überlebt haben.

Dabei ist zu beachten, dass die Auswertung von Presseberichten in höchstem Maße fehleranfällig ist, weil die Gefahr besteht, dass einzelne Fälle in mehreren

20 So der Hinweis unter: http://www.tdh.de/fileadmin/user_upload/inhalte/04_Was_wir_tun/Themen/Weitere_Themen/Babyklappen/Grafik.pdf [abgerufen am 26.10.2016].

21 Die Zahlen können abgerufen werden unter: http://www.babyklappe-huellhorst.de/: dort unter dem Punkt „Weitere Informationen“: „Kindstötungen, Kindsaussetzungen, anonyme Abgabe in Babyklappen, Statistik über Neugeborenenaussetzungen“ [Stand 13.08.2017, abgerufen am 21.08.2017].

Medienberichten beschrieben und deswegen doppelt verwertet oder auf der anderen Seite übersehen werden. Außerdem variiert das mediale Interesse an Fällen dieser Art, sodass nicht mit Sicherheit davon ausgegangen werden kann, dass jeder einzelne medial erfasst wird. So weist auch eine Untersuchung von SterniPark e. V. für die Jahre 1999 bis 2004 abweichende Zahlen aus.[22] Ferner ist den obigen Zahlen nicht zu entnehmen, in welchem Zeitraum nach der Geburt die Taten stattfanden, sodass eine genaue Klassifizierung als Neonatizid der medizinischen Definition gemäß[23] nicht möglich ist.

Was die Aussetzung angeht, muss in Rechnung gestellt werden, dass diese mit unterschiedlichen Zielen vorgenommen werden kann. Deshalb wird unterschieden zwischen der Aussetzung zum Tode und der Aussetzung zum Leben.[24] Auch insoweit ist eine Differenzierung mittels der Zahlen nicht möglich. So hätte ein lebend aufgefundenes Neugeborenes ebenso gut als tot aufgefundenes Kind in die Statistik eingehen können, wenn es geringfügig später gefunden worden wäre.[25]

Schließlich können die Zahlen auch Fälle enthalten, in denen ein bereits totes Kind von der Mutter an die Fundstelle verbracht wurde, oder das Kind womöglich auch mit medizinischer Hilfe nicht hätte gerettet werden können.[26]

Trotz der gebotenen Vorsicht bei der Interpretation lassen die Zahlen im Zeitraum zwischen 2010 und 2015 tendenziell einen Rückgang erkennen. Dass trotz vorhandener Angebote anonymer Abgabe in den entsprechenden Städten weiterhin Kinder getötet und ausgesetzt werden, bestätigt, dass die anonyme Abgabe beileibe kein Allheilmittel darstellt. Nichtsdestoweniger stimmen die Zahlen aus jüngster Zeit optimistisch.

---

22 Rupp, Marina: In: Bayerisches Staatsministerium für Arbeit und Sozialordnung, Familie und Frauen (Hg.): „Anonyme Geburt“ – „Das Moses-Projekt“ in Bayern: Eine Machbarkeitsstudie, Bamberg 2007, S. 25 – die Originalquelle ist nicht mehr abrufbar; abweichende Zahlen finden sich auch bei Bozankaya, Neonatizid, S. 28 f.

23 Siehe oben Fn. 15.

24 Bozankaya, Neonatizid, S. 18.

25 Bozankaya, Neonatizid, S. 28.

26 So war es bei der von Bozankaya, Neonatizid, S. 200 (Fn. 925) geschilderten Tat: Bericht der dpa, Babyleiche am Niederrhein gefunden: Dritter Fall im Jahr 2005. Die Welt vom 12.05.2005.

3. Täterprofil[27] und Tat

Die Gründe für einen Neonatizid sind vielfältig, können kumuliert auftreten und einander bedingen und verstärken. Daher gibt es, ebenso wenig wie es ein einziges Tatbild gäbe, ein einheitliches Motiv, das hinter einem Neonatizid steht.[28]

Ein faszinierendes Phänomen in diesem Zusammenhang, das genauere Betrachtung verdient, weil es für die hier untersuchte Frage von Bedeutung ist, ist die verdrängte Geburt.[29]

Es wird angenommen, die Täterinnen seien meist eher unreif und wiesen Defizite bei Problemlösungs-Strategien beziehungsweise Kommunikationsdefizite auf. Sie hätten überdies eine schlechte Körperwahrnehmung und keinen emotionalen Zugang zur Schwangerschaft. Infolgedessen komme es zur Verdrängung der Schwangerschaft.[30] Die Verdrängung kann so weit reichen, dass schwangerschaftstypische körperliche Reaktionen nicht eintreten. In den meisten Fällen

---

27 Zu den soziographischen Daten der Mütter siehe zum Beispiel Bauermeister, Die Tötung Neugeborener unter der Geburt, S. 20 ff.; umfassende Schilderungen von Taten aus jüngerer Zeit, vor allem hinsichtlich des Hintergrundes der Täterinnen sowie des Tatgeschehens und der Gemütslage der Mütter bei der Tat finden sich bei Bozankya, Neonatizid, S. 72 ff., 107 ff.

28 Bozankaya, Neonatizid, S. 121.

29 Zu weiteren Erklärungsansätzen aus der Psychoanalyse. Gremmel, Cathrin: Anonyme Geburt und anonyme Abgabe von Kindern: Hilfe oder Risiko? – Ein deutsch-französischer Vergleich. In: Zenz, Gisela (Hg.): Traumatische Kindheiten: Beiträge zum Kinderschutz und zur Kinderschutzpolitik aus erziehungswissenschaftlicher und rechtswissenschaftlicher Perspektive. Frankfurt a. M. 2004, S. 170 ff.

30 Schlotz et al, Der Gynäkologe 2009, 614 (614); Rohde, Anke: Neugeborenentötung durch die Mutter – wirken Babyklappen und Anonyme Geburt präventiv?. Öffentliche Anhörung in der Berlin-Brandenburgischen Akademie der Wissenschaften am 23.10.2008, Folie 14; Taufkirch, Tina: Babyklappen und anonyme Geburt: Eine explorative Studie zu Möglichkeiten der anonymen Abgabe von Neugeborenen, Hamburg 2004, S. 87 ff. mit Nachweisen aus der medizinischen Literatur; auch die Studie von Bauermeister, Die Tötung Neugeborener unter der Geburt, S. 28 ff. konnte derartige Verdrängungsreaktionen feststellen: Ihr zufolge wurde in 42,8 % der Fälle die Schwangerschaft ins Unterbewusstsein verdrängt. 52 % verheimlichten die Schwangerschaft bewusst. Darunter waren allerdings 14 Schwangerschaften, die als Grenzfälle zwischen verdrängter und bewusst verheimlichter eingeordnet wurden. Unter den bewusst verheimlichten Schwangerschaften waren auch die Fälle, in denen die Mutter schon während der Schwangerschaft an die Beseitigung des Kindes dachten (sieben an eine Abtreibung); zur Verdrängung der Schwangerschaft auch: Institut für Demoskopie Allensbach (Hg.): Schwangerschaftskonflikt und anonyme Geburt: Befragung von Müttern, die von SterniPark betreut wurden. Allensbach 2012.

weisen die Betroffenen nicht einmal die Körperformen einer Schwangeren auf.[31] Die sich aus verschiedenartigen Quellen[32] speisende Konfliktlage kann umso schlechter bewältigt werden, je undifferenzierter die Persönlichkeit der Frau ist, und je instabiler ihre Verhältnisse sind.[33] Bei der Geburt handelten die Betreffenden dann aus der Hilflosigkeit heraus, die mit der Situation einhergehe.[34] Die überwiegende Mehrheit der Kindstötungen resultiere mitunter aus unterlassener Hilfeleistung.[35] Der lösungsorientierte Entscheidungsprozess beim Umgang mit ungewollten Schwangerschaften stellt sich folgendermaßen dar.[36]

1. *Wahrnehmen der Schwangerschaft*
2. *Beschäftigung mit der Schwangerschaft*
3. *Nachdenken über mögliche Lösungen*
4. *Auswahl einer Alternative (z. B. die Babyklappe)*
5. *Vorbereitung auf die konkrete Umsetzung*

Wird die Schwangerschaft nicht erkannt oder verdrängt, wird der Prozess gestört und kann sodann folgendermaßen ablaufen:

1. *Fehlende Wahrnehmung bzw. Fehlinterpretation von Schwangerschaftszeichen*
2. *Ignorieren der Schwangerschaft*
3. *Keine Auseinandersetzung mit möglichen Lösungen*
4. *Keine Entscheidung für eine konkrete Alternative*
5. *Fehlende Vorbereitung auf Umsetzung*

---

31 Taufkirch, Babyklappen und anonyme Geburt, S. 88; Gerchow Joachim: Die ärztlich-forensische Beurteilung von Kindesmörderinnen: Ein Beitrag zum Problem der abartigen Erlebnisreaktionen. Halle (Saale) 1957, S. 77 f.; Schlotz et al, Der Gynäkologe 2009, 614 (614); siehe auch Bauermeister, Die Tötung Neugeborener unter der Geburt, S. 37 ff.

32 Bozankaya, Neonatizid, S. 121 nennt in den von ihr untersuchten Fällen verschiedene Motive (darunter etwa: Scham, Angst vor der Belastung der Beziehung mit dem Partner), die mit der Verdrängung/Verheimlichung einhergehen und damit mit einiger Wahrscheinlichkeit diese verursacht oder begünstigt haben; vgl. auch Schlotz et al, Der Gynäkologe 2009, 614 (614).

33 Bauermeister, Die Tötung Neugeborener unter der Geburt, S. 35. *Bauermeister* stellt zugleich fest, dass die meisten der in der Studie untersuchten Mütter in solchen instabilen Verhältnissen lebten, ebenda, S. 35 f.

34 Rohde, Neugeborenentötung durch die Mutter – wirken Babyklappen und Anonyme Geburt präventiv?, Folie 26.

35 Taufkirch, Babyklappen und anonyme Geburt, S. 89; Gerchow, Die ärztlich-forensische Beurteilung von Kindesmörderinnen, S. 87 f.

36 Die Darstellung ist den Schaubildern entlehnt in: Schlotz et al, Der Gynäkologe 2009, 614 (615).

Es ist allerdings auch möglich, dass „eine komplexe innerseelische Not“[37] während der Geburt (wieder) akut wird. Dabei beeinflussen Ratlosigkeit und Furcht vor Schande und Scham die Mutter, woraus eine spontane Aggression gegen das Kind erwachsen kann.[38]

Der verdrängten Schwangerschaft ähnlich ist die verleugnete Schwangerschaft, wobei das zunächst erlangte Wissen um die Schwangerschaft wieder verdrängt wird, sodass die Schwangere selbst der Überzeugung ist, nicht schwanger zu sein.[39]

Wie häufig eine solche verdrängte Schwangerschaft vorkommt, lässt sich nicht sicher sagen,[40] jedoch endet keineswegs jeder dieser Fälle mit einer Tötung des Kindes.[41] Dennoch ist die Zahl der Neonatizide, die nach einer verdrängten oder verheimlichten Schwangerschaft auftreten, durchaus von einigem Gewicht für die Gesamtzahl der Neonatizide.[42]

Diese Ergebnisse widersprechen der teilweise gemachten Behauptung, der Gedanke an die Tötung des Kindes entwickle sich bereits während der Schwangerschaft.[43]

Auch in jüngeren Untersuchungen werden als Ursachen noch wirtschaftliche Gründe und Schamgefühl genannt.[44] Andere Autoren sehen den Grund in einem Abbau höherer Persönlichkeitsschichten unter dem Einfluss der Ge-

37 Taufkirch, Babyklappen und anonyme Geburt, S. 89; Gerchow, Die ärztlich-forensische Beurteilung von Kindesmörderinnen, S. 89.

38 Taufkirch, Babyklappen und anonyme Geburt, S. 89; Gerchow, Die ärztlich-forensische Beurteilung von Kindesmörderinnen, S. 89.

39 Schlotz et al, Der Gynäkologe 2009, 614 (615).

40 Eine Schätzung von *Bauermeister* aus dem Jahre 1994 geht von etwa 2000 solcher Fälle p.a. aus, Bauermeister, Die Tötung Neugeborener unter der Geburt, S. 32 f. Eine Untersuchung von *Wessel* in der Region Berlin im Zeitraum vom 1.07.1995 bis zum 30.06.1996 hat ein Verhältnis von 1:475 (1:460 bei Außerachtlassung der außerklinischen Geburten) ermittelt, Wessel Jens: Die verdrängte Schwangerschaft, Berlin 1998, S. 98.

41 Bauermeister, Die Tötung Neugeborener unter der Geburt, S. 33.

42 So verdrängten oder verheimlichten die Täterinnen in allen 19 von *Bozankaya* untersuchten Fällen die Schwangerschaft, Bozankaya, Neonatizid, S. 119; vgl. auch ebenda, S. 122, wenngleich dort nicht in Abrede gestellt wird, dass manche Taten von langer Hand geplant seien; weitere Nachweise, welche die These von der verdrängten/verheimlichten Geburt als dominantes Motiv des Neonatizides stützen ebenda, S. 122 (Fn. 490); weitergehend Schlotz et al, Der Gynäkologe 2009, 614 (616): „Davon ausgehend, dass Neonatiziden zumeist eine negierte Schwangerschaft vorausgeht[…]“.

43 Rump/Hammer, NStZ 1994, 69 (70).

44 Rodegra, Heinz: Kindestötung und Verheimlichung der Schwangerschaft: Eine sozialgeschichtliche und medizinsoziologische Untersuchung mit Einzelfallanalysen. Herzogenrath 1981, S. 27; vgl. auch Bauermeister, Die Tötung Neugeborener unter der Geburt, S. 42.

burt (psycho-pathologischer Ansatz).[45] Des Weiteren kommen als Ursachen in Betracht:[46] Der Ehrennotstand, Konflikte mit dem Elternhaus, die Bedeutung des Partners, Angst um den gewohnten Lebensstil, das sogenannte „Medea-Syndrom",[47] Ratlosigkeit infolge der neuen Situation, Psychosen (selten), die die Mutter glauben machen, das Kind sei die Verkörperung des Bösen und der erweiterte Suizid.

Der Geburtsaffekt hat als alleiniges Erklärungsmuster an Bedeutung verloren, jedoch kann die Anstrengung der Geburt die Passivität der Mutter begünstigen.[48]

Die Untersuchung von *Rodegra*[49] legt nahe, dass einige Täterinnen eines Neonatizides die Schwangerschaft jedenfalls nicht dauerhaft verheimlichten. So versuchten mehrere von ihnen, eine Abtreibung vorzunehmen. Des Weiteren wurde zwar der Entschluss zur Tötung des Kindes überwiegend erst nach der Geburt gefasst, teilweise aber auch schon während der Schwangerschaft.[50] Es kristallisierte sich auch heraus, dass in den erstgenannten Fällen während der Schwangerschaft phasenweise eine klar positive Einstellung zum Kind bestand. Bei entsprechender Bestärkung hätte die Tötung des Kindes womöglich verhindert werden können.[51]

II. Lösungsansätze

Wie oben bereits angeklungen ist, versuchte man ab dem Jahre 2000 des soeben geschilderten Problems mit der Babyklappe und ähnlichen Konzepten Herr zu werden. Diese sollen nunmehr kurz vorgestellt werden.[52]

---

45 Nachweise bei Bauermeister, Die Tötung Neugeborener unter der Geburt, S. 42 f.

46 Alle folgenden Gründe sind der Aufzählung von Bozankaya, Neonatizid, S. 37 ff. entnommen.

47 Dieser der griechischen Mythologie entlehnte Begriff beschreibt die Tötung des Kindes aus Rache.

48 Zu weiteren Erklärungsansätzen aus der Psychoanalyse: Gremmel, In: Traumatische Kindheiten, S. 170 ff.

49 Rodegra, Kindestötung und Verheimlichung der Schwangerschaft.

50 Rodegra, Kindestötung und Verheimlichung der Schwangerschaft, S. 28 ff.: 31,9 % fassten den Entschluss während der Geburt, 53,3 % unmittelbar danach.

51 Rodegra, Kindestötung und Verheimlichung der Schwangerschaft, S. 30.

52 Im Folgenden werden nur die herkömmlichen Angebote der anonymen Abgabe dargestellt. Die neu geschaffene vertrauliche Geburt ist hier nicht gemeint.

1. Anonyme Abgabe[53] (vor allem die Abgabe in einer Babyklappe)

Die Babyklappe ist zumeist an der Fassade eines Krankenhauses oder einer anderen Abgabeeinrichtung angebracht. Die Mutter kann die Klappe jederzeit öffnen und das Kind in ein Wärmebett dahinter legen. Verschließt sie die Klappe danach wieder, wird diese verriegelt und kann nicht erneut geöffnet werden. Ein Signal verständigt das Personal der Abgabeeinrichtung, das sich in kürzester Zeit um das Kind kümmert und es medizinisch betreut und versorgt.

Die Mutter soll Zeit bekommen, die Probleme, die sie zur Abgabe des Kindes veranlasst haben, zu bereinigen. Dafür räumen ihr die Betreiber eine Überlegungsfrist von acht Wochen ein, binnen deren die Mutter die Einrichtung aufsuchen und ihr Kind wiederbekommen kann.[54] Teilweise wird über die Babyklappe auch ein Zeichen ausgegeben, das die Identifikation der Mutter möglich macht.[55]

Ähnlich funktioniert die anonyme Abgabe, bei der das Kind nicht hinter eine Klappe gelegt wird, sondern an eine Hilfeeinrichtung übergeben wird.[56]

2. Anonyme Geburt

Der Abgabe eines Kindes dürfte zumeist eine Geburt vorausgehen, die ohne medizinische Betreuung stattfand, oftmals gar ohne Voruntersuchung.[57] Beides birgt für die Mutter und das Kind enorme gesundheitliche Risiken. Um diese zu vermeiden, bieten einige Krankenhäuser anonyme Geburten an. Den Schwangeren wird die Möglichkeit geboten, mit medizinischer Betreuung, unter Wahrung ihrer Anonymität ihr Kind zur Welt zu bringen. Die Frauen verlassen also nach der Geburt die Geburtseinrichtung, ohne dass das diese eine Identitätsfeststellung vorgenommen hätte. Bisweilen wird die Geburt durch eine Beratung durch die Mitarbeiter des Krankenhauses flankiert.[58]

---

53 Siehe dazu auch Mielitz, Anonyme Kindesabgabe, S. 20 ff.; zur Geschichte der Babyklappen: ebenda, S. 41 ff.; außerdem Wiesner-Berg, Anonyme Kindesabgabe in Deutschland und der Schweiz, S. 7 ff.; zur Rückkehr der Babyklappen in jüngerer Zeit: BT-Drucks. 17/190, S. 4 f.

54 Vgl. zum Vorstehenden die Seite des Klinikums Straubing, abrufbar unter: http://www.klinikum-straubing.de/Babyklappe.n100.html [abgerufen am 21.08.2017].

55 So z. B. beim Babyfenster des Katharinenhospitals Unna, Seite abrufbar unter: http://www.katharinen-hospital.de/index.php?id=284 [abgerufen am 21.08.2017].

56 Coutinho, Joelle/Krell, Claudia: In: Deutsches Jugendinstitut e. V. (Hg.): „Anonyme Geburt und Babyklappen in Deutschland: Fallzahlen, Angebote, Kontexte. München 2011, S. 27.

57 Coutinho/Krell, Anonyme Geburt und Babyklappen in Deutschland, S. 19.

58 Siehe zum Beispiel die Seite des Katharinenhospitals Unna, abrufbar unter: http://www.katharinen-hospital.de/index.php?id=284 [Stand 21.08.2017].

3. Vertrauliche Geburt

Trotz insoweit uneinheitlicher Terminologie war mit dem als „vertrauliche oder heimliche Geburt“ bezeichneten Modell überwiegend ein dem der anonymen Geburt ähnliches gemeint, das gleichermaßen keine Grundlage im Gesetz fand. Es entspricht im Wesentlichen dem der vertraulichen Geburt auf der Grundlage der §§ 25 ff. SchKG n. F., die durch das Gesetz zum Ausbau der Hilfen für Schwangere und zur Regelung der vertraulichen Geburt[59] an das SchKG angefügt wurden. Nach der Geburt hinterlässt die Mutter ihren Namen zum Beispiel in einem verschlossenen Umschlag bei der Beratungsstelle eines freien Trägers unter der Bedingung, dass nur das Kind und auch dieses erst ab einem bestimmten Lebensjahr Einsicht erhalten solle.[60] Davon abweichend werden die Begriffe „vertrauliche/heimliche Geburt“ aber auch häufig benutzt, wenn Geburt und Adoption des Kindes so organisiert werden, dass das Umfeld der Frau nichts davon erfährt.[61]

4. Verbreitung der Angebote

2016 gab es einer Auflistung des Vereins SterniPark e. V. zufolge an 91 Orten Einrichtungen, die eine anonyme Übergabe des Kindes ermöglichten.[62] Von etwa 100 Babyklappen hatte die *Märkische Onlinezeitung* Anfang 2012 berichtet.[63] Dazu existierten der Untersuchung von *Kuhn* zufolge 150 Kliniken, welche die anonyme Geburt anbieten.[64] Laut einer umfassenden Erhebung des deutschen Jugendinstitutes (Stand Dezember 2009/Mai 2010), die sowohl eine Befragung aller deutschen Jugendämter als auch der ermittelten Träger von Angeboten anonymer Kindesabgabe einschloss, und einer ebenfalls vom Deutschen Jugendinstitut durchgeführten Recherche (Stand Mai 2010) ergab sich ein Wert zwischen 171 und 220 Angeboten der anonymen Abgabe (Anonyme Geburt, anonyme Übergabe, Babyklappe).[65] Berücksichtigt werden müssen außerdem die Fälle, in denen Krankenhäuser zwar

---

59 BGBl. I 2013, Nr. 53, S. 3458.

60 BT-Drucks. 17/190 (Stellungnahme des Deutschen Ethikrates – Das Problem der anonymen Kindesabgabe), S. 3.

61 BT-Drucks. 17/190, S. 3.

62 SterniPark e. V.: Übersicht Babyklappen deutschlandweit.

63 Stürmer, Harriet: Babyklappen erneut in der Kritik. In: Märkische Onlinezeitung vom 7.03.2012, abrufbar unter http://www.moz.de/artikel-ansicht/dg/0/1/1012440 [abgerufen am 21.08.2017]; eine ähnliche Zahl nennt die Untersuchung von Bozankaya, Neonatizid, S. 137.

64 Kuhn, Sonja: Babyklappen und anonyme Geburt: Sozialregulationen und sozialpädagogischer Handlungsbedarf. Diss. Univ. Bamberg 2005. Augsburg 2005, S. 325.

65 Coutinho/Krell, Anonyme Geburt und Babyklappen in Deutschland, S. 84 f.

de facto eine anonyme Geburt anboten, diese jedoch nicht institutionalisiert war.[66] Alles in allem hat sich ein breites Netz an Hilfsangeboten für Mütter herausgebildet, die ihr Kind direkt nach der Geburt nicht bei sich zu behalten wünschen.

Zahlen zum Umfang der Nutzung der Angebote sind mangels detaillierter Auskünfte der Betreiber schwierig zu erhalten. Schätzungen gingen von 300–500 dauerhaft anonym abgegebenen Kindern bis Ende 2009 aus. Als gesicherter Mindestwert für die Zahl anonym abgegebener Kinder bis zum Jahr 2007 kann der im Zuge einer großen Anfrage der Bundesregierung ermittelte Wert von 143 Kindern gelten.[67] Ferner blieben die Mütter von mindestens 124 Kindern, die anonym in Kliniken geboren wurden, dauerhaft anonym.[68] Bis in die jüngste Zeit wurden mindestens 973 Kinder anonym abgegeben, wobei bei rund 200 der abgegeben Kinder keine Angaben zu deren Verbleib gemacht werden konnten.[69]

III. Wirksamkeit der Angebote

1. Zielsetzung

Die Betreiber verfolgen mit ihren Angeboten verschiedene Ziele mit unterschiedlicher Stoßrichtung. Dabei scheint im Hintergrund stets die Überlegung mitzuwirken, durch das (potenzielle) Angebot der anonymen Beratung könne wenigstens ein erster Zugang zu den Frauen eröffnet werden.[70]

Zum einen sollen Aussetzungen und Tötungen von Neugeborenen verhindert werden (die Gefahren für das Kind müssen nicht zwangsläufig von der Mutter ausgehen), Abtreibungen sollen vermieden werden, und die medizinische Versorgung von Mutter und Kind soll sichergestellt werden.[71]

Auch der Schutz der Mutter vor Dritten ist ein denkbares Ziel.[72] Die psychische Belastung, die infolge einer verdrängten Schwangerschaft entstehen kann, kann durch Beratung im Rahmen der anonymen Geburt gemindert werden.[73] Daneben

66 Coutinho/Krell, Anonyme Geburt und Babyklappen in Deutschland, S. 80.

67 BT-Drucks. 16/7220, S. 29.

68 Kuhn, Babyklappen und anonyme Geburt, S. 346 f. (Fn. 818).

69 Kamann, Matthias: Babyklappen-Betreiber reißen Mindestanforderungen. In: Die Welt vom 24.12.2014; in BT-Drucks. 17/13062, S. 1 ist von nahezu 1000 anonym abgegeben Kindern bis zum Jahr 2010 die Rede.

70 Rupp, Machbarkeitsstudie, S. 43 (dort vorgenommene Studie wegen der geringen Fallzahlen nicht repräsentativ).

71 Rupp, Machbarkeitsstudie, S. 36; Gremmel, In: Traumatische Kindheiten, S. 130.

72 Rupp, Machbarkeitsstudie, S. 43, 51 f.

73 Rupp, Machbarkeitsstudie, S. 47

kann die persönliche Beratung Alternativen aufzeigen und so mitunter anonyme Geburt verhindern.[74] Auf der anderen Seite kann die Aussicht auf eine anonyme Geburt als Schlüssel für die Einleitung einer Beratung dienen.[75]

Es ist indes zweifelhaft, inwieweit diese Ziele verwirklicht werden können. Die Befunde von Studien aus anderen Ländern können wegen der unterschiedlichen gesellschaftlichen Hintergründe nur eingeschränkt herangezogen werden. Im Folgenden wird zunächst auf die bisherige Diskussion eingegangen. Es steht außer Frage, dass die Angebote von Frauen, die sich in einer scheinbar ausweglosen Situation befanden, als Erleichterung empfunden wurden.[76] Darauf wird jedoch im Folgenden nur am Rande eingegangen, da dieses – wenn auch ehrenwerte – Ziel für sich genommen eine Einschränkung des allgemeinen Persönlichkeitsrechts des Kindes in seiner Ausprägung als Recht auf Kenntnis der eigenen Abstammung nicht zu rechtfertigen vermag. Ob die anonyme Abgabe den Lebensschutz fördert, wird entscheidend sein für die Frage nach der Verfassungskonformität einer gesetzlichen Regelung zur Kindesabgabe.[77]

2. Zielerreichung

Dass die mit der anonymen Abgabe angestrebten Ziele erreicht werden können, wurde zunehmend in Zweifel gezogen. Auf die Kritik in der juristischen und medizinischen Literatur wird sogleich näher einzugehen sein.

a) Bewertungskriterien

Um die Wirksamkeit der Angebote anonymer Abgabe (und der neuen vertraulichen Geburt) beurteilen zu können, ist es angezeigt, zunächst zu betonen, welche Anforderungen an diesen Nachweis zu stellen sind.[78] Es muss aufgezeigt werden, dass die Zahl der Neonatizide und Aussetzungen von Neugeborenen infolge der Angebote zurückgegangen ist. Es reicht nicht aus, darzulegen, dass die Angebote

74 Rupp, Machbarkeitsstudie, S. 22.

75 Institut für Demoskopie Allensbach, Schwangerschaftskonflikt und anonyme Geburt, S. 20; Rupp, Machbarkeitsstudie, S. 43.

76 Institut für Demoskopie Allensbach, Schwangerschaftskonflikt und anonyme Geburt, S. 58 ff.

77 Ähnlich Bozankaya, Neonatizid, S. 155.

78 Kann die Wirksamkeit der Angebote nicht mit an Sicherheit grenzender Wahrscheinlichkeit festgestellt werden, bedeutet dies noch nicht zwangsläufig, dass diese Angebote verfassungswidrig sind. Für eine verfassungsrechtliche Rechtfertigung kann ein geringeres Maß an Wahrscheinlichkeit genügen. Dies wird im Rahmen der verfassungsrechtlichen Prüfung näher zu erläutern sein.

anonymer Abgabe überhaupt genutzt werden, weil dies an sich noch keine Aussage über den alternativen, hypothetischen Kausalverlauf zulässt. Ein signifikanter Rückgang der Neonatizide und Aussetzungen wäre insoweit ein Indiz, jedoch sind hier andere Ursachen denkbar (etwa sinkende Geburtenzahlen). Anhaltspunkte bieten auch die Aussagen betroffener Mütter.[79]

Das Fehlen polizeistatistischer Informationen zwingt dazu, auf Zahlen aus Medienberichten zurückzugreifen. Zu den oben[80] bereits erläuterten Vorbehalten gegen die auf diese Weise gewonnenen Daten kommt hinzu, dass es die insgesamt geringen Fallzahlen erschweren, einen belastbaren Zusammenhang herzustellen.[81]

Den Aussagen Betroffener kann nicht uneingeschränkt Glauben geschenkt werden, da eine Mutter, die ihrem Kind möglicherweise etwas angetan hätte, dies vielleicht im Nachhinein nicht zugeben und zu ihren Motiven entweder schweigen oder Schutzbehauptungen vorschieben wird.[82] Umgekehrt mag es vorkommen, dass eine Schwangere, die sich in einer akuten Notlage befindet, eine Tötungsabsicht vortäuscht, um ihrem Hilfeersuchen Nachdruck zu verleihen.

Aus anderen Staaten existieren vereinzelte Studien, die sich mit der Frage nach einem kausalen Zusammenhang zwischen Angeboten anonymer Abgabe und der Anzahl der Kindstötungen/-aussetzungen befassen. Bei der Übertragung der Erkenntnisse auf Deutschland ist allerdings Vorsicht geboten.

Damit wir uns der eingangs gestellten Frage wenigstens annähern können, soll deshalb versucht werden, anhand statistischer Daten über die Häufigkeit von Kindstötungen/-aussetzungen, Aussagen verschiedener Betroffener und Aussagen derer, die mit Betroffenen in Kontakt gekommen sind und vereinzelt vorhandener Studien abzuschätzen, ob und bejahendenfalls wie sich die anonyme Abgabe auf die Zahl der Aussetzungen und Tötungen Neugeborener auswirkt, und/oder die medizinische Versorgung im Zusammenhang mit der Geburt verbessert wird.

---

79 Eine Befragung von 105 Frauen, die von SterniPark betreut worden waren, und deren Mehrzahl eine anonyme Geburt angestrebt hatte, wurde vom *Institut Demoskopie Allensbach* durchgeführt: Institut für Demoskopie Allensbach, Schwangerschaftskonflikt und anonyme Geburt.

80 Oben unter B. I. 2.

81 BT-Drucks. 16/7220, S. 25.

82 Beulke, FS-Herzberg, S. 616.

b) *Bewertung*

aa) *Medizinische Versorgung und psychologische Beratung*

Zumindest während einer anonymen Entbindung ist die medizinische Versorgung gewährleistet. Befragungen Betroffener deuten darauf hin, dass durch die zugesagte Anonymität überhaupt erst medizinische Betreuung angenommen wurde, wo vorher eine Geburt ohne Hilfe erwogen worden war, die große Schwierigkeiten und Gefahren mit sich gebracht hätte.[83] Vor- und Nachsorge dagegen sind zumindest nicht flächendeckend gesichert. Die Beratung führt keineswegs stets dazu, dass von einer anonymen Geburt Abstand genommen wird.[84] Auch werden die Beratungsangebote nach der Entbindung teilweise nicht weiter genutzt.[85]

bb) *Verhinderung von Kindstötungen/-aussetzungen*

(1) Einschätzung in der bisherigen Diskussion[86]

Nach der anfänglichen Euphorie in Politik und Gesellschaft, die auf die Einrichtung der ersten Babyklappen folgte und weitere Angebote begünstigte, wurden kritische Stimmen immer lauter.[87] Dass die Angebote der anonymen Abgabe das Leben Neugeborener retten könnten, wurde für unwahrscheinlich gehalten. Dabei wurde insbesondere auf die Persönlichkeitsstruktur der Täterinnen von Neonatiziden sowie die Verdrängung der Schwangerschaft hingewiesen,[88] die eine Auseinandersetzung mit der Situation und weitergehende Planungen verhin-

---

83 Institut für Demoskopie Allensbach, Schwangerschaftskonflikt und anonyme Geburt, S. 61 f., 71 ff. (obwohl sich keine Anhaltspunkte dazu finden, was die Frauen andernfalls gemacht hätten).

84 Rupp, Machbarkeitsstudie, S. 22.

85 Rupp, Machbarkeitsstudie, S. 23.

86 Ohne Anspruch auf Vollständigkeit wider die Wirksamkeit der anonymen Abgabe Benda, JZ 2003, 533 (537); Swientek, FPR 2001, 353 (355); Scheiwe, ZRP 2001, 368 (371); Wolf FPR 2001, 345 (351); kritisch: Badenberg, Das Recht des Kindes auf Kenntnis der eigenen Abstammung unter Berücksichtigung der Problematik der anonymen Geburt, S. 113; kritisch: Bund Deutscher Hebammen e. V.: Position des Bundes Deutscher Hebammen: Beratung und vertrauliche Geburt statt Babyklappe und Anonymität. 2006; anders (dafür): Benöhr/Muth, KJ 2001, 405 (413); Heyers, JR 2003, 45 (46); Anke/Rass, ZRP 2002, 451 (451). Zusammenfassend Kingreen, KritV 2009, 88 (98 f.).

87 Siehe etwa jüngst: Mück-Raab, Kritik an Babyklappen und anonymen Geburten wächst. In: Badische Zeitung vom 5.06.2013.

88 Dazu schon oben unter B. I. 3.

derten.[89] Gleichwohl wird nicht in Abrede gestellt, dass den Neonatiziden, deren Täterinnen unentdeckt blieben, womöglich eine andere Dynamik zugrunde liege, sodass diese eher in der Lage wären, die Angebote anonymer Abgabe zu nutzen.[90] Lagen der Tötung eines (teilweise auch älteren) Kindes andere psychische Konflikte der Mutter zugrunde, sei ebenfalls nicht klar, inwieweit anonyme Abgabemöglichkeiten geeignet seien, das Verhalten der Mütter zu beeinflussen.[91] Auch dass die Zahl der Tötungsdelikte nicht zurückgegangen sei, spreche gegen die Wirksamkeit anonymer Abgaben.[92] Soweit diese genutzt worden seien, hätten die Probleme, die zur Abgabe geführt hatten, auch durch konventionelle Hilfsangebote überwunden werden können.[93]

Dass die anonyme Abgabe die Zahl der Abtreibungen senken könne, wird ebenfalls bestritten.[94]

(2) Eigene Einschätzung

In der Tat spricht die trotz der anonymen Abgabemöglichkeiten bis in jüngere Zeit (2010) im Wesentlichen konstante Zahl von Aussetzungen und Tötungen Neugeborener gegen die Wirksamkeit der anonymen Abgabe.[95] Besonders fällt ins Gewicht, dass ein Teil der Fälle sich an Orten abspielte, in deren Nähe anonyme

---

89 Bozankaya, Neonatizid, S. 155 f., 160; Schlotz et al, Der Gynäkologe 2009, 614 (616 ff.); vgl. auch Gerchow, MschrKrim 1964, 233 (239); so auch die Einschätzung von Peters, Johannes: Kindheit im Strafrecht: Eine Untersuchung des materiellen Strafrechts mit besonderem Schwerpunkt auf dem Kind als Opfer und Täter. Diss. Univ. Jena 2014. Herbert Utz Verlag, München 2014, S. 127.

90 Schlotz et al, Der Gynäkologe 2009, 614 (618).

91 Gremmel, In: Traumatische Kindheiten, S. 175 f: „Einerseits zeigen die Erfahrungen in Frankreich, daß Frauen trotz lang anhaltender, massiver Verdrängung den Weg zur (anonymen) Entbindung im Krankenhaus finden, andererseits ist es vor dem Hintergrund dieser Theorien verständlich, daß auch dort trotz niedrigschwelliger Angebote weiterhin Fälle von Kindsmord vorkommen.“.

92 Bozankaya, Neonatizid, S. 156.

93 Bozankaya, Neonatizid, S. 156 f.

94 Wacker, Warum terre des hommes Babyklappen und anonyme Geburten ablehnt, unter III.; Bott, Regula: Wunsch und Wirklichkeit – zur bisherigen Praxis und Debatte. In: terre des hommes e. V. (Hg.): „Babyklappen und anonyme Geburt – ohne Alternative?“. Aktualisierte Auflage, Osnabrück 2007, S. 34 m.N.; Gremmel, In: Traumatische Kindheiten, S. 166 f.

95 Siehe dazu die Zahlen unter B. I. 2; siehe auch BT-Drucks. 16/7220, S. 25. An dieser Stelle sei betont, dass es der Suche nach einer Lösung für Straftaten gegen Neugeborene zuträglich wäre, wenn die PKS diese gesondert auswiese.

Hilfen angeboten wurden.[96] Wie schon erwähnt, erschwert ein großes Dunkelfeld die Beurteilung zusätzlich. Zahlen aus den Jahren 2010 bis 2015 lassen dagegen zumindest einen leichten Rückgang erkennen.[97] Dessen Bedeutung sollte angesichts der insgesamt niedrigen Zahlen aber nicht überbewertet werden.

In **Frankreich**, wo die anonyme Geburt seit langer Zeit etabliert ist,[98] ergab eine Umfrage unter anonym abgebenden Müttern, dass keine der Befragten von Mordimpulsen berichtet habe. Die Arbeitsgruppe gelangte zu der Überzeugung, dass nur bei einem kleinen Teil der anonym gebärenden Frauen eine Gefahr für die Kinder bestanden habe.[99] Zwar geht die Untersuchung von *Bonnet*[100] davon aus, bei vielen anonym gebärenden Müttern habe bereits die Anwesenheit Dritter bei der Geburt das Leben des Kindes gerettet. Zweifelhaft bleibt dann aber, ob auch die Babyklappe diesen Effekt zeitigt, und ob das Versprechen der Anonymität dafür notwendige Voraussetzung war. Berücksichtigt man dabei, dass viele der befragten Frauen auch das Kind vor seiner eigenen Abstammung schützen wollten, erscheint es möglich, dass die Frauen eine anonyme Abgabe in bewussten Phasen der Schwangerschaft in Erwägung ziehen und sie bei der Geburt nutzt.[101]

Befragungen betroffener Frauen in Deutschland, die ein Angebot von SterniPark in Anspruch genommen hatten, zeigten, dass die Lage eines Teils der Frauen schlechte Voraussetzungen bot, um ein Kind großzuziehen.[102]

---

96 Rupp, Machbarkeitsstudie, S. 25 unter Berufung auf eine Untersuchung von *Bott/Swientek*; ähnlich auch die Aussage der von *Kuhn* befragten Kliniken, die eine anonyme Geburt eingeführt hatten, Kuhn, Babyklappen und anonyme Geburt, S. 339; teilweise wurde betont, es sei ein eindeutiger Rückgang entsprechender Taten im Umkreis zu verzeichnen: ebenda, (Fn. 795); zur Lage in Berlin: Herpich-Behrens, Ulrike: Was brauchen Mütter in höchster Not wirklich?: Die Sicht des Landesjugendamtes Berlin. In: terre des hommes e. V. (Hg.): „Babyklappen und anonyme Geburt – ohne Alternative?". Aktualisierte Auflage, Osnabrück 2007, S. 148.

97 Unter B. I. 2.

98 Thürkow, Alexandra: Strafrechtliche Bewertung der anonymen Kindesweggabe in die Babyklappe in Deutschland – unter besonderer Berücksichtigung der behördlichen Duldung -. Diss. Humboldt-Univ. Berlin 2009. Logos Verlag, Berlin 2010, S. 80 f.

99 Rupp, Machbarkeitsstudie, S. 34; Gremmel, In: Traumatische Kindheiten, S. 176 f.

100 Bonnet Catherine: Geste d'Amour: L'Accouchement sous X. Paris. 3. Auflage, Paris 2001, S. 248 (zitiert nach Gremmel, In: Traumatische Kindheiten, S. 176).

101 Gremmel, In: Traumatische Kindheiten, S. 176; dies deckt sich mit den Erkenntnissen der Studie von Rodegra, Kindestötung und Verheimlichung der Schwangerschaft; deutlich für eine Wirksamkeit der anonymen Geburt in Frankreich in einigen der Fälle Gremmel, In: Traumatische Kindheiten, S. 192.

102 Institut für Demoskopie Allensbach, Schwangerschaftskonflikt und anonyme Geburt: Gründe waren etwa: Gewalt des Partners gegen die Mutter (S. 6, 11, 28), Gewalt

Vereinzelt wurde von Frauen, die die Geburt als Schock erlebten, geäußert, sie könnten nachvollziehen, warum Frauen ihr Kind in so einer Situation auch umbrächten.[103] Viele gaben auch an, sie wüssten nicht, was sie ohne die anonyme Geburt getan hätten, wobei einige befürchteten, sie hätten das Kind womöglich ausgesetzt.[104]

Soweit einem Neonatizid eine Schwangerschaft vorausgeht, die unentdeckt blieb oder verdrängt wurde, lässt die Persönlichkeit der Schwangeren eine rationale Befassung mit der Schwangerschaft an sich und mit dem Umgang mit dem Kind nicht zu. Obgleich die verdrängte/verheimlichte Schwangerschaft ein seltenes Phänomen ist, zeigten Beobachtungen, dass sie einem Neonatizid in einer großen Zahl der Fälle vorangeht.[105] In diesen Fällen dürfte in der Tat jedwede präventive Maßnahme fehlgehen. Damit ist aber noch nicht festgestellt, dass die Angebote anonymer Abgabe wirkungslos sind, denn umgekehrt folgt eben auch nicht auf jede verdrängte oder verheimlichte Schwangerschaft eine Kindstötung.[106] Vielmehr wurde bereits festgestellt, dass in einem Teil der Fälle verheimlichter Schwangerschaft eine Tötung bei rechtzeitiger positiver Bestärkung der Schwangeren vermutlich hätte verhindert werden können.[107]

Demgegenüber stehen die Ergebnisse der Expertise Neonatizid,[108] welche die Präventionsmöglichkeiten mittels Angeboten während oder nach der Geburt wegen der häufig erfolgten Verdrängung der Schwangerschaft und des daraus folgenden Überraschungsmoments im Augenblick der Geburt als wenig aussichtsreich ausweisen. Das gelte selbst dann, wenn die Täterinnen sich zuvor ausnahmsweise Gedanken über Angebote wie die Babyklappe gemacht hätten, weil die Geburt letztlich doch überraschend gekommen sei.[109] Richtiger Ansatzpunkt sei vielmehr die vorangegangene, verheimlichte Schwangerschaft.[110]

---

des Partners gegen bereits vorhandene Kinder (S. 28), Schwangerschaft durch Vergewaltigung (S. 6), mangelnde Unterstützung im familiären Umfeld (S. 24 f., 27), ein Umfeld, das auf die Abgabe des Kindes drängte (Zuhälter) (S. 28).

103 Institut für Demoskopie Allensbach, Schwangerschaftskonflikt und anonyme Geburt, S. 32.

104 Institut für Demoskopie Allensbach, Schwangerschaftskonflikt und anonyme Geburt, S. 115.

105 Nachweise in Fn. 42.

106 Vgl. den Nachweis in Fn. 41.

107 Vgl. den Nachweis in Fn. 51.

108 Höynck, Theresia/Zähringer, Ulrike/Behnsen, Mira: In: Deutsches Jugendinstitut e. V. (Hg.): Neonatizid, Expertise im Rahmen des Projekts „Anonyme Geburt und Babyklappen in Deutschland – Fallzahlen, Angebote, Kontexte". München 2012.

109 Höynck/Zähringer/Behnsen, Neonatizid, S. 63.

110 Höynck/Zähringer/Behnsen, Neonatizid, S. 63.

Jüngere Untersuchungen negieren zwar nicht die soweit gewonnen Erkenntnisse, geben aber dennoch Anlass, zu vermuten, die anonyme Abgabe senke die Zahl der Kindstötungen. In jüngster Zeit gibt es Anzeichen dafür, dass Angebote wie Babyklappe und anonyme Geburt durchaus Auswirkungen auf die Anzahl der Neonatizide und der Aussetzungen von Neugeborenen haben könnten. Eine Studie der Universität Wien[111], die sich zum Ziel gesetzt hatte, den Einfluss der Zulassung der anonymen Abgabe – Mitte des Jahres 2001 – in Österreich auf die Anzahl der Neonatizide zu ermitteln, wertete polizeiliche Statistiken zum Neonatizid aus Österreich, Finnland und Schweden[112] aus dem Zeitraum von 1991 bis 2009 aus und verglich die Zahlen aus Österreich aus den Jahren 1991 bis 2001 mit denen aus Jahren 2002 bis 2009.[113] Es zeigte sich, dass die Anzahl der Neonatizide in Österreich im zweitgenannten Zeitraum erheblich geringer war als im erstgenannten. Für Schweden und Finnland konnten dagegen keine statistisch relevanten Veränderungen festgestellt werden.[114] Auch hätten sich in Österreich nicht andere Parameter gewandelt, die den Rückgang erklären könnten.[115] Aufgrund dieses Befundes erscheine ein Zusammenhang zwischen der anonymen Abgabe und dem Rückgang der Neonatizide möglich.[116]

Dieser Befund wird erhärtet durch eine weitere in Österreich durchgeführte Studie zur Entwicklung der Zahlen der Kindstötungen.[117] Die Studie stellte ebenfalls fest, das (im Gegensatz zu Deutschland flächendeckende,[118]) österreichische Angebot der anonymen Geburt führe zu einem Rückgang der entsprechenden Zahlen und zugleich zu einer verminderten Nutzung von Babyklappen.[119] Zwar sei einschränkend zu berücksichtigen, dass die Wirkung der Angebote vom Gesundheitssystem sowie vom sozialen und kulturellen Um-

---

111 Klier et al, BJOG 2012, 428.

112 Diese Staaten differenzieren strafrechtlich zwischen der Tötung eines Neugeborenen und eines Kindes und waren daher in der Lage, statistische Daten zum Neonatizid zur Verfügung zu stellen. Zudem erfassen sie alle Neonatizide, die polizeilich aktenkundig werden, ungeachtet des späteren Ausgangs der Ermittlungen: Klier et al, BJOG 2012, 428 (429).

113 Klier et al, BJOG 2012, 428 (429 f.).

114 Klier et al, BJOG 2012, 428 (429 f.).

115 Klier et al, BJOG 2012, 428 (431).

116 Klier et al, BJOG 2012, 428 (433); siehe zu den Zahlen aus Österreich auch: Kahlweit, Cathrin: Anonymität, die Kinderleben rettet. In: Die Süddeutsche vom 6. Dezember 2012.

117 Grylli, et al, Arch Womens Ment Health 2016, 291.

118 Grylli, et al, Arch Womens Ment Health 2016, 291 (292).

119 Grylli et al, Arch Womens Ment Health 2016, 291 (295).

feld abhängig sei,[120] doch dürften die Unterschiede zwischen Deutschland und Österreich insoweit unerheblich sein, sodass eine Übertragung der Ergebnisse möglich und sinnvoll ist.

Eine US-Studie, welche die Aussetzungen Neugeborener (die weniger als 60 Tage alt waren) in Texas in den Jahren 1996 bis 2006 anhand von Zeitungsberichten zu rekonstruieren suchte, stellte fest, auch nach der Legalisierung von Babyklappen im Jahre 1999 (sog. „Safe Havens") würden weiterhin Kinder illegal ausgesetzt. Die Babyklappen könnten nicht alle Fälle ausgesetzter Neugeborener verhindern.[121]

3. Zwischenergebnis

Somit kann festgehalten werden:

Anhand der (inoffiziellen) Zahlen aus Deutschland lässt sich keine sichere Wirkung der anonymen Abgabe auf die Zahl der Kindstötungen/-aussetzungen feststellen.

Wie sich das Dunkelfeld im Laufe der Zeit und durch die anonyme Abgabe verändert, bleibt unklar.

Die anonyme Abgabe muss nicht immer deswegen von vornherein erfolglos bleiben, weil alle Betroffenen ihre Schwangerschaft verdrängen.

Offizielle Zahlen aus Österreich, Finnland und Schweden zeigen, dass nicht lediglich die entfernte Möglichkeit besteht, dass ein Neonatizid durch Angebote der anonymen/vertraulichen Geburt verhindert werden kann. Vielmehr machen jüngste Erhebungen einen Kausalzusammenhang wahrscheinlich.

4. Anonymitätsbedürfnis

Das Bedürfnis der betreffenden Frauen nach Anonymität ist vor allem gegenüber der Herkunftsfamilie, dem sozialen Umfeld, Behörden und dem Arbeitgeber deutlich ausgeprägt. Im Gegensatz dazu war der Wunsch nach Anonymität gegenüber dem Kind eher gering.[122]

IV. Folgen der anonymen Abgabe

Die Kritik an der anonymen Abgabe entzündete sich freilich nicht bloß an der (behaupteten) Wirkungslosigkeit. Vielmehr befürchtete und konstatierte man negative Folgen für Kinder, Mütter und den Vater des Kindes.

120 Grylli et al, Arch Womens Ment Health 2016, 291 (295).

121 Pruitt, Child Maltreat 2008, 89 (92 f.).

122 Coutinho/Krell, Anonyme Geburt und Babyklappen in Deutschland, S. 165.

1. Medizinische Konsequenzen

Ein rein praktisches Bedürfnis für die Kenntnis der eigenen Abstammung – und damit biologischer Verwandter – ergibt sich bei der Suche nach einem Spender für Organe und ähnliches.

2. Konsequenzen für die Kinder[123]

Für die Kinder ist das fehlende Wissen um die eigene Abstammung ein Problem, das zu Minderwertigkeitskomplexen, schweren Identitätskrisen und Psychosen führen kann.[124] Die Frage nach der eigenen Identität taucht im Leben von Adoptivkindern lebenslang immer wieder auf.[125] Dabei besteht die Gefahr, dass die Kinder das mutmaßliche Versagen (wobei schon der Verstoß gegen die gesellschaftliche Gepflogenheit, seine Kinder selbst zu versorgen, genügt) ihrer leiblichen Eltern auf sich selbst projizieren.[126] Die Trennung von den biologischen Eltern ist dann besonders schwerwiegend, wenn die Adoptiveltern nichts über die Herkunft ihres Kindes wissen, sodass es ihnen überaus schwerfällt, ihrem Kind ein positives Bild seiner leiblichen Eltern zu vermitteln.[127] Hat das Kind bereits mit den leiblichen Eltern zusammengelebt und wird es dann in einer Babyklappe abgegeben, wiegt die Trennung schwerer als bei der anonymen Geburt.[128] Der für alle Menschen natürliche Prozess, zu lernen, dass die Eltern nicht alles geben

123 Es ist zu beachten, dass auch bei unterstellter Wirksamkeit der anonymen Geburt – zumindest in Frankreich – deutlich mehr Kindern die Kenntnis ihrer Herkunft verwehrt bleibt, als Kinder ausgesetzt oder getötet werden, Gremmel, In: Traumatische Kindheiten, S. 192.

124 Bozankaya, Neonatizid, S. 158 f.; aus der Säuglingsforschung bekannt ist auch, dass die Trennung von der Mutter vom Kind – wenn auch unbewusst – durchaus registriert wird, weil der Säugling u. a. bereits mit dem Geruch seiner Mutter vertraut ist, Dornes, Martin: Der kompetente Säugling: Die präverbale Entwicklung des Menschen. In: Köhler, Willi (Hg.): Geist und Psyche. Frankfurt a. M. 1993, S. 39 ff.

125 Wiemann, Irmela: Adoption und Identitätsfindung. In: terre des hommes e. V. (Hg.): „Babyklappen und anonyme Geburt – ohne Alternative?". Aktualisierte Auflage, Osnabrück 2007, S. 99; weitere Nachweise bei Gremmel, In: Traumatische Kindheiten, S. 185 f.

126 Wiemann, Irmela: Adoption und Identitätsfindung. In: terre des hommes e. V. (Hg.): „Babyklappen und anonyme Geburt – ohne Alternative?". Aktualisierte Auflage, Osnabrück 2007, S. 100 f.

127 Wiemann, Irmela: Adoption und Identitätsfindung. In: terre des hommes e. V. (Hg.): „Babyklappen und anonyme Geburt – ohne Alternative?". Aktualisierte Auflage, Osnabrück 2007, S. 104.

128 Gremmel, In: Traumatische Kindheiten, S. 195 f.

konnten, was man (als Kind) gebraucht hätte, wird Adoptivkindern dadurch erschwert, dass sie von ihren Eltern keinerlei seelisch-soziale Zuwendung erhielten. Fehlt darüber hinaus jedes Wissen über die eigene leibliche Familie, bleiben den Kindern eine lebenslange Verletzung,[129] Selbstunsicherheit und Selbstzweifel.[130] Das „Nein" (also die Ablehnung durch die eigenen Eltern), das am Anfang ihres Lebens stand, können manche Adoptivkinder womöglich nie verwinden. Dass sich manche dieser Kinder das Leben nehmen, ist nicht ausgeschlossen.[131]

3. Konsequenzen für die Mütter

Die psychische Belastung für die Frauen, die ihr Kind weggegeben haben, sollte nicht unterschätzt werden. Schuldgefühle und Depressionen sind bereits nach legalen Adoptionsfreigaben keine Seltenheit.[132] Zusätzlich sieht sich die Frau dem Vorwurf ausgesetzt, ihren Pflichten als Mutter, die als selbstverständlich gelten, nicht nachzukommen.[133]

4. Konsequenzen für die Väter

Welcher Rechte der Vater im Einzelnen verlustig geht, soll erst später thematisiert werden. Es liegt aber auf der Hand, dass die Stellung des Vaters deutlich geschwächt wird. Denkt man das Konzept der anonymen Abgabe zu Ende, ist es nur konsequent, dass die Abgabeeinrichtungen dem Vater die Möglichkeit zu Nachforschungen verweigern werden. Mitunter taucht der Vater als derjenige auf, der die Mutter dazu bringt, das Kind abzugeben. Fälle aus Frankreich haben jedoch gezeigt, dass die Väter oftmals keinen Einfluss auf die Abgabe des Kindes hatten, weil sie gar nicht darüber informiert worden waren.[134] Wie sich die Väter zu ihren Kindern verhielten, wüssten sie Bescheid, steht nicht fest.

---

129 Wiemann, Irmela: Adoption und Identitätsfindung. In: terre des hommes e. V. (Hg.): „Babyklappen und anonyme Geburt – ohne Alternative?". Aktualisierte Auflage, Osnabrück 2007, S. 108 f.

130 Wiemann, Irmela: Adoption und Identitätsfindung. In: terre des hommes e. V. (Hg.): „Babyklappen und anonyme Geburt – ohne Alternative?". Aktualisierte Auflage, Osnabrück 2007, S. 112.

131 Wiemann, Irmela: Adoption und Identitätsfindung. In: terre des hommes e. V. (Hg.): „Babyklappen und anonyme Geburt – ohne Alternative?". Aktualisierte Auflage, Osnabrück 2007, S. 113.

132 Bozankaya, Neonatizid, S. 158 m.N.; BT-Drucks. 17/190, S. 11; vgl. auch Gremmel, In: Traumatische Kindheiten, S. 161.

133 Gremmel, In: Traumatische Kindheiten, S. 164.

134 Gremmel, in: Traumatische Kindheiten, S. 193 f.

5. Missbrauch der Angebote

Auch ein Missbrauch der Angebote kann nicht ausgeschlossen werden. Zum einen in der Form des Kinderhandels,[135] zum anderen kann bei Babyklappen nicht überprüft werden, ob das Kind nicht gegen den Willen der Mutter abgegeben wurde.[136] Ebenso besteht die Gefahr, dass Beratungsstellen möglicherweise auf eine anonyme Geburt und eine Abgabe des Kindes drängen, wenn und weil adoptionswillige Eltern zur Verfügung stehen. Dem kann allerdings entgegengewirkt werden, wenn Beratung und Adoptionsvermittlung getrennt werden.[137] Die tragischen Fälle, in denen die Babyklappe zur Ablage getöteter Säuglinge missbraucht wurde, können dagegen nicht überzeugend gegen die Angebote herangezogen werden.[138] Denn diese waren wohl kaum Ursache für die Tötung, und die Täter hätten mit Sicherheit auch eine andere Möglichkeit gefunden, das Kind loszuwerden.

Es steht außerdem zu befürchten, dass durch die Angebote die entsprechende Nachfrage geschaffen wird, und Frauen, die den Aufwand einer regulären Adoption scheuen, den einfacheren Weg einer anonymen Abgabe wählen.[139]

---

135 Bott, Regula: Wunsch und Wirklichkeit – zur bisherigen Praxis und Debatte. In: terre des hommes e. V. (Hg.): „Babyklappen und anonyme Geburt – ohne Alternative?". Aktualisierte Auflage, Osnabrück 2007, S. 22.

136 Bozankaya, Neonatizid, S. 157 f.

137 Rupp, Machbarkeitsstudie, S. 41.

138 In diese Richtung aber wohl Bozankaya, Neonatizid, S. 158.

139 Bozankaya, Neonatizid, S. 156 f.

C. Die Vereinbarkeit der anonymen Abgabe mit dem geltenden Recht (vor dem Gesetz zur Einführung der vertraulichen Geburt)

I. Familien und Personenstandsrecht

1. Familienrecht

Die noch zu untersuchenden Tatbestände des Strafgesetzbuches, in erster Linie §§ 169, 170, 171 StGB, stellen auf die zivilrechtlichen Beziehungen zwischen Opfer und Täter ab. Der Personenstand nach § 169 StGB etwa ist definiert als das familienrechtliche Verhältnis einer Person zu einer anderen in allen seinen Beziehungen.[140]

a) Abstammung

Die Mutter des Kindes steht fest. Es ist die Frau, die es geboren hat, § 1591 BGB.[141] Vater des Kindes ist nach § 1592 BGB

- Nr. 1: der Ehemann
- Nr. 2: wer die Vaterschaft anerkannt hat (§§ 1594 ff. BGB)
- Nr. 3: wessen Vaterschaft festgestellt wurde

Da bei der anonymen Abgabe in einer beträchtlichen Zahl von Fällen der Vater von der Existenz des Kindes keine Kenntnis hat, und die Mutter ihrerseits die Bindung zwischen Vater und Kind beseitigen muss, um die zwischen ihr und dem Kind bestehende Verbindung (tatsächlich) aufzulösen, kommt als Vater im Rechtssinne meistens nur der Ehemann in Frage. Die Mutter, die auch bei rechtlicher Betrachtung Mutter des Kindes ist,[142] bleibt es auch bei Abgabe des Kindes.[143] Das Abstammungsverhältnis zwischen Mutter und Kind wird nicht aufgehoben, aber faktisch vereitelt.[144] Mit der Begründung, die rechtliche Verbindung bleibe bestehen,[145] wurde vereinzelt die anonyme Geburt für mit den

140 Schoenke, Adolf/Schröder, Horst: Strafgesetzbuch: Kommentar. 29. Auflage, München 2014/*Lenckner/Bosch*, § 169 Rn. 2.

141 Vgl. auch Heyers, JR 2003, 45 (47 f.).

142 Heyers, JR 2003, 45 (47 f.); Katzenmeier, FamRZ 2005, 1134 (1136).

143 Mielitz, Anonyme Kindesabgabe, S. 65.

144 Mielitz, Anonyme Kindesabgabe, S. 65 f.

145 Frank/Helms, FamRZ 2001, 1340 (1342 f.); Anke/Rass, ZRP 2002, 451 (451); Hassemer/Eidam, Babyklappen und Grundgesetz, S. 43 (für die Babyklappe).

Abstammungsvorschriften vereinbar befunden.[146] Die überwiegende Zahl der Stimmen hat sich dem nicht angeschlossen. § 1591 BGB solle nämlich nicht nur die biologische mit der rechtlichen Mutterschaft gleichsetzen, sondern dem Kind solle mit der Geburt durch die Abstammung von der Mutter auch ein bestimmter Personenstand gegeben werden.[147] Eine anonyme Geburt lasse sich nur als Beseitigung dieser verwandtschaftlichen Zuordnung begreifen.[148]

Überdies enthalte § 1591 BGB auch das Gebot, Gewissheit über die Person der Mutter herzustellen.[149]

Die Anonymität der biologischen Mutter im Sinne des § 1591 BGB sei rechtswidrig.[150] Auch die rechtliche Verbindung zum Vater, sofern vorhanden, wird faktisch beendet. Ebenso wird eine zukünftige rechtliche Anerkennung der biologischen Verbindung vereitelt.[151]

b) *Unterhaltspflicht*

Eine Unterhaltspflicht besteht nach § 1601 BGB für Verwandte in gerader Linie. Demnach sind sowohl der Vater als auch die Mutter des Kindes diesem zum Unterhalt verpflichtet, § 1589 I 1 BGB. Den Ansprüchen des Kindes auf Unterhalt können vor allem die fehlende Bedürftigkeit des Kindes, § 1602 BGB, und die fehlende Leistungsfähigkeit der Unterhaltsverpflichteten, § 1603 BGB, entgegenstehen. Die Leistungsfähigkeit kann – ebenso wie die Bedürftigkeit – jedenfalls nicht generell verneint werden, erst recht nicht für allezeit,[152] zumal stets an die Großeltern des Kindes zu denken ist.[153] Es ist ferner zu berücksichtigen, dass

---

146 Anke/Rass, ZRP 2002, 451 (451); dagegen etwa Heyers, JR 2003, 45 (47 f.).

147 Heyers, JR 2003, 45 (47 f.); ihm folgend Mielitz, Anonyme Kindesabgabe, S. 65.

148 Heyers, JR 2003, 45 (48).

149 Heyers, JR 2003, 45 (48); Schwarz, StAZ 2003, 33 (34 f.); Elbel, Rechtliche Bewertung Anonymer Geburt und Kindesabgabe, S. 86 spricht von der „Publizitätswirkung des Geburtsvorganges" und der „Klarheit und Offenkundigkeit der mütterlichen Abstammung").
Elbel, Rechtliche Bewertung Anonymer Geburt und Kindesabgabe, S. 86 f.

150 Hepting, FamRZ 2001, 1573 (1574).

151 Mielitz, Anonyme Kindesabgabe, S. 66; Elbel, Rechtliche Bewertung Anonymer Geburt und Kindesabgabe, S. 87, der aaO S. 88 außerdem auf die Unvereinbarkeit der anonymen Kindesabgabe mit § 1589 BGB hinweist.

152 Wiesner-Berg, Anonyme Kindesabgabe in Deutschland und der Schweiz, S. 94.

153 Elbel, Rechtliche Bewertung Anonymer Geburt und Kindesabgabe, S. 90; Teubel, Geboren und Weggegeben, S. 72.

die Verpflichtung zum Unterhalt nach § 1606 III 2 BGB auch durch Pflege und Erziehung erfüllt werden kann.[154]

Die Leistungen, die an die Kinder in Fällen der anonymen Abgabe von Dritten erbracht werden, sollen, da sie nicht erfolgen, um die Unterhaltspflichtigen zu entlasten, keinen Einfluss auf die Bedürftigkeit des Berechtigten haben.[155] Etwas anderes ergibt sich aber für die Zeit der Unterbringung des Kindes in einer Bereitschaftspflegefamilie,[156] weil die Unterstützung, welche diese erhält, nach § 10 II 2 SGB VIII bei der Berechnung des Unterhalts zu berücksichtigen ist.[157]

Nach anderer Auffassung liegt, wenn sich die annehmende Einrichtung weiter um das Kind kümmert, ein Wille, die Unterhaltsschuldner zu entlasten, oft nahe.[158] Dem wird entgegengehalten, es bestehe kein Einvernehmen zwischen den Anbietern anonymer Kindesabgaben und den Unterhaltspflichtigen, sodass die Betreiber den Unterhalt nur zugunsten des Kindes gewährten[159] und nicht mit dem Ziel, die Mutter zu entlasten.

Damit besteht die Unterhaltspflicht der Eltern im Grundsatz fort.

c) Sorgerecht/-pflicht

Aus § 1626 I BGB ergibt sich das Recht, aber auch die Pflicht zur elterlichen Sorge für Mutter und Vater, wenn diese bei der Geburt des Kindes miteinander verheiratet sind. Ist dies nicht der Fall, steht dem Vater die elterliche Sorge nur zu, wenn die Eltern erklären, die Sorge gemeinsam übernehmen zu wollen (§ 1626a I Nr. 1 BGB), sie einander heiraten (§ 1626a I Nr. 2 BGB), oder das Familiengericht beiden Elternteilen die elterliche Sorge gemeinsam überträgt (§ 1626a I Nr. 3, II BGB). Der Mutter steht die Sorge davon unabhängig zu, § 1626a III BGB. Daraus ergibt sich, dass – ähnlich wie betreffs des Bestehens der Vaterschaft – der Vater regelmäßig nur dann sorgeberechtigt ist, wenn er mit der Mutter verheiratet ist.

---

154 Wiesner-Berg, Anonyme Kindesabgabe in Deutschland und der Schweiz, S. 94.

155 Mielitz, Anonyme Kindesabgabe, S. 72; Wolf, FPR 2001, 345 (349) für die anonyme Geburt; Wolf, FPR 2001, 345 (347) geht bei der Babyklappe generell von der Bedürftigkeit aus.

156 Wiesner-Berg, Anonyme Kindesabgabe in Deutschland und der Schweiz, S. 88 ff.; zur Frage der Bedürftigkeit bei den verschiedenen Formen der Unterbringung des Kindes siehe ebenda, S. 87 ff.; zweifelnd an der fehlenden Bedürftigkeit bei Unterbringung in einer Pflegefamilie auch Hassemer/Eidam, Babyklappen und Grundgesetz, S. 50 (für die Babyklappe) m.w.N.

157 Wiesner-Berg, Anonyme Kindesabgabe in Deutschland und der Schweiz, S. 89 f.

158 Hassemer/Eidam, Babyklappen und Grundgesetz, S. 50 (für die Babyklappe).

159 Teubel, Geboren und Weggegeben, S. 72 und S. 61 f. (zu § 170).

Da die Mutter zumeist versuchen wird, die Existenz des Kindes vor dem Vater zu verbergen, scheidet die Sorge nach § 1626a I Nr. 1, 3 BGB aus. Dass der Vater Kenntnis von der Geburt des Kindes erlangt und die Übertragung der Sorge an beide Elternteile beantragt, § 1626a II 1 BGB ist denkbar, aber unwahrscheinlich. Auch wenn das Kind abgegeben wird, bleibt die elterliche Sorge bestehen. Einen automatischen Verlust des Sorgerechts hat die anonyme Kindesabgabe nicht zur Folge.[160] Auch ein Verzicht auf das Sorgerecht ist nicht möglich.[161] Eine vertragliche Übertragung der Sorge hat die anonyme Abgabe ebenfalls nicht zur Folge.[162] Daher verletzen Mutter und Vater, soweit sie die elterliche Sorge innehaben, ebendiese, wenn sie das Kind zurücklassen.[163]

d) Vormundschaft

Das anonym abgegebene Kind bedarf eines Vormunds, weil sein Familienstand nicht zu ermitteln ist, § 1773 II BGB.[164] Der Vormund ist so schnell wie möglich zu bestellen. Der Konflikt zwischen § 1773 BGB und der Babyklappe ergibt sich erst, wenn die Betreiber das Kind acht Wochen in ihre Obhut nehmen und die zuständigen, staatlichen Stellen nicht einschalten.[165] Wird die Anzeige der Geburt umgehend vorgenommen, so besteht dennoch weiterhin ein Konflikt mit dem Vormundschaftsrecht, weil die Wahrung der Anonymität der Eltern den Pflichten des Vormundes, insbesondere der Ermittlungstätigkeit, zuwiderläuft.[166] Der Vor-

160 Ausführlich dazu Mielitz, Anonyme Kindesabgabe, S. 67; ebenso die Nachweise ebenda (Fn. 19).

161 Mielitz, Anonyme Kindesabgabe, S. 68.

162 Elbel, Rechtliche Bewertung Anonymer Geburt und Kindesabgabe, S. 88 f.; vgl. auch Wolf, FPR 2001, 345 (346).

163 Elbel, Rechtliche Bewertung Anonymer Geburt und Kindesabgabe, S. 88.

164 Wolf, FPR 2001, 345 (347); Scheiwe, ZRP 2001, 368 (371); Wiesner-Berg, Anonyme Kindesabgabe in Deutschland und der Schweiz, S. 119; Mielitz, Anonyme Kindesabgabe, S. 78 f. Dass einzelne Aspekte des Personenstandes bekannt werden, wie etwa Zeit und Ort der Geburt, ändert daran nichts. In diesem Sinne zumindest Heyers, JR 2003, 45 (50). Zur Gegenposition (Bestellung des Vormundes nach §§ 1674, 1773 I BGB): Deutsches Institut für Jugendhilfe und Familienrecht e. V. (Hg.): Gutachten des Deutschen Instituts für Jugendhilfe und Familienrecht (DIJuF) eV vom 18.10.2009 zur Anfrage der Behörde für Soziales, Familie, Gesundheit und Verbraucherschutz (BSG) der Freien und Hansestadt Hamburg vom 21.08.2009: Rechtsfragen im Zusammenhang mit der Abgabe von Kindern in einer Babyklappe, S. 13.

165 Siehe dazu Hassemer/Eidam, Babyklappen und Grundgesetz, S. 48 m.N.

166 Elbel, Rechtliche Bewertung anonymer Geburt und Kindesabgabe, S. 91.

mund hat nämlich im Rahmen seiner Personensorge, § 1793 BGB, auch die Mutter und den Vater des Kindes zu ermitteln und deren Elternschaft gegebenenfalls gerichtlich feststellen zu lassen.[167]

Wird ein Mitarbeiter einer Einrichtung der anonymen Abgabe oder der Verein als Träger einer solchen Einrichtung, § 1791a BGB, selbst zum Vormund bestellt, ergibt sich die Gefahr eines Konfliktes mit dem Versprechen der Anonymität gegenüber der Mutter.[168] Vor allem eine parallele Tätigkeit der Anbieter in der Adoptionsvermittlung ist höchst problematisch.[169]

e) Adoption

Das Verwandtschaftsverhältnis zwischen den Eltern und dem Kind endet erst, wenn die Adoptiveltern das Kind angenommen haben, §§ 1754 I, 1755 I 1 BGB. Die Zulässigkeit der Adoption bestimmt sich nach §§ 1741 ff. BGB. Voraussetzung dafür ist insbesondere die Einwilligung der Eltern, § 1747 I 1 BGB. Diese kann nach § 1747 II 1 BGB erst erteilt werden, wenn das Kind acht Wochen alt ist. Die Eltern sind zumeist nicht erreichbar. Die Abgabe des Kindes kann indes nicht als konkludente Einwilligung in die Adoption gesehen werden.[170] Die Einwilligung ist entbehrlich, wenn der Aufenthalt der Eltern dauernd unbekannt ist, § 1747 IV BGB.[171] Letzteres wiederum setzt voraus, dass erfolglos versucht wurde

167 Frank/Helms, FamRZ 2001, 1340 (1343); s. auch Katzenmeier, FamRZ 2005, 1134 (1136, Fn. 2).

168 Mielitz, Anonyme Kindesabgabe, S. 79 f.

169 Wolf, FPR 2003, 112 (120).

170 Unter anderem mit Hinweis auf die erforderliche Form der Einwilligung Elbel, Rechtliche Bewertung Anonymer Geburt und Kindesabgabe, S. 93; ebenso Mielitz, Anonyme Kindesabgabe, S. 81 f.

171 Mittenzwei, FS-Wacke, S. 329; wohl für eine analoge Anwendung Katzenmeier, FamRZ 2005, 1134 (1136) und Mielitz, Anonyme Kindesabgabe, S. 82 f.; Hepting, FamRZ 2001, 1573 (1574); zweifelnd wohl Schwarz, StAZ 2003, 33 (35): „…nur dann entbehrlich, wenn der Aufenthalt der Mutter dauernd unbekannt ist; das Gesetz setzt offensichtlich die Kenntnis der Identität der Mutter stillschweigend voraus."; so auch Säcker, Franz Jürgen et al (Hg.): Münchener Kommentar zum Bürgerlichen Gesetzbuch. 9. Band, 7. Auflage, München 2017/*Maurer*, § 1747 Rn. 96. Zwar lässt sich der Fall, das nicht nur der Aufenthaltsort der Eltern, sondern auch ihre Identität unbekannt ist über eine (zumindest analoge) Anwendung des § 1747 IV BGB erfassen, doch zeigt diese „Ungereimtheit" bereits, dass die anonyme Abgabe nicht ins geltende Adoptionsrecht passt, Mielitz, Anonyme Kindesabgabe, S. 83; Hepting, FamRZ 2001, 1573 (1574).

den Aufenthaltsort der Eltern zu ermitteln (vgl. § 26 FamFG).[172] Für den Fall, dass die Eltern namentlich bekannt sind, werden Ermittlungen über einen Zeitraum von sechs Monaten für erforderlich gehalten.[173] Denkbar ist auch die Ersetzung der Einwilligung nach § 1748 BGB.[174]

Ein weiterer Konflikt der anonymen Kindesabgabe mit dem Adoptionsrecht zeigt sich, wenn die biologischen Eltern eine Aufhebung der Adoption zu bewirken suchen, §§ 1759 ff. BGB. Zwar kann die Einwilligung der Eltern in die Adoption wegen der in § 1760 II BGB aufgezählten Gründe unwirksam sein, doch wird die Adoption nach § 1760 I BGB nur dann aufgehoben, wenn die Einwilligung des betreffenden Elternteils erforderlich war. War die Einwilligung aber entbehrlich, sind Einwilligungsmängel nicht von Bedeutung.[175] Für Frauen, die zur anonymen Abgabe des Kindes gedrängt werden, ist dies eine nicht zu unterschätzende Gefahr.[176]

2. Personenstandsrecht (PStG in der Fassung bis zum 1.05.2014)[177]

a) Personenstand

Unter dem Personenstand (im Sinne des PStG) versteht man die sich aus den Merkmalen des Familienrechts ergebende Stellung einer Person innerhalb der Rechtsordnung einschließlich ihres Namens, § 1 I 1 PStG. Nach § 1 I 2 PStG sind damit unter anderen Daten über die Geburt (…) und damit in Verbindung stehende familien- und namensrechtliche Tatsachen erfasst. Wer zur Anzeige der Geburt verpflichtet ist, hat nach § 10 I PStG in Verbindung mit § 21 I PStG die für die Beurkundung des der Geburt erforderlichen, sprich die in § 21 I PStG aufgeführten, Angaben zu machen.[178]

---

172 Frank/Helms, FamRZ 2001, 1340 (1343).

173 Bamberger, Georg/Roth, Herbert (Hg.): Beck'scher Online Kommentar BGB, 42. Edition, Stand 1.02.2017, München 2017/*Enders*, § 1747 Rn. 19.1 m.N.

174 Zum Konkurrenzverhältnis zwischen § 1747 BGB und § 1748 BGB siehe Elbel, Rechtliche Bewertung anonymer Geburt und Kindesabgabe, S. 94.

175 AA Staudinger, Julius v.: Kommentar zum Bürgerlichen Gesetzbuch: Staudinger BGB – Buch 4: Familienrecht: §§ 1741–1772 (Adoption). 14. Auflage, Berlin 2007/ *Frank*, § 1760 Rn. 5.

176 Siehe zu diesem Problem Katzenmeier, FamRZ 2005, 1134 (1136).

177 Soweit im folgenden Abschnitt Normen des PStG mit dem Zusatz a. F. versehen sind, handelt es sich um solche, die der Fassung des PStG vor dem 1.01.2009 entnommen sind.

178 Gaaz/Bornhofen-HK-PStG^2/Gaaz, § 18 Rn. 17. Diese Angaben werden auch für die Ausfüllung der statistischen Zählkarten benötigt und werden den dafür zuständigen

b) *Anzeigepflichten*[179]

Die Vornahme der Anzeige kann nach § 69 PStG erzwungen werden, ihre Verletzung ist eine Ordnungswidrigkeit, § 70 I Nr. 1, 2 PStG, unter Umständen auch eine Straftat nach § 169 StGB.

aa) *Babyklappe*

(1) Anzeigepflicht der Eltern

Wird das Kind in eine Babyklappe gelegt, weiß zunächst oft die Mutter allein von der Geburt. Sie ist nach Maßgabe der §§ 18 S. 1 Nr. 1, 19 S. 1 Nr. 1 PStG verpflichtet, die Geburt selbst anzuzeigen und die Angaben zu machen, die zur Beurkundung im Geburtenregister erforderlich sind (§ 21 I, II PStG). Dies gilt zwar nur, wenn sie sorgeberechtigt ist, jedoch ist die Mutter gemäß §§ 1626 I 1, 1626a III BGB in aller Regel jedenfalls auch sorgeberechtigt.

Der Vater ist nach § 19 S. 1 Nr. 1 PStG ebenso zur Anzeige verpflichtet. Anders als die Mutter ist er aber nur sorgeberechtigt, wenn die Eltern miteinander verheiratet sind, § 1626 I 1 BGB, das Familiengericht den Eltern die Sorge gemeinsam übertragen hat, § 1626a I Nr. 3, II BGB oder sie eine gemeinsame Sorgeerklärung abgegeben haben, §§ 1626a I Nr. 1, 1626b II BGB. Letzteres genügt nur, wenn die Elternschaft rechtlich feststeht.[180] Die Anerkennung der Vaterschaft durch öffentliche Urkunde soll dafür nicht genügen.[181] Überdies kann der Vater zur Anzeige gemäß § 19 S. 1 Nr. 2 PStG verpflichtet sein, wenn er bei der Geburt anwesend war oder auf sicherem Wege Kenntnis erhalten hat.[182]

Zur Anzeige verpflichtet ist nicht, wer an der Anzeige gehindert ist, vgl. § 19 S. 2 PStG, also nicht in der Lage ist, die Anzeige beim Standesamt anzubringen.[183] Die Mutter kann in erster Linie infolge der Anstrengungen der Geburt (dann

---

statistischen Ämtern der Länder von den für die Führung der Personenstandsregister zuständigen Stellen übermittelt, vgl. §§ 1 Nr. 1 lit. c), 2 IV BevStatG, § 2 I BevStatG (Gesetz über die Statistik der Bevölkerungsbewegung und die Fortschreibung des Bevölkerungsstandes).

179 Zur Nachforschungspflicht siehe: Elbel, Rechtliche Bewertung anonymer Geburt und Kindesabgabe, S. 44 ff.

180 MüKo-BGB IX/*Huber*, § 1626a Rn. 28; Staudinger, Julius v.: Kommentar zum Bürgerlichen Gesetzbuch: Staudinger BGB – Buch 4: Familienrecht: §§ 1626–1633: RKEG (Elterliche Sorge 1 – Inhaberschaft und Inhalt). 15. Auflage, Berlin 2015/*Coester*, § 1626a Rn. 40.

181 Gaaz/Bornhofen-HK-PStG²/*Gaaz*, § 19 Rn. 5; AA NK-PStG/*Rhein*, § 19 Rn. 2.

182 Gaaz/Bornhofen-HK-PStG²/*Gaaz*, § 19 Rn. 8; NK-PStG/*Rhein*, § 19 Rn. 1.

183 NK-PStG/*Rhein*, § 19 Rn. 5.

aber nur vorübergehend) an der Anzeige gehindert sein. Der Vater kann bei Abgabe des Kindes vor allem deswegen an der Anzeige gehindert sein, weil er keine Kenntnis von der Geburt hat.[184] Der nichtsorgeberechtigte Vater ist gemäß § 19 S. 2 PStG nur subsidiär zur Anzeige verpflichtet. Daher ist es gut denkbar, dass der Vater an der Anzeige gehindert ist, nicht dagegen die Mutter, die die Anzeige meistens nur einfach nicht vornimmt. Selbstredend kommen auch Gründe wie Krankheit, Ortsabwesenheit oder die vorübergehende Erschöpfung aufgrund der Anstrengungen der Geburt in Frage, jedoch ist dies stets nur für den Einzelfall zu beurteilen.

(2) Anzeigepflicht anderer Personen

(a) Geburtshelfer

Andere Personen, die bei der Geburt anwesend waren, sind nach § 19 S. 1 Nr. 2 PStG zur Anzeige verpflichtet. Ebenso ist verpflichtet, wer von der Geburt aus eigenem Wissen unterrichtet ist. Dies betrifft Personen, die durch eigene Wahrnehmung Kenntnis von Tatsachen erhalten, die den Schluss zulassen, dass eine bestimmte Frau ein Kind geboren hat.[185] Da den Frauen, die ihr Kind in einer Babyklappe abgeben, an der Geheimhaltung der Geburt gelegen ist, weiß oft niemand außer den Müttern selbst davon. Zu beachten ist ferner, dass diese anderen Personen nach § 19 S. 2 PStG nur anzeigepflichtig sind, wenn die sorgeberechtigten Eltern an der Anzeige gehindert sind.[186] Das ist, wie sich soeben gezeigt hat, nicht der Regelfall. Da häufig keine weiteren Personen Kenntnis von der Geburt haben, werden die insoweit auftauchenden Fragestellungen mit Blick auf die Mitarbeiter einer Babyklappe erörtert.

Andere Anzeigepflichtige können den Eltern gleich an der Anzeige gehindert sein.[187]

(b) Mitarbeiter der Babyklappe

Erforderlich für die Anzeigepflicht aus § 24 I 1 PStG ist, dass es sich um ein neugeborenes Kind handelt, das ohne erkennbaren verwandtschaftlichen Zusammenhang

---

184 Gaaz/Bornhofen-HK-PStG²/*Gaaz*, § 19 Rn. 6.

185 Pfeiffer, Gerd/Strickert, Hans-Georg: Personenstandsgesetz: Kommentar. Berlin 1961, § 17 Rn. 7; Gaaz/Bornhofen-HK-PStG²/*Gaaz*, § 19 Rn. 9.

186 Pfeiffer/Strickert-PStG, § 17 Rn. 3: Die Anzeigepflicht kann nur verletzen, wer als erster zur Anzeige verpflichtet war.

187 NK-PStG/*Rhein*, § 19 Rn. 5.

hilflos[188] in einer Umgebung gefunden wird, die nicht weiß, woher es stammt.[189] Demensprechend handelt es sich nach überwiegender Auffassung bei Kindern, die in einer Babyklappe abgegeben werden, um Findelkinder, sodass derjenige, welcher das Kind findet, zur Anzeige verpflichtet ist.[190] Die fehlenden Angaben werden nach § 24 II 1 PStG von der zuständigen Verwaltungsbehörde festgesetzt beziehungsweise bestimmt. Dass die Eltern weiterhin zur Anzeige verpflichtet sind, ändert daran nichts, weil dies im Falle eines „gefundenen Kindes“ die Regel ist. Außerdem enthält § 24 PStG anders als § 19 PStG keine Subsidiaritätsbestimmung.

Erhalten die Mitarbeiter der Einrichtung aus eigenem Wissen, also auf einem sicheren Weg,[191] weitergehende Informationen, vgl. § 21 PStG, können sie insoweit allerdings nach § 19 S. 1 Nr. 2 PStG anzeigepflichtig sein, wobei damit zugleich das Kind kein Findelkind mehr ist.[192] § 24 PStG tritt hinter die Regeln der §§ 18 ff. PStG zurück.[193] Dieses Ergebnis ist nicht unbestritten. Nach anderer Auffassung soll die Anzeigepflicht trotzdem aus § 24 PStG folgen. Zur Begründung wird vor allem auf die Ähnlichkeit mit der Situation herkömmlicher Findelkinder verwiesen, die trotz beigegebener Informationen als Findelkinder im Sinne von § 24 PStG behandelt werden.[194]

Fraglich ist sodann, ob eine Anzeige nur vorgenommen werden kann, wenn der Anzeigepflichtige alle erforderlichen Angaben machen kann,[195] und ob er andernfalls an der Anzeige gehindert ist. Dafür spricht, dass in § 22 PStG für den Vornamen des Kindes eine Ausnahmeregelung getroffen wird. Im Umkehrschluss ergibt sich, dass die anderen Angaben nach § 21 I PStG vollständig zu machen sind. Gleichwohl statuiert § 19 S. 1 Nr. 2 PStG eine Anzeigepflicht, obwohl nicht davon ausgegangen werden kann, dass die dort genannten Per-

188 AA NK-PStG/*Rhein*, § 24 Rn. 3: Hilflosigkeit sei keine Voraussetzung; ebenso Wolf, FPR 2001, 345 (346).

189 Hepting, FamRZ 2001, 1573 (1574 f.).

190 Elbel, Rechtliche Bewertung anonymer Geburt und Kindesabgabe, S. 56 f.; Teubel, Geboren und Weggegeben, S. 29; Wolf, FPR 2001, 345 (346); Schwarz, StAZ 2003, 33 (35); Wiesner-Berg, Anonyme Kindesabgabe in Deutschland und der Schweiz, S. 153 mit weiteren Nachweisen und Nachweisen zur Gegenansicht in Fn. 950.

191 NK-PStG/*Rhein*, § 19 Rn. 1; Gaaz/Bornhofen-HK-PStG^2/*Gaaz*, § 19 Rn. 9. Denkbar ist, dass die Mutter sich bei der Abgabe des Kindes beraten lässt, oder die Abgabe des Kindes ohnehin mit direktem persönlichen Kontakt stattfindet.

192 Elbel, Rechtliche Bewertung anonymer Geburt und Kindesabgabe, S. 57 f. (dort zu § 17 PStG a. F.); Heyers, JR 2003, 45 (50) zur anonymen Geburt.

193 Elbel, Rechtliche Bewertung anonymer Geburt und Kindesabgabe, S. 43.

194 Wiesner-Berg, Anonyme Kindesabgabe in Deutschland und der Schweiz, S. 154 ff.

195 In diese Richtung Pfeiffer/Strickert-PStG, § 16 Rn. 8.

sonen stets alle Angaben machen können. Zumindest § 20 PStG geht davon aus, dass der Träger (Satz 1) nicht zwangsläufig alle Angaben machen kann. Trotzdem führt dies nicht etwa zum Erlöschen seiner Anzeigeverpflichtung, sondern nur zu einer Auskunftspflicht der nachrangig Verpflichteten, vgl. § 20 S. 3 PStG. Dafür spricht auch das Telos der Normen, das Kind von Seiten des Staates überhaupt zu erfassen.[196]

Dieses Problem ist zwar dadurch entschärft worden, dass die Mutter als nunmehr vorrangig Anzeigepflichtige alle Angaben machen kann (oder könnte), stellt sich aber weiterhin, wenn die Mitarbeiter einer Babyklappe vereinzelte Informationen erlangen, und die Mutter keine Anzeige macht.

In ebendieser Konstellation ergibt sich ein weiteres Problem. Sieht man nämlich die Mutter als nicht an der Anzeige gehindert an, schließlich kann sie sämtliche Angaben machen, und haben die Mitarbeiter der Babyklappe ihrerseits Informationen von der Mutter erhalten, sind Letztere nicht zur Anzeige verpflichtet. Eine Anzeigepflicht nach § 24 PStG entfällt, weil das Kind infolge der vorhandenen, wenn auch unvollständigen Daten, kein Findelkind mehr ist.

Die Anzeigepflicht nach § 19 S. 1 Nr. 2 PStG besteht nach § 19 S. 2 PStG nur, wenn die sorgeberechtigten Eltern an der Anzeige gehindert sind. Dies ist, jedenfalls soweit es die Mutter angeht, nicht der Fall.[197] Zur Anzeige wäre weiterhin die Mutter verpflichtet,[198] die diese aus naheliegenden Gründen nicht vornehmen wird. Damit ist in dieser Konstellation niemand zur Anzeige verpflichtet, der auch bereit dazu wäre. Bedenkt man, dass es vorrangiges Ziel des PStG ist, das Kind überhaupt rechtlich zu erfassen,[199] kann dies nicht überzeugen. § 19 PStG hat den Normalfall vor Augen, in welchem die Eltern imstande und in der Regel willens sind, die Anzeige vorzunehmen. Die „Reservezuständigkeit" nach § 19 S. 1 Nr. 2 PStG wird in erster Linie relevant, wenn die Eltern (temporär) nicht in der Lage sind, die Geburt anzuzeigen. Dass eine zur Anzeige fähige Person diese nicht vornehmen muss, weil eine vorrangig verpflichtete sich der Verpflichtung entzieht, kann nicht gewollt sein, wenn damit überhaupt keine Anzeige mehr

196 Elbel, Rechtliche Bewertung anonymer Geburt und Kindesabgabe, S. 40 f.; Wiesner-Berg, Anonyme Kindesabgabe in Deutschland und der Schweiz, S. 149.

197 Oben unter aa).

198 Ebenso Wiesner-Berg, Anonyme Kindesabgabe in Deutschland und der Schweiz, S. 150.

199 Elbel, Rechtliche Bewertung anonymer Geburt und Kindesabgabe, S. 40 f.

vorgenommen wird.[200] Es ist daher sinnvoll und vor dem Hintergrund des Lebensschutzes aus Art. 2 II 1 GG geboten, § 19 S. 2 PStG für diese Fälle telelogisch zu reduzieren und die Mitarbeiter der Babyklappe zur Vornahme der Anzeige zu verpflichten.[201] Zusätzlich muss § 25 PStG herangezogen werden, damit auf diese Weise die fehlenden Angaben ergänzt werden können.[202] Allein auf § 25 PStG abzustellen, wäre nicht ausreichend, da dieser keine eigenständige Anzeigepflicht begründet.

Ein Recht zur Anzeige hätten die Mitarbeiter ohnehin,[203] doch ist es angesichts der selbstauferlegten „Pflicht" zur Geheimhaltung der Identität der Mutter unwahrscheinlich, dass diese auch ordnungsgemäß erstattet wird.

Zu § 17 I 2 PStG a. F. wurde vertreten, die nachrangig genannten Personen seien trotz der Anzeige eines vorrangig Verpflichteten weiterhin zur Anzeige verpflichtet, soweit Letzterer nicht alle erforderlichen Angaben, vgl. § 21 PStG, machen konnte.[204] Dies ist angesichts des Wortlauts von § 19 S. 2 PStG (ebenso § 17 I 2 PStG a. F.) („besteht nur, wenn") nicht überzeugend. Rein teleologische Erwägungen, die im Interesse der lückenlosen Ermittlung aller relevanten Daten zu einer weiterhin bestehenden Anzeigepflicht führen müssen, vermögen dies nicht zu überspielen. Dieses Problem hat an Bedeutung verloren, weil die Mutter, entschließt sie sich, die Anzeige vorzunehmen, auch sämtliche Angaben zu machen verpflichtet ist.[205]

200 Wiesner-Berg, Anonyme Kindesabgabe in Deutschland und der Schweiz, S. 154 ff. benennt das Problem zutreffend und schlägt eine Lösung über § 24 PStG (§ 25 PStG a. F.) vor.

201 Gleichzeitig wird angenommen, das Konzept der anonymen Abgabe diene auch dem Schutz der Gesundheit und des Lebens des Kindes. Diese Annahme ist nach der hier vertretenen Auffassung jedenfalls nicht vollkommen unbegründet. Daraus ergibt sich ein Spannungsverhältnis, wenn der Lebensschutz zu- gleich zur Begründung der Anzeigepflicht mittels einer teleologischen Reduktion von § 19 S. 2 PStG herangezogen wird.

202 Teubel, Geboren und Weggegeben, S. 30; Dagegen Wiesner-Berg, Anonyme Kindesabgabe in Deutschland und der Schweiz, S. 155; Gegen die Heranziehung von § 25 PStG auch Benöhr/Muth, KJ 2001, 405 (416).

203 Pfeiffer/Strickert-PStG, § 17 Rn. 3.

204 Elbel, Rechtliche Bewertung anonymer Geburt und Kindesabgabe, S. 58, 50 ff.; Mielitz, Anonyme Kindesabgabe, S. 94; Wolf, FPR 2001, 345 (348).

205 Pfeiffer/Strickert-PStG, § 16 Rn. 8. Gegebenenfalls muss der Anzeigepflichtige sogar Nachforschungen anstellen, um die fehlenden Daten zu ermitteln. Das bedeutet aber noch nicht, dass umgekehrt die Anzeigepflicht entfällt, wenn nicht alle Angaben gemacht werden können. I.E. ebenso Wiesner-Berg, Anonyme Kindesabgabe in Deutschland und der Schweiz, S. 160.

Nach § 17 I 1 Nr. 5, S. 2 PStG a. F.[206] war die Mutter erst nachgeordnet zur Anzeige verpflichtet gewesen.[207]

bb) Anonyme Geburt

Die Eltern sind wie bei einer Geburt außerhalb des Krankenhauses grundsätzlich zur Anzeige verpflichtet.

Auch die anderen, in diesem Falle anzeigepflichtigen Personen sind gleichermaßen grundsätzlich zur Anzeige verpflichtet. Dies sind vor allem Hebammen und Ärzte, die bei der Geburt zugegen waren.

Gemäß §§ 18 S. 1 Nr. 2, 20 S. 1 PStG ist bei der Geburt in einem Krankenhaus oder einer anderen Einrichtung, in der Geburtshilfe geleistet wird, der Träger der Einrichtung zur Anzeige verpflichtet. Soweit dieser verpflichtet ist, sind im Umkehrschluss andere Personen von der Verpflichtung befreit, § 20 S. 3 PStG. Die bloße Auskunftspflicht, die § 20 S. 3 PStG nennt, ist etwas anderes als eine Pflicht zur Anzeige.[208] Eine Auskunftspflicht der Eltern, vor allem der Mutter, bleibt dennoch in Teilen bestehen, weil Angaben zu machen sind, die dem Träger der Einrichtung regelmäßig unmöglich sind, vgl. § 20 S. 3 PStG, wie etwa die Vor- und Familiennamen der Eltern, § 21 I Nr. 4 PStG. Die Auskunftspflicht kann nach § 69 S. 1 PStG als „sonstige Handlung" mittels Zwangsgeld durchgesetzt werden.

Anders als bei der Babyklappe findet § 24 I 1 PStG auf Kinder, die anonym zur Welt kommen, keine Anwendung, weil Geburtsort und -zeit bekannt sind, das Kind also kein Findelkind ist.[209] Der fehlende Vor- und der Familienname werden von der zuständigen Verwaltungsbehörde bestimmt, vgl. § 25 S. 1 HS. 2 PStG, wenn sie unbekannt bleiben. Dass andere Merkmale bekannt sind, hindert die Anwendung von § 25 PStG nicht.[210]

---

206 In der Fassung vom 8.08.1957, BGBl. I S. 1125; aufgehoben mit Wirkung zum 1.01.2009.

207 Nach Elbel, Rechtliche Bewertung anonymer Geburt und Kindesabgabe, S. 50 ff. sind die nach § 17 PStG a. F. nachrangig Verpflichteten nur befreit, soweit die vorrangig Verpflichteten die entsprechenden Angaben machen können; ebenso Mielitz, Anonyme Kindesabgabe, S. 94; kritisch Wiesner-Berg, Anonyme Kindesabgabe in Deutschland und der Schweiz, S. 158 ff.

208 Wiesner-Berg, Anonyme Kindesabgabe in Deutschland und der Schweiz, S. 163, 167; AA NK-PStG/*Rhein*, § 20 Rn. 6:

209 Teubel, Geboren und Weggegeben, S. 30; auf ein Findelkind ist § 25 PStG nicht anwendbar, Gaaz/Bornhofen-HK-PStG^2/*Gaaz*, § 25 Rn. 2.

210 Gaaz/Bornhofen-HK-PStG^2/*Gaaz*, § 25 Rn. 3; 23; AA (Behandlung nach § 24 PStG) NK-PStG/*Rhein*, § 24 Rn. 4; Benöhr/Muth, KJ 2001, 405 (416) (für eine Behandlung nach §§ 18, 20 PStG und gegen die Anwendung von §25 PStG).

Nach der alten Rechtslage (vor dem 1.01.2009) waren die nach § 17 I 1 PStG a. F. Anzeigepflichtigen bei einer anonymen Geburt von der Anzeigepflicht befreit gewesen.[211]

cc) Eintragung

Im Geburtenregister werden nach § 21 I PStG die dort genannten Angaben beurkundet.

II. Strafrecht

1. Strafbarkeit der Mutter

a) Babyklappe

aa) Personenstandsfälschung, § 169 I Alt. 3 StGB

(1) Tatbestand

(a) Objektiver Tatbestand

Der Personenstand ist – anders als der Wortlaut es vermuten ließe[212] – definiert als das familienrechtliche Verhältnis einer Person zu einer anderen in allen seinen Beziehungen.[213] Dementsprechend fällt darunter die Abstammung eines Menschen, also die biologische Verbindung zu sämtlichen Vorfahren.[214] Die Unterdrückung des Personenstandes verlangt, dass der Täter ebendiesen gegenüber einer zuständigen Behörde unterdrückt, also einen Zustand herbeiführt, der verhindert oder erschwert, dass das wirklich vorhandene familienrechtliche Verhältnis einer Person zur praktischen Geltung gelangt.[215] Die dritte Tatbestandsalternative erfasst vor allem das Unterlassen von Anzeigen, zu denen der Täter verpflichtet ist. Überwiegend wird davon ausgegangen, § 169 I Alt. 3 StGB sei ein unechtes Unterlassungsdelikt, vgl. § 13 StGB, das eine Garantenpflicht des Täters zur Offen-

---

211 Mielitz, Anonyme Kindesabgabe, S. 99, 118 f.; AA Elbel, Rechtliche Bewertung anonymer Geburt und Kindesabgabe, S. 52 f., der die Mutter nur befreit sieht, soweit die nach §§ 18, 19 PStG a. F. Verpflichteten keine Angaben machen können; krit. auch diesbezüglich Wiesner-Berg, Anonyme Kindesabgabe in Deutschland und der Schweiz, S. 166 f.; ebenso Teubel, Geboren und Weggegeben, S. 27.

212 Ganz hM, vgl. nur Laufhütte, Heinrich Wilhelm/Rissing-van Saan, Ruth/Tiedemann, Klaus (Hg.): Strafgesetzbuch: Leipziger Kommentar: Großkommentar. 6. Band, 12. Auflage, Berlin 2010/*Dippel*, § 169 Rn. 6 m.w.N.

213 Schönke/Schröder-StGB/*Lenckner/Bosch*, § 169 Rn. 2.

214 LK-StGB VI/Dippel, § 169 Rn. 9 f.

215 LK-StGB VI/*Dippel*, § 169 Rn. 23.

legung der entsprechenden Informationen voraussetze.[216] Die Gegenauffassung begreift § 169 I Alt. 3 StGB demgegenüber als echtes Unterlassungsdelikt.[217]

Dessen ungeachtet ergibt sich die Pflicht zur Aufklärung bei Abgabe des Kindes in einer Babyklappe aus dem Personenstandsgesetz.[218]

Dessen Normen verpflichten die Mutter, die Geburt des Kindes innerhalb einer Woche (§ 18 S. 1 Nr. 1, PStG) anzuzeigen. Daneben sind auch die Angaben zu machen, die zur Beurkundung im Geburtenregister erforderlich sind (§ 21 I, II PStG).[219] Durch die Nichtanzeige der Geburt und des Geburtsnamens des Kindes, § 21 I Nr. 1 PStG, wird die Feststellung der Abstammung des Kindes und damit die seines Personenstandes jedenfalls erschwert. Zuständig für die Führung der Personenstandsregister sind nach §§ 1 II, 2, 3 PStG die Standesämter.

Den objektiven Tatbestand des § 169 I Alt. 3 StGB erfüllt die Frau, indem sie das Kind in der Babyklappe zurücklässt, ohne die erforderlichen Angaben zu machen.[220]

Der Tatbestand soll bereits vollendet sein, wenn die Mutter das Kind zurücklässt, weil sie damit ihren Willen kundtut, die Anzeige nicht vorzunehmen.[221] Diese Annahme unterläuft aber die Wochenfrist, die dem Anzeigepflichtigen eingeräumt ist und verlagert damit die Strafbarkeit vor.[222] Deshalb kann die Strafbarkeit erst mit dem Ablauf der Anzeigefrist eintreten. § 169 StGB ist ein Zustands-, kein Dauerdelikt. Die Tat kann strafbar erneuert werden.[223]

---

216 Kühl, Kristian/Heger, Martin: Strafgesetzbuch, Kommentar. 28. Auflage, München 2014/*Heger*, § 169 Rn. 3; Joecks, Wolfgang/Miebach, Klaus (Hg.): Münchener Kommentar zum StGB. 3. Band, 3. Auflage, München 2012/*Ritscher*, § 169 Rn. 13 jeweils m.w.N.

217 LK-StGB VI/ *Dippel*, § 169 Rn. 23 m.w.N.

218 LK-StGB VI/*Dippel*, § 169 Rn. 25 f.; für die AA MüKo-StGB III/*Ritscher*, § 169 Rn. 13.

219 Gaaz/Bornhofen-HK-PStG^2/*Gaaz*, § 18 Rn. 17.

220 Ebenso MüKo-StGB III/*Ritscher*, § 169 Rn. 21 m.w.N., die sich allerdings noch auf die alte Fassung des PStG beziehen; vgl. auch die Nachweise bei Wiesner-Berg, Anonyme Kindesabgabe in Deutschland und der Schweiz, S. 178 (Fn. 1066); ebenso Wolter, Jürgen (Hg.): SK-StGB: Systematischer Kommentar zum Strafgesetzbuch. Band III. §§ 123–211. 8. Auflage, Köln 2012/*Schall*, § 169 Rn. 24; AA (gegen die Bejahung des objektiven Tatbestandes) Mittenzwei, FS-Wacke, S. 335 ff. und Muscheler/Bloch, FPR 2002, 339 (351).

221 LK-StGB VI/*Dippel*, § 169 Rn. 33; anders aber Dellert, Die anonyme Kindesabgabe, S. 38: Im Verlassen des Kindes liege keine tatbestandsmäßige Handlung.

222 Zutreffend schon Elbel, Rechtliche Bewertung anonymer Geburt und Kindesabgabe, S. 45 (Fn. 83), S. 62 (Fn. 151).

223 Kühl/Heger-StGB/*Heger*, § 169 Rn. 7; OLG Nürnberg MDR 1951, 119.

Erwägenswert ist die Annahme einer Versuchsstrafbarkeit, die ggf. bereits ab der Geburt (Entstehung der Anzeigepflicht) entstünde.[224] Das allerdings hätte – je nach dem Zeitpunkt des unmittelbaren Ansetzens – eine Strafbarkeit noch innerhalb der dem Täter eingeräumten Anzeigepflicht zur Folge. Ein strafbefreiender Rücktritt wäre zwar noch möglich, doch verhält sich der Täter selbst bei vollständiger Ausnutzung der Wochenfrist rechtstreu. Daraus eine Versuchsstrafbarkeit abzuleiten, überzeugt nicht. Vor allem ein etwaiger Teilnehmer wäre mit Strafe bedroht, ohne die Möglichkeit des Rücktritts zu haben.

(b) Subjektiver Tatbestand

Es genügt für § 169 I Alt. 3 StGB bedingter Vorsatz. Indes lassen sich über das Wissen und den Willen der Frauen bei Begehung des Tatbestandes keine pauschal gültigen Aussagen treffen. Ob ein vorsätzliches Handeln vorliegt, kann nur für den Einzelfall entschieden werden. Gleichwohl lässt das typisierte Bild der anonymen Kindesabgabe Rückschlüsse auf das innere Moment der Frauen zu.

Auch nach dem Ablauf der Anzeigefrist muss die Mutter die Anzeige der Abstammung des Kindes gegenüber der Behörde unterlassen, wenn sie weiterhin anonym bleiben will. Sie nimmt damit wenigstens in Kauf, dass das familienrechtliche Verhältnis des Kindes nicht zur praktischen Geltung gelangt und handelt daher jedenfalls mit dolus eventualis.[225]

(2) Rechtswidrigkeit

In einer erheblichen Anzahl der Fälle mag die Mutter sich bei der Abgabe des Kindes in einer Notlage befinden, sodass das Verhalten der Mutter im Einzelfall gerechtfertigt sein kann, namentlich nach § 34 StGB.

§ 34 StGB verlangt das Vorliegen einer gegenwärtigen Gefahr, mithin einen Zustand, bei dem es nach den konkreten tatsächlichen Umständen wahrscheinlich ist, dass es alsbald oder in allernächster Zeit[226] zum Eintritt eines schädigenden Ereignisses zu Lasten des Erhaltungsgutes[227] kommt.[228] Als gefährdete Rechtsgüter

---

224 Str.; Der Versuchsbeginn ist abhängig vom Zeitpunkt des unmittelbaren Ansetzens beim Unterlassungsdelikt, vgl. dazu Kühl/Heger-StGB/*Kühl*, § 22 Rn. 17.

225 Joecks, Wolfgang/Miebach, Klaus (Hg.): Münchener Kommentar zum StGB. 1. Band, 3. Auflage, München 2017/*Joecks*, § 16 Rn. 31 ff. zum Vorsatz; Teubel, Geboren und Weggegeben, S. 42: jedenfalls „Eventualvorsatz wird aber in der Regel zu bejahen sein.".

226 Schönke/Schröder-StGB/*Perron*, § 34 Rn. 17.

227 MüKo-StGB I/*Erb*, § 34 Rn. 54.

228 Heintschel-Heinegg, Bernd (Hg.): Beck'scher Online Kommentar StGB. 34. Edition, Stand 1.05.2017, München 2017/*Momsen/Savic*, § 34 Rn. 4.

kommen in diesen Fällen Leib und Leben des Kindes in Frage. Zum einen kann die Gefahr von der Mutter selbst ausgehen, die – aus welchen Gründen auch immer[229] – ihrem Kind nach dem Leben trachtet oder es abzugeben beabsichtigt. Zum anderen kann das Umfeld der Mutter eine Gefahr für das Kind sein, ebenso wie für die Mutter selbst. Fraglich ist in den ersten zwei Fällen, wann der Tatbestand als vollendet anzusehen ist. Ist der Tatbestand des § 169 I Alt. 3 StGB nicht spätestens mit der Abgabe des Kindes vollendet, besteht zum Zeitpunkt der Tat keine Gefahr mehr für das Kind.[230]

Teilweise wird vertreten, die Mutter müsse, da die Gefahr von ihr selbst ausgehe – bei unterstellter Entscheidungsfreiheit (andernfalls könnte sie sich ja auch für die Abgabe des Kindes nicht entscheiden) – schlicht von der Tat Abstand nehmen, um die Gefahr zu beseitigen.[231] Damit käme es auf die Gegenwärtigkeit der Gefahr nicht mehr an. Bei einem bloßen inneren Abstand-Nehmen von der Tat bleibt aber die angenommene Drucksituation bestehen. Es erscheint plausibel, diese Drucksituation als umso gravierender einzuschätzen, je weniger Alternativen der Frau zur Verfügung stehen. Daher kann § 34 StGB nicht aus diesem Grund verneint werden.[232]

Anders liegt es, wenn es die Mutter ist, der wegen des Kindes Gefahr aus ihrem Umfeld droht.[233] Eine solche besteht regelmäßig auch nach der Abgabe des Kindes fort.[234] Schließlich ist als zu verteidigendes Gut das Persönlichkeitsrecht der Mutter denkbar.[235]

Bejaht man die Notstandslage, ist nach der Eignung und Erforderlichkeit der Notstandshandlung eine Interessenabwägung zwischen geschütztem und beein-

---

229 Zu nennen wären eine psychische Ausnahmesituation der Situation infolge der Geburt und eine Bedrohung oder Drucksituation, der die Mutter ihrerseits durch Personen aus ihrem (familiären) Umfeld ausgesetzt ist.

230 So auch Elbel, Rechtliche Bewertung anonymer Geburt und Kindesabgabe, S. 66; s. dazu auch schon unter (1); damit kann die Frage, ob Babyklappen (überwiegend) von Müttern genutzt würden, die ihren Kindern andernfalls Schaden zufügen würden, insoweit dahinstehen. Etwas anderes ergäbe sich auch dann nicht, wenn man eine Versuchsstrafbarkeit annähme und die Rechtfertigung im Augenblick der Abgabe des Kindes bejahte, weil die Strafbarkeit durch Unterlassen fortbestünde.

231 Wiesner-Berg, Anonyme Kindesabgabe in Deutschland und der Schweiz, S. 198.

232 Vgl. auch SK-StGB/*Schall*, § 169 Rn. 24.

233 Teubel, Geboren und Weggegeben, S. 45.

234 Vgl. dazu Wiesner-Berg, Anonyme Kindesabgabe in Deutschland und der Schweiz, S. 199 f.

235 Zum Kreis der notstandsfähigen Rechtsgüter (einschließlich der Intimsphäre): MüKo-StGB I/*Erb*, § 34 Rn. 54.

trächtigtem Rechtsgut vorzunehmen,[236] und schließlich das subjektive Rechtfertigungselement zu prüfen.[237] Inwieweit die Handlung erforderlich war, und die Interessenabwägung zugunsten der geschützten Rechtsgüter ausfiel, kann nur nach einer Prüfung des jeweiligen Falls beurteilt werden.

(3) Schuld

Vereinzelt mag sich die Frau in einer Situation befinden, in der sie schuldlos handelt, sei es, weil sie schuldunfähig ist (§ 17,[238] §§ 20 f. StGB)[239], sei es, weil sie entschuldigt ist (§ 35 StGB[240]).

(4) Zwischenergebnis

Vorbehaltlich etwaiger Rechtfertigungs-, Schuldausschließungs- oder Entschuldigungsgründe, die im Einzelfall durchgreifen, ist eine Strafbarkeit nach § 169 I Alt. 3 StGB zu bejahen.

bb) Verletzung der Unterhaltspflicht, § 170 I StGB

(1) Tatbestand

(a) Objektiver Tatbestand

Voraussetzung ist, dass eine gesetzliche, zivilrechtliche Verpflichtung zur Gewährung von Unterhalt besteht,[241] der sich der Täter entzieht.[242]

Ob eine Unterhaltspflicht besteht, hängt vom Einzelfall ab, dürfte aber in den meisten Fällen zu bejahen sein.

Die Tathandlung ist die Nichtgewährung des geschuldeten Unterhalts.[243] Deshalb ist § 170 I StGB nach überwiegender Auffassung § 170 I StGB ein echtes

---

236 Dazu Schönke/Schröder-StGB/*Perron*, § 34 Rn. 18 ff.

237 Dazu Schönke/Schröder-StGB/*Perron*, § 34 Rn. 48 f.

238 Für einen unvermeidbaren Verbotsirrtum LG Köln, Beschluss vom 25.09.2008–102 Qs 26/08; AA Wiesner-Berg, NStZ 2010, 243 (246 f.).

239 Dazu ausführlich Elbel, Rechtliche Bewertung anonymer Geburt und Kindesabgabe, S. 67 und 73 ff.

240 Für die gegenwärtige Gefahr gelten die Ausführungen zu § 34 StGB. Gegen eine Entschuldigung über § 35 I StGB: Elbel, Rechtliche Bewertung anonymer Geburt und Kindesabgabe, S. 66 und 72 f.

241 Kindhäuser, Urs/Neumann, Ulfrid/Paeffgen, Hans-Ulrich (Hg.): Nomos Kommentar Strafgesetzbuch. 2. Band, 4. Auflage, Baden-Baden 2013/*Frommel*, § 170 Rn. 8.

242 *Frommel*, aaO, Rn. 9 (Fn. 241).

243 LK-StGB VI/*Dippel*, § 170 Rn. 52.

Unterlassungsdelikt,[244] selbst wenn der Täter seine Leistungsunfähigkeit durch aktives Tun herbeiführt.[245] Diese Voraussetzung erfüllt die Mutter zweifelsohne. Ungeschriebene Voraussetzung der Norm ist, dass der Unterhaltsschuldner leistungsfähig ist.[246][247]

Des Weiteren setzt § 170 I StGB voraus, dass durch das Verhalten des Täters der Unterhaltsbedarf des Berechtigten gefährdet ist oder ohne die Hilfe anderer gefährdet wäre.[248] Dass das Kind tatsächlich nicht versorgt wird, ist so gut wie ausgeschlossen,[249] nicht hingegen die zweite Tatbestandsalternative des § 170 I StGB.

Ebenso wie die Frage nach dem Bestehen der Unterhaltspflicht[250] ist strittig, ob der Bedarf des Kindes ohne die Hilfe anderer gefährdet wäre. Anderer im Sinne des § 170 I StGB ist dabei nur, wer nicht aufgrund eigener, vorrangiger und originärer (Selbst-)Verpflichtung den Lebensunterhalt des Berechtigten sichert.[251] Erbringt der Dritte seine Leistungen unabhängig von der Pflichtverletzung des Unterhaltspflichtigen, ist er kein „anderer".[252] Der für die Erfüllung des Tatbestandes erforderliche innere Zusammenhang liegt dagegen vor, wenn der Dritte gerade deshalb leistet, weil der Unterhaltspflichtige keine Leistung erbringt.[253]

Natürlich hat die Mutter die Möglichkeit, temporär die Versorgung des Kindes einem anderen zu überantworten, etwa durch eine vertragliche Vereinbarung.[254] Dem folgend wird teilweise davon ausgegangen, es fehle am inneren Zusammenhang, wenn das Kind in einer Babyklappe abgegeben wird, weil deren Betreiber

244 Nachweise bei Wiesner-Berg, Anonyme Kindesabgabe in Deutschland und der Schweiz, S. 181 (Fn. 1088) sowie bei LK-StGB VI/*Dippel*, § 170 Rn. 52 mit Nachweisen auch zur Gegenansicht.

245 Schönke/Schröder/*Lenckner/Bosch*, § 170 Rn. 27.

246 Kühl/Heger-StGB/*Heger*, § 170 Rn. 8; AA LK-StGB VI/*Dippel*. § 170 Rn. 39: Die Leistungsfähigkeit ist „Element des gesetzlichen Merkmals der Unterhaltspflicht.".

247 Auch diese Frage kann nur für den jeweiligen Einzelfall beantwortet werden. Keinesfalls kann pauschal von der Unfähigkeit der Mutter zur Leistung ausgegangen werden.

248 MüKo-StGB III/*Ritscher*, § 170 Rn. 55 ff.

249 Vgl. zu den verschiedenen Formen der Unterbringung abermals Wiesner-Berg, Anonyme Kindesabgabe in Deutschland und der Schweiz, S. 87 ff.

250 Oben unter I. 1. b).

251 MüKo-StGB III/*Ritscher*, § 170 Rn. 58.

252 MüKo-StGB III/*Ritscher*, § 170 Rn. 59.

253 MüKo-StGB III/*Ritscher*, § 170 Rn. 59; Schönke/Schröder-StGB/*Lenckner/Bosch*, § 170 Rn. 30 m.w.N.

254 Schönke/Schröder-StGB/*Lenckner/Bosch*, § 170 Rn. 30; s. auch MüKo-StGB III/*Ritscher*, § 170 Rn. 64 für die Heimunterbringung.

im Einvernehmen mit der Mutter den Unterhalt leisteten. Es komme lediglich darauf an, dass die Versorgung im Interesse des Kindes verlässlich funktioniere.[255] Es wird jedoch am Vorliegen einer entsprechenden vertraglichen Vereinbarung gezweifelt, ebenso am Vorliegen einer GoA.[256]

Die Versorgung des Kindes beruht dann lediglich auf einer freien Entscheidung des Betreibers (bzw. der anderen für den Unterhalt aufkommenden Personen), sodass dessen Zahlung aus autonomen Motiven erfolgen müsste. Dabei ist der innere Zusammenhang aber wiederum schon dann gegeben, wenn die Unterhaltsverweigerung mitursächlich für die Zahlung war.[257]

Leistet der Dritte ausschließlich, um dem Unterhaltspflichtigen zur Seite zu stehen und dessen Schulden zu begleichen, liegt eine Gefährdung im Sinne der Norm nicht vor.[258]

Ziel der Babyklappenbetreiber ist es mitunter, die Mutter zu entlasten. Dennoch dürfte es ihnen regelmäßig (unter anderem) darauf ankommen, das Kind (also den Berechtigten) zu unterstützen, zumal es angesichts der notwendigerweise ausbleibenden Zahlungen der Mutter merkwürdig anmutet, anzunehmen, die Zahlung erfolge nicht anlässlich der Unterhaltsverweigerung.[259]

Das Gleiche gilt, wenn das Kind bei Zwischen- oder Adoptionspflegeeltern untergebracht wird. Auch hier wird kaum der Wille bestehen die – oft unbekannte – Mutter freizustellen.[260]

---

255 Hassemer/Eidam, Babyklappen und Grundgesetz, S. 34 f.; ähnlich Benöhr/Muth, KJ 2001, 405 (410).

256 Teubel, Geboren und Weggegeben, S. 61 f.; Neuheuser, NStZ 2001, 175 (176 f.); eine GoA liegt jedenfalls dann nicht vor, wenn der Betreiber der Babyklappe bei der Versorgung und Unterbringung nach §§ 76, 42 SGB VIII öffentliche Aufgaben wahrnimmt, Neuheuser, NStZ 2001, 175 (177).

257 MüKo-StGB III/*Ritscher*, § 170 Rn. 60; Mielitz, Anonyme Kindesabgabe, S. 115 (Fn. 273).

258 MüKo-StGB III/*Ritscher*, § 170 Rn. 62.

259 Ziel der Babyklappe ist es den Aussagen der Betreiber zufolge, die in einer Ausnahmesituation drohende Aussetzung/Tötung Neugeborener zu verhindern. Deshalb werden Unterhaltsleistungen infolge der Inobhutnahme des Kindes erbracht, weil die Aussicht auf die Lösung (etwaiger) finanzieller Probleme der Mutter zwangsläufig Bestandteil des Konzepts zur Rettung des Kindes ist. Ginge es dagegen einzig darum, finanzielle Probleme der Mutter zu beheben, könnte dieser auch anonyme finanzielle Unterstützung zugesichert werden, Elbel, Rechtliche Bewertung anonymer Geburt und Kindesabgabe, S. 68 f. (insb. Fn. 183).

260 Mielitz, Anonyme Kindesabgabe, S. 72.

Werden Sozialhilfeleistungen für ein konkretes Kind erbracht, entlastet dies die Mutter nach § 2 SGB XII (Subsidiarität von Sozialhilfeleistungen) nicht. Werden die Betreiber einer Babyklappe allgemein unterstützt, soll auch dies die Mutter nicht entlasten, weil die Leistung nicht für ein bestimmtes Kind erbracht wird.[261]

Es zeigt sich also, dass der Unterhaltsbedarf des Kindes ohne die Hilfe anderer gefährdet wäre. Der objektive Tatbestand ist damit erfüllt.[262] Ausgenommen sind die Fälle, in denen Leistungen der Jugendhilfe den Bedarf des Kindes reduzieren, da diese Leistungen unabhängig von einer bestehenden Unterhaltsverpflichtung – und damit ohne inneren Zusammenhang zur Nichtleistung des Unterhalts – erbracht werden.[263]

Die Tat ist vollendet, wenn die Mutter ihr Kind in der Babyklappe abgibt und damit der bereits bestehenden Unterhaltspflicht erstmalig nicht nachkommt. Da § 170 StGB ein Dauerdelikt ist,[264] hält die Tatbestandsverwirklichung mit und infolge der fortwährenden Nichtleistung des Unterhalts an.[265]

(b) Subjektiver Tatbestand

Ähnlich wie bei § 169 I Alt. 3 StGB geht mit der Anonymität der Frau zwangsläufig die Nichterbringung der Unterhaltsleistungen einher. Auch hier handelt die Mutter mit dolus eventualis. Es ist indes zu erwägen, ob der Vorsatz nicht im Einzelfall bereits deswegen entfällt,[266] weil die Mutter über ihre Pflicht zur Leistung irrt.[267]

(2) Rechtswidrigkeit

Für die gegenwärtige Gefahr gilt das zu § 169 I Alt. 3 StGB Gesagte. Der Tatbestand wird hier nach dem Ablegen des Kindes in der Babyklappe stetig aufs

261 Mielitz, Anonyme Kindesabgabe, S. 72 f.

262 Ebenso Mielitz, Anonyme Kindesabgabe, S. 115; Elbel, Rechtliche Bewertung anonymer Geburt und Kindesabgabe, S. 71; Teubel, Geboren und Weggegeben, S. 62; AA MüKo-StGB III/*Ritscher*, § 170 Rn. 63 m.w.N. auch zur Gegenansicht.

263 Wiesner-Berg, Anonyme Kindesabgabe in Deutschland und der Schweiz, S. 184 ff.; siehe auch oben unter I. 1. b).

264 Beck-OK-StGB[05-17]/*Heuchemer*, § 170 Rn. 4 m.w.N.

265 Kühl/Heger-StGB/*Kühl*, Vorb. Zu §§ 52–55, Rn. 11.

266 Die Unterhaltspflicht ist Tatbestandsmerkmal. Vgl. zum Meinungsstand: Peters, Kindheit im Strafrecht, S. 137.

267 Das *LG Köln* (Beschluss vom 25.09.2008–102 Qs 26/08) geht davon aus, dass sich die Mutter angesichts der staatlichen Förderung einer Babyklappe in einem unvermeidbaren Verbotsirrtum (§ 17 S. 1 StGB) befinde.

Neue verwirklicht, sodass Leib und Leben des Kindes als gefährdete Rechtsgüter ausscheiden, weil diese nach dem Ablegen des Kindes nicht mehr betroffen sind.[268] In Frage kommen abermals der Schutz der Mutter vor Dritten sowie der Schutz ihres Persönlichkeitsrechts.

(3) Schuld

Hier gilt das zu § 169 I Alt. 3 StGB Gesagte.

cc) Verletzung der Fürsorge- oder Erziehungspflicht, § 171 StGB

(1) Tatbestand

(a) Objektiver Tatbestand

Voraussetzung ist zunächst, dass dem Täter eine Fürsorge- oder Erziehungspflicht gegenüber einer Person unter 16 Jahren obliegt, wie etwa die der Eltern nach § 1626 I BGB.[269] Es hat sich gezeigt, dass die Personensorge trotz der Abgabe des Kindes fortbesteht. Weiterhin muss diese Fürsorge- bzw. Erziehungspflicht gröblich verletzt werden, was sowohl durch Tun als auch durch Unterlassen geschehen kann.[270]

Gröblich[271] ist die Pflichtverletzung, wenn sie objektiv in einem besonders deutlichen Widerspruch zu den Grundsätzen einer ordnungsgemäßen Erziehung steht und wenn sie subjektiv, also gemessen an den Möglichkeiten des Täters ein erhöhtes Maß an Verantwortungslosigkeit erkennen lässt,[272] wenn also die Leistung des Täters in besonderem Maße hinter seiner individuellen, tatsächlichen Leistungsfähigkeit zurückbleibt.[273] Die Mutter gibt ihre Fürsorge- und Erziehungspflicht vollständig auf, indem sie das Kind abgibt und es Fremden überantwortet. Das kann durchaus als deutlicher Widerspruch zu den Grund-

268 Lediglich für den ersten Zeitpunkt, in dem § 170 StGB verwirklicht wird, kommt insoweit eine Gefahr in Betracht, die durch die Abgabe des Kindes in der Babyklappe abgewendet wird.

269 MüKo-StGB III/*Ritscher*, § 171 Rn. 4.

270 BGH NJW 1951, 282 (283); MüKo-StGB III/*Ritscher*, § 171 Rn. 6 m.w.N.; NK-StGB II/*Frommel*, § 171 Rn. 6 spricht von einem echten Unterlassungsdelikt.

271 Teilweise wird vertreten, das Merkmal „gröblich“ ermangele einer eigenständigen Funktion, da es bei gravierenden Folgen stets erfüllt sei; so /Schönke/Schröder-StGB/*Lenckner/Bosch*, § 171 Rn. 4; LK-StGB VI/*Dippel*, § 171 Rn. 13; dagegen überzeugend: MüKo-StGB III/*Ritscher*, § 171 Rn. 9.

272 Schönke/Schröder-StGB/*Lenckner/Bosch*, § 171 Rn. 4 m.w.N.

273 MüKo-StGB III/*Ritscher*, § 171 Rn. 11.

sätzen einer ordnungsgemäßen Erziehung gesehen werden.[274] Andererseits hat die Mutter gute Gründe zu der Annahme, für das Wohl des Kindes werde gesorgt.[275] Bejaht man dennoch das objektive Element der gröblichen Pflichtverletzung, kann es insbesondere wegen der Überforderung der Mutter im Zusammenhang mit der Geburt am subjektiven Element fehlen.[276]

Die Pflichtverletzung muss die konkrete Gefahr nach sich ziehen, dass das Kind in seiner körperlichen oder psychischen Entwicklung erheblich geschädigt wird – also einen Zustand, in dem der Eintritt eines solchen Schadens wahrscheinlich ist,[277] – in Kriminalität abgleitet oder der Prostitution nachgeht.[278] In der Folge ist das Kind jedoch weder schutzlos noch ohne erzieherische Anleitung, sondern wird zunächst beispielsweise in einer Pflegefamilie untergebracht,[279] bis eine Adoption, §§ 1741 ff. BGB, gelingt, wenngleich die erfolgreiche Adoption an sich die Gefahr einer psychischen Entwicklungsschädigung nicht zwangsläufig ausschließt.[280] Trotzdem wird die von § 171 StGB verlangte Gefahr in den seltensten Fällen vorliegen,[281] zumal sich der kausale Zusammenhang zwischen der Abgabe des Kindes und einer **konkreten, naheliegenden** Gefahr schwerlich wird aufzeigen lassen.[282]

(b) Zwischenergebnis

In den meisten Fällen fehlt es bereits am objektiven Tatbestand des § 171 StGB.

(2) Zwischenergebnis

Eine Strafbarkeit wegen Verletzung der Fürsorge oder Erziehungspflicht nach § 171 StGB scheidet in aller Regel aus.[283]

---

274 So auch Mielitz, Anonyme Kindesabgabe, S. 112.

275 Elbel, Rechtliche Bewertung anonymer Geburt und Kindesabgabe, S. 77.

276 Elbel, Rechtliche Bewertung anonymer Geburt und Kindesabgabe, S. 77 f.

277 LK-StGB VI/*Dippel*, § 171 Rn. 14 m.w.N.

278 Müko-StGB/*Ritscher*, § 171 Rn. 17.

279 Wiesner-Berg, Anonyme Kindesabgabe in Deutschland und der Schweiz, S. 87 ff.

280 Wolf, FPR 2001, 345 (349); Mielitz, Anonyme Kindesabgabe, S. 112 (optimistischer: Käßmann, ZRP 2010, 63).

281 Beulke, FS-Herzberg, S. 619.

282 Mittenzwei, FS-Wacke, S. 334; Mielitz, Anonyme Kindesabgabe, S. 112; ähnlich Hassemer/Eidam, Babyklappen und Grundgesetz, S. 36 f., die unter Hinweis auf KG JR 1982, 507 (508) betonen, § 171 StGB erfasse nur die **nahe** Gefahr einer psychischen Entwicklungsschädigung; ebenso LK-StGB VI/*Dippel*, § 171 Rn. 14.

283 Im Ergebnis gegen eine Strafbarkeit: Elbel, Rechtliche Bewertung anonymer Geburt und Kindesabgabe, S. 78; Hassemer/Eidam, Babyklappen und Grundgesetz, S. 37; AA Wolf, FPR 2001, 345 (349).

dd) Aussetzung, § 221 I, II StGB

Eine Strafbarkeit wegen Aussetzung gibt es mangels der Gefahr des Todes oder einer schweren Gesundheitsschädigung nicht.[284]

ee) Entziehung Minderjähriger, § 235 I StGB

Eine Strafbarkeit nach § 235 I Nr. 2 StGB scheidet für die Mutter aus, weil sie schon durch Geburt Angehörige des Kindes ist (§ 11 I Nr. 1 StGB). Hinsichtlich § 235 I Nr. 1 StGB ergeben sich Zweifel vornehmlich aus der Frage nach dem Vorhandensein eines anderen Elternteils oder eines Vormundes sowie nach dem Vorliegen des geforderten Tatmittels. Voraussetzung ist auch, dass dem anderen Elternteil das Sorgerecht zusteht.[285] Dass dem Vater die Sorge für das Kind zusteht, kommt regelmäßig nur dann in Betracht, wenn er mit der Mutter verheiratet ist. Die Entziehung des Kindes setzt voraus, dass das Recht zur Erziehung, Beaufsichtigung und Aufenthaltsbestimmung durch räumliche Trennung für eine gewisse, nicht ganz vorübergehende Dauer unwirksam gemacht oder so beeinträchtigt wird, dass es nicht ausgeübt werden kann.[286] Durch die Verbringung des Kindes in die Babyklappe wird die Personensorge des Vaters – soweit vorhanden – vereitelt. Mit List handelt, wer geflissentlich und geschickt seine wahre Absicht verbirgt.[287] Bei der schlichten Wegnahme des Säuglings fehlt es daran.[288] Gleichwohl sind Konstellationen vorstellbar, in denen ein von § 235 I Nr. 1 StGB gefordertes Tatmittel angewandt wird. Eine Strafbarkeit ist daher möglich.[289]

ff) Zwischenergebnis

Die Mutter macht sich häufig nach §§ 169, 170 StGB strafbar. Deutlich seltener ist eine Strafbarkeit nach §§ 171, 235 StGB, praktisch ausgeschlossen eine Verwirklichung von § 221 StGB.

---

284 Mielitz, Anonyme Kindesabgabe, S. 111 m.w.N., allg. M.

285 Fischer, Thomas: Strafgesetzbuch mit Nebengesetzen. 64. Auflage, München 2017, § 235 Rn. 2.

286 Laufhütte, Heinrich Wilhelm/Rissing-van Saan, Ruth/Tiedemann, Klaus: Strafgesetzbuch (Hg.): Leipziger Kommentar: Großkommentar. 7. Band, 2. Teilband, 12. Auflage, De Gruyter Verlag, Berlin 2015/*Krehl*, § 235 Rn. 41.

287 LK-StGB VII–2/*Krehl*, § 235 Rn. 72.

288 LK-StGB VII–2/*Krehl*, § 235 Rn. 72.

289 Ähnlich Elbel, Rechtliche Bewertung anonymer Geburt und Kindesabgabe, S. 80 (Fn. 229); Wiesner-Berg, Anonyme Kindesabgabe in Deutschland und der Schweiz, S. 190 f.; gegen eine Strafbarkeit: LK-StGB VII–2/*Krehl*, § 235 Rn. 73 m.w.N.; Mielitz, Anonyme Kindesabgabe, S. 117; Bozankaya, Neonatizid, S. 147.

b) *Anonyme Geburt*

aa) Personenstandsfälschung, § 169 I Alt. 3 StGB

(1) Tatbestand

(a) Objektiver Tatbestand

Auch hier kommt eine Strafbarkeit nach § 169 I Alt. 3 StGB in Frage. Die Anzeigepflicht der Mutter resultiert aus §§ 18 S. 1 Nr. 1, 19 S. 1 Nr. 1 PStG. Soweit der Träger der Einrichtung, welche die Geburtshilfe vornimmt, die Anzeige vornehmen kann, ist die Mutter von der Anzeigepflicht befreit, § 20 S. 3 PStG. Dennoch gibt es bei der anonymen Geburt Angaben, die der Träger nicht machen kann, sodass die Mutter insoweit zur Auskunft verpflichtet bleibt.[290] Versteht man § 169 I Alt. 3 StGB mit der überwiegenden Meinung als unechtes Unterlassungsdelikt,[291] müsste sich aus der Pflicht zur Auskunft – die keine Anzeigepflicht ist – eine Garantenstellung der Mutter ergeben.[292] Die Garantenpflicht ist eine rechtliche Handlungspflicht und setzt voraus, dass der Garant rechtlich für das Ausbleiben des Erfolgs einzustehen hat.[293] Wie der Anzeigepflichtige muss auch der Auskunftspflichtige die benötigten Angaben machen und die erforderlichen Urkunden vorlegen (vgl. § 10 II PStG). Auskunftspflichtige sind verpflichtet, die benötigten Angaben zu ergänzen.[294] Es gibt daher keinen Grund, den Auskunftspflichtigen anders zu behandeln als den zur Anzeige Verpflichteten. Auch bei der anonymen Geburt erfüllt die Mutter daher den objektiven Tatbestand des § 169 I Alt. 3 StGB.[295]

(b) Subjektiver Tatbestand

Der subjektive Tatbestand ist ebenso zu beurteilen wie bei der Abgabe des Kindes in einer Babyklappe.

---

290 Oben unter I. 2. b) bb).

291 Nachweise bei LK-StGB VI/*Dippel*, § 169 Rn. 23 (Fn. 77), der selbst anderer Ansicht ist.

292 Soweit Angaben fehlen, wäre eine weitere Anzeige zwar denkbar, der Gesetzgeber gibt aber mit § 20 S. 3 PStG zu erkennen, dass eine Pflicht insoweit ausscheiden soll. Daher kann sich nur aus der Auskunftsverpflichtung eine Garantenpflicht ergeben.

293 Beck-OK-StGB[05-17]/*Heuchemer*, § 13 Rn. 33.

294 Gaaz/Bornhofen-HK-PStG[3]/*Gaaz*, § 18 Rn. 22.

295 LK-StGB VI/*Dippel*, § 169 Rn. 27; MüKo-StGB III/*Ritscher*, § 169 Rn. 27; Elbel, Rechtliche Bewertung anonymer Geburt und Kindesabgabe, S. 65; AA Wiesner-Berg, Anonyme Kindesabgabe in Deutschland und der Schweiz, S. 242 f.

(2) Rechtswidrigkeit und Schuld

Denkbar ist auch hier eine Rechtfertigung nach § 34 StGB wegen einer Gefahr für das Kind durch eine ohne Betreuung vorgenommene Entbindung oder durch Aussetzung oder Tötung, doch ist das Kind nach seiner Geburt im Krankenhaus zunächst einmal geschützt. Auch die Beratung der Mutter mag dazu beitragen, eine potenzielle Gefahr, die von der Mutter für das Kind ausgeht, überhaupt zu beseitigen. Weil die Tat erst mit dem Ablauf der Anzeigefrist vollendet ist, kann sie nicht durch diese Gefahr gerechtfertigt werden.[296] Etwas anderes gilt wiederum, wenn die Gefahr für Mutter und/oder das Kind von Dritten ausgeht. Dann ist auch hier eine Rechtfertigung nach § 34 StGB grundsätzlich möglich.

Betreffs der Schuld der Mutter gelten bezüglich §§ 17, 20 StGB die oben, bezüglich § 35 StGB die eben erfolgten Ausführungen.

(3) Zwischenergebnis

Bei der anonymen Geburt macht sich die Mutter in aller Regel nach § 169 I Alt. 3 StGB strafbar.

bb) Verletzung der Unterhaltspflicht, § 170 StGB

(1) Tatbestand

Hinsichtlich des objektiven Tatbestands ergeben sich keine Änderungen gegenüber der Babyklappe. Über das Bestehen einer Unterhaltsplicht dürften sich die meisten Mütter im Klaren sein.[297] Ein Ausschluss des Vorsatzes gemäß § 16 I 1 StGB kommt in Betracht, wenn die Mutter über den Tatbestand irrt, weil sie davon ausgeht, die Unterhaltsleistungen würden ungeachtet der ausbleibenden Zahlungen ihrerseits von Dritten erbracht.[298]

(2) Rechtswidrigkeit und Schuld

Es ergeben sich keine Unterschiede zu § 169 I Alt. 3 StGB.

(3) Zwischenergebnis zu § 170 I StGB

Auch bei der anonymen Geburt droht der Mutter eine Strafbarkeit nach § 170 I StGB.

---

296 Elbel, Rechtliche Bewertung anonymer Geburt und Kindesabgabe, S. 66.

297 Elbel, Rechtliche Bewertung anonymer Geburt und Kindesabgabe, S. 71 f.; Wiesner-Berg, Anonyme Kindesabgabe in Deutschland und der Schweiz, S. 184.

298 BGH NStZ 1985, 166 (166); Schönke/Schröder-StGB/*Lenckner/Bosch*, § 170 Rn. 33a.

c) *Zwischenergebnis zur Strafbarkeit der Mutter*

Sowohl bei der anonymen Abgabe als auch der anonymen Geburt kann sich die Mutter nach § 169 I Alt. 3 StGB und § 170 I StGB strafbar machen. Eine Strafbarkeit nach §§ 171, 221, 235 StGB scheidet dagegen meist aus.

2. Strafbarkeit der anderen „Beteiligten“[299]

a) *Babyklappe*

aa) *Personenstandsfälschung, § 169 I Alt. 3 StGB*

(1) Tatbestand

(a) Objektiver Tatbestand

Ob sich die Betreiber einer Babyklappe nach § 169 I Alt. 3 StGB strafbar machen, wenn ein Kind in der Babyklappe abgegeben wurde, hängt maßgeblich davon ab, ob sie selbst eine Anzeigepflicht haben. Eine Anzeigepflicht nach § 19 S. 1 Nr. 2 Alt. 2 PSG besteht nur dann, wenn die entsprechenden Personen von der Geburt aus eigenem Wissen unterrichtet sind. Das aber kann mangels weiteren Wissens über die Umstände der Geburt – der Einrichtung sind nur die Geburt an sich und das Geschlecht des Kindes bekannt – nicht angenommen werden.[300] Erhalten die Mitarbeiter der Einrichtung aus eigenem Wissen weitergehende Informationen, vgl. § 21 PStG, können sie allerdings nach § 19 S. 1 Nr. 2 PStG anzeigepflichtig sein. Andernfalls besteht eine Anzeigepflicht nach § 24 PStG.[301] Da die Mitarbeiter der Mutter Anonymität zusichern, ist es wahrscheinlich, dass sie eine Anzeige der Geburt zumindest verspätet vornehmen und die einwöchige Anzeigefrist nach § 18 PStG nicht einhalten.

Fraglich ist, ob diese Informationen (vor allem, wenn sie sich auf das Geschlecht des Kindes beschränken) bereits unter den Personenstand im Sinne des § 169 StGB fallen. Ferner müssten sie – wenn man § 169 StGB i.V.m. § 13 StGB als unechtes Unterlassungsdelikt betrachtet– eine Garantenstellung zur Folge haben.[302] Mit dem Argument, die behördliche Feststellung des Personenstandes werde jedenfalls erschwert, und die erforderliche Garantenpflicht er-

---

299 Zur Strafbarkeit des Vaters unter 3.

300 Elbel, Rechtliche Bewertung anonymer Geburt und Kindesabgabe, S. 56 (Fn. 122) (dort zu § 17 PStG a. F.).

301 Elbel, Rechtliche Bewertung anonymer Geburt und Kindesabgabe, S. 57 f. (dort zu § 17 PStG a. F.).

302 Eine Garantenstellung aus §§ 18 ff. PStG bejahend: Fischer-StGB, § 169 Rn. 7.

gebe sich aus § 24 PStG (§ 25 PStG a. F.), wird dies teilweise angenommen.[303] Die Gegenauffassung lehnt eine Unterdrückung des Personenstandes durch Nichtvornahme der Anzeige nach § 24 PStG ab.[304] Denn ein Unterdrücken des Personenstandes sei nur dann möglich, wenn personenstandsrelevante Daten vorhanden seien. Weil diese Daten bei einem Findelkind gerade nicht vorlägen, könne auch eine entsprechende Garantenpflicht nicht angenommen werden.[305] Dies trifft zu. Das isolierte Wissen um die Geburt eines Kindes ist nicht geeignet, das familienrechtliche Verhältnis des Kindes zu anderen Personen näher einzugrenzen.[306] Spiegelbildlich kann dementsprechend die Nichtkundgabe dieses Wissens nicht zur Verfälschung des Personenstandes (durch Unterlassen) beitragen.

Dagegen genügte es nach der früheren Rechtslage, wenn Ort und Zeit der Geburt bekannt geworden sind,[307] sodass eine Anzeigepflicht nach §§ 18 ff. PStG bestünde. Nach heutiger Rechtslage tritt die Anzeigepflicht jedoch hinter diejenige der Mutter zurück, sodass eine Strafbarkeit ausscheidet.[308]

Nach der hier vertretenen Auffassung ergibt sich eine Anzeigepflicht der Mitarbeiter nur bei teleologischer Reduktion des § 19 S. 2 PStG. Eine Strafbarkeit scheidet dann allerdings aus, weil dies einer Analogie zu § 19 S. 1 PStG gleichstünde, die strafbegründend wirkte. Das aber ist mit Art. 103 II GG nicht zu vereinbaren.

(b) Zwischenergebnis

Daher ist der objektive Tatbestand nicht erfüllt.

---

303 Mielitz, Anonyme Kindesabgabe, S. 120.

304 Mittenzwei, FS-Wacke, S. 340.

305 Wiesner-Berg, Anonyme Kindesabgabe in Deutschland und der Schweiz, S. 218; Elbel, Rechtliche Bewertung anonymer Geburt und Kindesabgabe, S. 64 m.w.N.

306 Zur Definition des Personenstandes im strafrechtlichen Sinne oben unter 1. a) aa) (1) (a).

307 Elbel, Rechtliche Bewertung anonymer Geburt und Kindesabgabe, S. 63 i.V.m. S. 60 f.; Wiesner-Berg, Anonyme Kindesabgabe in Deutschland und der Schweiz, S. 217. Wohl generell gegen eine Strafbarkeit noch: Bärlein/Rixen, Kriminalistik 2001, 54 (55); zustimmend Benöhr/Muth, KJ 2001, 405 (411) (Fn. 40); grundsätzlich zustimmend auch MüKo-StGB III/*Ritscher*, § 169 Rn. 23; für eine Strafbarkeit sogar bei bewusster Nichterlangung des Wissens über die Mutter: Teubel, Geboren und Weggegeben, S. 50.

308 Wiesner-Berg, Anonyme Kindesabgabe in Deutschland und der Schweiz, S. 218.

(2) Zwischenergebnis

Die Mitarbeiter einer Einrichtung der anonymen Abgabe machen sich nicht nach § 169 I Alt. 3 StGB strafbar.

bb) Anstiftung/Beihilfe zur Personenstandsfälschung, §§ 169 I Alt. 3, 26/27 StGB

Ist die Mutter zur Abgabe des Kindes und zur Verheimlichung ihrer Identität bereits fest entschlossen, scheidet eine Anstiftung aus. Die Mutter ist dann bereits „omnimodo facturus".[309]

Anders könnte es liegen, wenn die Mutter sich ratsuchend an die Einrichtung wendet, und ihr die Babyklappe als mögliche Lösung offeriert wird. Fordert man für das „Bestimmen" eine Einwirkung auf den Willen des Täters im Wege der kommunikativen Beeinflussung,[310] kann der von den Mitarbeitern der Einrichtung erteilte Rat genügen, wenn man davon ausgeht, die Mutter habe infolgedessen den Entschluss gefasst, das Kind nicht nur abzugeben, sondern auch die Anzeige zu unterlassen. Wenn auch oft vor der Abgabe des Kindes kein Kontakt mit der Mutter bestand, wie es beim klassischen Modell der Babyklappe der Fall ist, so machen doch einige Betreiber durch ihre Öffentlichkeitsarbeit[311] auf sich aufmerksam.[312] Auch dies kann Mütter dazu bewegen, den Personenstand des Kindes zu unterdrücken.[313] Wurde ein Beratungsgespräch mit der Mutter geführt, ist zwar die vorsätzliche, rechtswidrige Tat klar umrissen,[314] doch ist das Konzept der Babyklappe darauf ausgerichtet, Mutter und Kind (wieder) zusammenzuführen. Ziel der Betreiber ist es demnach gerade nicht, die Mutter zur Unterlassung der Anzeige der Geburt zu bewegen.[315]

309 Dazu Kühl/Heger-StGB/*Kühl*, § 26 Rn. 2a.

310 So die hL, vgl. MüKo-StGB I/*Joecks*, § 26 Rn. 15 m.N.; AA Herzberg, JuS 1976, 40 (41). Nach der letztgenannten Ansicht kann möglicherweise schon die Bereitstellung der Babyklappen ein „Bestimmen" begründen.

311 Siehe dazu Wiesner-Berg, Anonyme Kindesabgabe in Deutschland und der Schweiz, S. 222 f.

312 Zur Strafbarkeit nach § 111 StGB Wiesner-Berg, Anonyme Kindesabgabe in Deutschland und der Schweiz, S. 226.

313 Bezüglich des objektiven „Bestimmens" wohl ebenso Elbel, Rechtliche Bewertung anonymer Geburt und Kindesabgabe, S. 83 (Fn. 239).

314 Zu diesem Erfordernis Kühl/Heger-StGB/*Heger*, § 26 Rn. 5.

315 Elbel, Rechtliche Bewertung anonymer Geburt und Kindesabgabe, S. 83; AA aber Wiesner-Berg, Anonyme Kindesabgabe in Deutschland und der Schweiz, S. 225 f.. In einzelnen Fällen mögen die Betreiber mit dolus eventualis handeln. Ob dies tatsäch-

Aber auch wenn es an einem Beratungsgespräch fehlt, ist die Tat, zu der bestimmt wird, bereits ausreichend konkretisiert.[316] Da es den Betreibern jedoch darauf ankommt, die Frauen zu erreichen, die ihrem Kind andernfalls Schaden zufügten, fehlt es in vielen Fällen am Vorsatz bezüglich der Rechtswidrigkeit.[317] Mütter, die über den intendierten Adressatenkreis hinaus von den Angeboten erreicht werden, sollen dagegen gerade nicht angesprochen werden, sodass es insoweit am Vorsatz bezüglich des „Bestimmens" fehlt.[318]

Das Bestärken des Tatentschlusses durch bloßes Bereitstellen der Babyklappe kann den objektiven Tatbestand des Hilfeleistens nach § 27 StGB in der Form der psychischen Beihilfe[319] erfüllen. Darüber hinaus scheidet eine Beihilfe zur Personenstandsfälschung aus, weil die Babyklappe zwar die Abgabe des Kindes ermöglicht, aber auf die Nichtanzeige der Geburt keinen Einfluss hat.[320]

cc) Anstiftung/Beihilfe zur Verletzung der Unterhaltspflicht, §§ 170 I, 26/27 StGB

Ebenso ist es bei der Verletzung der Unterhaltspflicht. Weder die Bereitstellung der Klappe noch die Annahme des Kindes ist ein fördernder Beitrag für die Nicht-

---

lich zutrifft, lässt sich aber nur bei genauerer Untersuchung des jeweiligen Sachverhaltes bestimmen. Ähnlich Elbel, aaO.

316 Kühl/Heger-StGB/*Heger*, § 26 Rn. 5. Das angegriffene Rechtsgut steht fest. Gleiches gilt für den Ort der Tat (nämlich die jeweils „beworbene" Klappe) und das wesentliche Tatbild. Insbesondere ist der Personenkreis bereits individuell bestimmt, nämlich als die Mütter, welche ihrem Kind sonst Schaden zufügen würden, und Mütter in problematischen Lebenslagen, die nach Einschätzung der Betreiber hilfsbedürftig sind; AA Dellert, Die anonyme Kindesabgabe, S. 50 f.

317 Wohl hM, Elbel, Rechtliche Bewertung anonymer Geburt und Kindesabgabe, S. 82 (Fn. 238) und Mielitz, Anonyme Kindesabgabe, S. 122; Teubel, Geboren und Weggegeben, S. 51; von einer Rechtfertigung durch (Putativ-) Notstandshilfe geht Neuheuser, NStZ 2001, 175 (177) aus [dort zur Beihilfe].); AA Wiesner-Berg, Anonyme Kindesabgabe in Deutschland und der Schweiz, S. 223 f., die nicht zu Unrecht konstatiert, angesichts der Diskussion in der Öffentlichkeit über die anonyme Abgabe könnten die Betreiber jedenfalls nicht mehr von vornherein von der Straflosigkeit des Handelns der Mutter ausgehen; kritisch auch Dellert, Die anonyme Kindesabgabe, S. 51.

318 Eine definite Aussage lässt sich nur treffen, wenn im Strafverfahren der Vorsatz bezüglich der Haupttat (einschließlich deren Rechtswidrigkeit) und bezüglich des Bestimmens ermittelt wurde.

319 MüKo-StGB I/*Joecks*, § 27 Rn. 14.

320 MüKo-StGB III/*Ritscher*, § 169 Rn. 23; Neuheuser, NStZ 2001, 175 (177) [zur Verletzung der Unterhaltspflicht]; für die Erfüllung des objektiven Tatbestands Wiesner-Berg, Anonyme Kindesabgabe in Deutschland und der Schweiz, S. 227.

leistung des Unterhalts.[321] Für die Anstiftung gelten die Ausführungen zur Personenstandsfälschung entsprechend.

b) *Anonyme Geburt*

Da die anonyme Geburt im Krankenhaus oder einer ähnlichen Einrichtung der Geburtshilfe stattfindet, ist nach § 20 S. 1 PStG in erster Linie der Träger der Einrichtung zur Anzeige verpflichtet. Es handelt sich insoweit häufig um eine juristische Person.[322] Daher stellt sich die Frage, ob die vertretungsberechtigten Personen gleichermaßen anzeigepflichtig und damit zugleich der Personenstandsfälschung durch Unterlassen nach den §§ 169 I Alt. 3, 13 StGB strafbar sind. Eine Strafbarkeit könnte sich aus dem Zusammenspiel mit § 14 I StGB ergeben. § 14 StGB kommt indes nur zur Anwendung, wenn der in Rede stehende Tatbestand eine über die allgemeinen, durch Übertragung der Herrschaftsposition übertragbaren Garantenstellungen hinausgehende Täterqualifikation voraussetzt, welche den nicht delegationsfähigen personalen Status betrifft.[323] Die Anzeigepflicht kann aber mangels Handlungsfähigkeit der juristischen Person immer nur den Vertreter treffen. § 14 StGB ist daher nicht anwendbar,[324] und die Anzeigeverpflichtung trifft den durch Gesetz oder Satzung berufenen Vertreter der juristischen Person, der sich bei Unterlassen der Anzeige strafbar macht. Zumindest die ihm bekannten Informationen (Umstände der Geburt, Geschlecht des Kindes) muss der Vertreter anzeigen. Der Anzeigepflicht der anderen bei der Geburt anwesenden Personen geht die Anzeigepflicht des Vertreters vor.

Ob eine Rechtfertigung infolge der Pflichtenkollision (Pflicht zur Anzeige der Geburt gegen die Pflicht zu medizinscher Hilfe, § 323c StGB) ist zweifelhaft, weil die Anzeigepflicht mit der Geburt erst entsteht, zu diesem Zeitpunkt allerdings keine Gefahr für Leib oder Leben von Mutter oder Kind mehr besteht.[325]

---

321 Neuheuser, NStZ 2001, 175 (177).

322 Z.B. eine AG, eine GmbH oder – als Beispiel für einen hoheitlichen Träger – eines der Länder. Ist der Träger des Krankenhauses ausnahmsweise eine natürlich Person, so macht diese selbst sich nach §§ 169, 13 StGB strafbar.

323 Laufhütte, Heinrich Wilhelm/Rissing-van Saan, Ruth/Tiedemann, Klaus (Hg.): Strafgesetzbuch: Leipziger Kommentar: Großkommentar. 1. Band, 12. Auflage, Berlin 2007/*Schünemann*, § 14 Rn. 25.

324 AA Wiesner-Berg, Anonyme Kindesabgabe in Deutschland und der Schweiz, S. 248.

325 Zum Streit: Wiesner-Berg, Anonyme Kindesabgabe in Deutschland und der Schweiz, S. 248 f.

3. Strafbarkeit des Vaters

a) Babyklappe

Der Vater kann sich ebenfalls nach § 169 I Alt. 3 StGB strafbar machen, weil auch er mitunter zur Anzeige verpflichtet ist. Häufig scheitert seine Anzeigepflicht aber an der Subsidiarität nach § 19 S. 2 PStG oder an der fehlenden Kenntnis von der Geburt.[326]

Soweit der Vater auch rechtlicher Vater ist, ist seine Strafbarkeit nach § 170 I StGB gleich derjenigen der Mutter zu beurteilen. Der Strafbarkeit kann wieder die Unkenntnis von der Geburt entgegenstehen. Da die Mutter Kenntnis von der Geburt hat, kann der Vater die Abgabe des Kindes nicht durch bloße Wegnahme erreichen, so wie es der Mutter möglich ist. Nutzt der Vater also die Babyklappe gegen den Willen der Mutter, ist es nicht unwahrscheinlich, dass eines der Tatmittel des § 235 I Nr. 1 StGB eingesetzt wird. Eine Strafbarkeit nach § 235 I Nr. 2 StGB scheidet indes für den Vater aus, da dieser Angehöriger des Kindes ist. § 11 I Nr. 1 a) StGB stellt nicht auf die rechtliche Verbindung ab, sondern auf die blutsmäßige Abstammung.[327]

Wird die Mutter vom Vater zur Abgabe des Kindes gedrängt, kann eine Nötigung nach § 240 StGB vorliegen.

b) Anonyme Geburt

Hat der Vater Kenntnis von der Geburt, kommt wie bei der Mutter eine Strafbarkeit nach § 169 I Alt. 3 StGB in Betracht,[328] ebenso wie soeben eine Strafbarkeit nach § 170 I StGB. Eine Strafbarkeit nach § 235 I Nr. 1 StGB ist für den Fall der Geburt im Krankenhaus eher unwahrscheinlich.

III. Strafprozessrecht

Diskutiert wurde auch, ob den Mitarbeitern von Anbietern der anonymen Kindesabgabe ein Zeugnisverweigerungsrecht gemäß § 53 I 1 Nr. 3a StPO zustehe.[329]

---

326 Wiesner-Berg, Anonyme Kindesabgabe in Deutschland und der Schweiz, S. 213.

327 Allg. M., vgl. nur MüKo-StGB I/*Radtke*, § 11 Rn. 5.

328 Oben unter 1. b) aa).

329 Zu einem Zeugnisverweigerungsrecht aus dem Grundgesetz siehe Beulke, FS-Herzberg, S. 622 f.; ablehnend Elbel, Rechtliche Bewertung anonymer Geburt und Kindesabgabe, S. 49 (Fn. 101); ablehnend auch Neuheuser, JR 2002, 172 (173); zu einem Zeugnisverweigerungsrecht de lege ferenda Wagner, ZRP 2002, 529.

1. Babyklappe

Die Anbieter anonymer Kindesabgaben können, müssen aber nicht zwangsläufig zugleich staatlich anerkannte Beratungsstellen nach § 53 I 1 Nr. 3a StPO sein.[330]

Von vornherein kein Zeugnisverweigerungsrecht besteht bezüglich Wahrnehmungen ohne jeden Bezug zu einer Beratung.[331]

Jedenfalls soweit die Konstellation einer anonymen Abgabe (ebenso bei einer Babyklappe) vorliegt, das Kind also schon geboren ist, und im Zuge der Abgabe erstmalig eine Beratung erfolgt, steht den beratenden Betreuern kein Zeugnisverweigerungsrecht zu.[332] Es sei in einem solchen Falle nicht zu bezweifeln, dass keine Schwangerschaftskonfliktberatung nach §§ 5 ff. SchKG stattgefunden habe,[333] denn das später abgegebene Kind sei bereits geboren gewesen.[334] Für eine Beratung aber, die nach der Geburt des Kindes stattfindet, besteht kein Zeugnisverweigerungsrecht.[335] Zwar umfasst die Beratung nach § 5 II 1 Nr. 3 SchKG auch eine Nachbetreuung, doch muss diese an eine vorhergehende – das heißt eine

---

330 So ermöglicht etwa in Amberg der Verein Donum Vitae e. V. in Amberg eine anonyme Geburt (abrufbar unter: http://amberg.donum-vitae-bayern.de/index.php?id=1380 [abgerufen am 21.08.2017]) und bietet zugleich eine staatlich anerkannte Beratung zur Schwangerschaft an. (vgl. die Aufzählung des Bayerischen Staatsministeriums für Arbeit und Soziales, Familie und Integration, abrufbar unter: http://www.stmas.bayern.de//familie/beratung/schwangere/oberpfalz.php [abgerufen am 21.08.2017]).

331 Neuheuser, JR 2002, 172 (172).

332 LG Köln NStZ 2002, 332 = NJW 2002, 909; zustimmend Neuheuser/Moysich, ZRP 2003, 216 (216); Beck-OK-StPO$^{01-17}$/*Huber*, § 53 Rn. 19; Hannich, Rolf (Hg.): Karlsruher Kommentar zur Strafprozessordnung: mit GVG, EGGVG und EMRK. 7. Auflage, München 2013/*Senge*, § 53 Rn. 21 (Gleiches gilt für die Betreuer der Klappe); Neuheuser, JR 2002, 172 (172); Elbel, Rechtliche Bewertung anonymer Geburt und Kindesabgabe, S. 47 ff.; Radtke, Henning/Hohmann, Olaf (Hg.): Strafprozessordnung: Kommentar. München 2011/*Otte*, § 53 Rn. 21; Gercke, Björn et al (Hg.): Strafprozessordnung: Heidelberger Kommentar. 5. Auflage, Heidelberg u. a. 2012/*Gercke*, § 53 Rn. 18; AA Beulke, FS-Herzberg, S. 621 f., der sich überdies für eine analoge Anwendung auf Mitarbeiter einer Babyklappe ausspricht; zu einem Zeugnisverweigerungsrecht tendierend wohl auch SK-StGB/*Schall*, § 169 Rn. 25.

333 Ausweislich des Wortlauts der §§ 5, 6 SchKG, welche Inhalt und Ablauf der Schwangerschaftskonfliktberatung regeln, betrifft die Beratung die Zeit während der Schwangerschaft.

334 LG Köln NStZ 2002 332 (332); zustimmend Neuheuser, JR 2002, 172 (172).

335 KK-StPO/*Senge*, § 53 Rn. 21; Neuheuser, JR 2002, 172 (172).

im Zeitraum nach § 218a I Nr. 3 StGB stattfindende – Beratung gemäß der §§ 5 SchKG, 219 StGB anknüpfen und kann nicht isoliert erfolgen.[336]

Anders als die Schwangerschaftskonfliktberatung nach § 5 SchKG steht die Beratung nach § 2 SchKG jedermann offen und umfasst nach § 2 I SchKG alle Fragen, welche die Schwangerschaft mittel- oder unmittelbar berühren. Richtigerweise ist die isolierte postnatale Beratung, wie das Wort „auch" in § 2 III SchKG zeigt,[337] davon nicht erfasst,[338] obwohl die Beratung Lösungsmöglichkeiten für psychosoziale Konflikte im Zusammenhang mit der Schwangerschaft und die Adoption einschließt, § 2 II 1 Nrn. 7, 8 SchKG.

Vor allem aber erfolgt die Beratung nach der Geburt nicht zum Zwecke der Vermeidung von Schwangerschaftskonflikten, wie es § 1 I SchKG voraussetzt. Auch § 2 SchKG selbst ist – anders als § 5 SchKG – präventiv (also auf die Vermeidung von Schwangerschaftskonflikten) ausgerichtet, wie der Name des Gesetzes „Gesetz zur Vermeidung und Bewältigung von Schwangerschaftskonflikten" zeigt. Hinzu kommt, dass § 2 II 2 SchKG der *Schwangeren* weitere Hilfen eröffnet.[339] Damit liegt der Schluss nahe, dass nur die Beratung während der Schwangerschaft erfasst ist.[340]

Zum anderen handelt es sich bei den von den Betreibern angebotenen Hilfen weniger um Informationsvermittlung –wie sie die §§ 1, 2 SchKG bezwecken – als vielmehr um ein Bündel an konkreten Hilfsmaßnahmen.[341]

---

336 Elbel, Rechtliche Bewertung anonymer Geburt und Kindesabgabe, S. 48. Dies ergibt sich aus dem Verweis des § 5 SchKG auf die Beratung nach § 219 StGB, die – vor dem Hintergrund des Ziels der Normen, gegebenenfalls einen legalen Schwangerschaftsabbruch zu ermöglichen – nur dann sinnvoll ist, wenn sie noch innerhalb des Rahmen von § 218a I Nr. 3 StGB stattfindet. § 5 II SchKG wiederum nimmt Bezug auf diese Beratung nach Absatz 1. Zudem ist eindeutig lediglich das Angebot einer Nachbetreuung Teil der Beratung.

337 Neuheuser, JR 2002, 172 (172); so auch die Gesetzgebungsmaterialien: BT-Drucks. 12/2605, S. 19 f. Dem könnte entgegengehalten werden, dass § 2 III SchKG „dem Anspruch auf Beratung (...) auch die Nachbetreuung (...) nach der Geburt des Kindes" zuordnet. Von dem in den Absätzen 2 und 3 statuierten, umfassenden Beratungsanspruch können aber durchaus nur einzelne Elemente in Anspruch genommen werden.

338 LG Köln NStZ 2002, 332 (333); Neuheuser, JR 2002, 172 (172); Elbel, Rechtliche Bewertung anonymer Geburt und Kindesabgabe, S. 48 f.

339 LG Köln NStZ 2002, 332 (332 f.).

340 Dieses Wortlautargument ist nicht zwingend, weil § 2 SchKG eindeutig Männern und Frauen (auch ohne Schwangerschaft) eine Beratung anbietet. Siehe dazu abermals die Gesetzgebungsmaterialien: BT-Drucks. 12/2605, S. 19.

341 Neuheuser, JR 2002, 172 (172 f.) zu einer Babyklappe des Sozialdienstes katholischer Frauen.

Teilweise wurde ein Zeugnisverweigerungsrecht aus § 53 I 1 Nr. 3a StPO mit dem Argument befürwortet, § 2 III SchKG erfasse ausdrücklich auch die Bewältigung postnataler Konflikte. Davon wären sogar Umstände erfasst, die nicht unmittelbar mit der Schwangerschaft zusammenhängen. Die Information bezüglich der Identität der Mutter sei noch dem Bereich der Schwangerschaftsbewältigung zuzuordnen. Zweck der Regelung sei es, zum Schutz der Kinder überhaupt Einwirkungsmöglichkeiten auf die Frauen zu erlangen.[342] Diesem Zweck diene auch die Anonymität der Babyklappen.[343]

Während den an der anonymen Kindesabgabe beteiligten Personen auch kein Zeugnisverweigerungsrecht nach § 53 I 1 Nr. 3 StPO zusteht, wenn es sich um Ärzte oder Hebammen handelt, kann ein Geistlicher das Zeugnis über die seelsorgerische Beratung nach § 53 I 1 Nr. 1 StPO verweigern.[344]

2. Beratung vor der anonymen Kindesabgabe

Anders gelagert ist die Situation, wenn bereits vor der Geburt (etwa im Vorfeld einer anonymen Geburt) eine Beratung stattfindet. Trotzdem wird ein Zeugnisverweigerungsrecht nach § 53 I 1 Nr. 3a StPO abgelehnt.[345] Die §§ 1–5 SchKG sähen ein Informationsangebot, nicht aber die von den Betreibern der anonymen Kindesabgabe versprochenen Hilfsmaßnahmen (darunter ärztliche Hilfen und Vermittlung des Kindes an Pflegeeltern) vor.[346] Das Beratungsgeheimnis umfasse außerdem nicht die dauerhafte Verheimlichung der Zugehörigkeit des Kindes zu seinen Eltern.[347] Schließlich sei auch hier die präventive Zielrichtung der Beratung nach § 2 SchKG zu berücksichtigen. Eine unmittelbar vor der Geburt erfolgende Beratung falle nicht darunter.[348] Tatsächlich dürften die meisten der Frauen, die eine anonyme Geburt wünschen, sich erstmalig aus diesem Anlass an die Beratungsstellen wenden. Sollte dies im Einzelfall anders sein, sodass bereits im Verlauf der Schwangerschaft Beratungsgespräche stattfanden, kann dies – dem Wortlaut der Norm entsprechend[349] – als Beratung nach § 2 I i.V.m. § 1 I SchKG betrachtet werden. Dem präventiven Charakter wäre gleichermaßen entsprochen.

---

342 Mittenzwei, FS-Wacke, S. 337; ders., ZRP 2002, 452 (452).

343 Beulke, FS-Herzberg, S. 622.

344 Wiesner-Berg, Anonyme Kindesabgabe in Deutschland und der Schweiz, S. 265 ff.

345 Mielitz, Anonyme Kindesabgabe, S. 126; Wiesner-Berg, Anonyme Kindesabgabe in Deutschland und der Schweiz, S. 265.

346 Neuheuser, JR 2002, 172 (172 f.).

347 Wolf, FPR 2001, 345 (349) (Fn. 38).

348 Elbel, Rechtliche Bewertung anonymer Geburt und Kindesabgabe, S. 48 f.

349 In diese Richtung Beulke, FS-Herzberg, S. 622.

Dennoch bleiben Zweifel, weil das SchKG vor dem Hintergrund einer hohen Zahl von Abtreibungen eingeführt wurde,[350] und die anonyme Abgabe zu dieser Zeit in Deutschland nicht existierte. Es ist daher unwahrscheinlich, dass eine Beratungssituation wie bei der anonymen Abgabe erfasst sein sollte.

IV. Zwischenergebnis zu C.

Es hat sich gezeigt, dass mit Recht überwiegend von der Unvereinbarkeit der anonymen Abgabe mit Vorschriften des Familien- und Personenstandsrechts ausgegangen wird, und dass Verstöße gegen Vorschriften des Strafrechts kein Einzelfall sind. Ein Zeugnisverweigerungsrecht wird von der ganz herrschenden Meinung aus guten Gründen abgelehnt.

350 Vgl. dazu den ersten Gesetzesentwurf: BT-Drucks. 12/2605, S. 3.

D. Das Gesetz zum Ausbau der Hilfen für Schwangere und zur Regelung der vertraulichen Geburt

I. Überblick

Wie bereits erwähnt, hat nunmehr der Gesetzgeber am 28.08.2013 mit Wirkung zum 1.05.2014 das „*Gesetz zum Ausbau der Hilfen für Schwangere und zur Regelung der vertraulichen Geburt*“[351] verabschiedet.[352] Dieses enthält in den Art. 1 bis 6 Änderungen des Staatsangehörigkeitsgesetzes (StAG), des Melderechtsrahmengesetzes (MRRG), des Personenstandsgesetzes (PStG), der Personenstandsverordnung (PStV) des Gesetzes über das Verfahren in Familiensachen und in den Angelegenheiten der freiwilligen Gerichtsbarkeit (FamFG) und des Bürgerlichen Gesetzbuches (BGB). Art. 7 ergänzt § 1 des Gesetzes zur Vermeidung und Bewältigung von Schwangerschaftskonflikten (SchKG) um die Absätze 4 und 5, § 2 SchKG um einen Absatz 4 und ersetzt § 25 SchKG a. F. durch die §§ 25 bis 34 SchKG n. F.[353]. Art. 8 sieht eine Evaluierung vor.

II. Gesetzgebungsverfahren

Nachdem alle vorherigen Versuche, die anonyme Abgabe einer gesetzlichen Regelung zu unterwerfen, gescheitert waren,[354] brachten die Fraktionen der CDU/CSU und der FDP im Jahr 2013 das Gesetz zur Regelung der vertraulichen Geburt auf den Weg.[355] Diesem Entwurf schloss sich die Bundesregierung an.[356] Nach der Stellungnahme des Bundesrates[357] und der Gegenäußerung der Bundesregierung[358] wurde der Entwurf infolge einer interfraktionellen Vereinbarung federführend an den Ausschuss für Familie, Senioren, Frauen und Jugend

---

351 Artikel ohne Gesetzesbezeichnung entstammen ebendiesem Gesetz.
352 BGBl. I 2013, Nr. 53, Seite 3458.
353 Normen des Schwangerschaftskonfliktgesetzes ohne weitere Angaben sind der Fassung vom 28.08.2013 entnommen.
354 Vergleiche die Nachweise oben in Teil B.
355 BT-Drucks. 17/12814.
356 BT-Drucks. 17/13062.
357 BR-Drucks. 214/13.
358 BT-Drucks. 17/13391.

überwiesen.[359] Nachdem der Entwurf in einigen, vom Ausschuss empfohlenen Punkten geändert worden war,[360] wurde er vom Bundestag am 07.06.2013 in zweiter und dritter Lesung mit den Stimmen der damaligen Koalitionsfraktionen (CDU/CSU und FDP) bei Enthaltung der Opposition angenommen.[361] Am 28.08.2013 – rechtzeitig vor der Neuwahl des Bundestages – wurde das Gesetz schließlich ausgefertigt. Am 1.05.2014 ist es in Kraft getreten.

III. Zielsetzung der Angebote

Ziel der Einführung der vertraulichen Geburt war es, die medizinische Versorgung von Mutter und Kind bei der Geburt flächendeckend sicherzustellen.[362] Zugleich sollten Aussetzungen und Tötungen Neugeborener verhindert werden.[363] Dazu erweitert das Gesetz das Beratungsangebot für Schwangere (§§ 2 IV, 25 II 1 SchKG) und schreibt eine vermehrte Öffentlichkeitsarbeit – auch für die schon bestehenden Angebote – (§ 1 IV, V SchKG) vor. Auch die Schaffung von Rechtssicherheit soll zur Verbesserung der Betreuung beitragen.[364]

Obwohl die vertrauliche Geburt durch das neue SchKG ermöglicht wird, soll der Schwangeren vorrangig die Möglichkeit eröffnet werden, selbst das Kind großzuziehen.

Nur wenn die Frau auch nach einer Beratung ihre Identität nicht offenlegen möchte, ist sie über die vertrauliche Geburt zu informieren, § 25 I 2 SchKG.[365]

IV. Die Änderung des Schwangerschaftskonfliktgesetzes und der Ablauf der vertraulichen Geburt[366]

Der neu geschaffene § 1 IV SchKG verpflichtet, in Ergänzung zu den in Abs. 1 bis 3 statuierten Aufklärungspflichten, den Bund, die Hilfen für Schwangere und

---

359 Protokoll der 239. Sitzung des Deutschen Bundestages in der 17. Wahlperiode am Mittwoch, den 15. Mai 2013, 30061.

360 BT-Drucks. 17/13774.

361 Protokoll der 244. Sitzung des Deutschen Bundestages in der 17. Wahlperiode am Freitag, den 7. Juni 2013, 30884.

362 BT-Drucks. 17/13062, S. 1; vgl. dazu auch § 25 II 1 SchKG.

363 BT-Drucks. 17/13062, S. 1 f.

364 BT-Drucks. 17/13062, S. 2.

365 Siehe zum abgestuften Beratungskonzept auch BT-Drucks. 17/12814, S. 9 und BT-Drucks. 17/13774, S. 7.

366 Einen kurzen Überblick über das Verfahren der vertraulichen Geburt bietet Schwedler, NZFam 2014, 193 (194 f.); vgl. auch die Broschüre des Bundesministeriums für

Mütter bekannt zu machen. Darunter fallen unter anderem der Anspruch auf die anonyme Beratung nach § 2 I SchKG und die vertrauliche Geburt nach §§ 25 ff. SchKG, § 1 IV 1 SchKG. Satz 2 spezifiziert die Informationen zur vertraulichen Geburt, die auch die Möglichkeit der Frau beinhalten, ihre Rechte gegenüber dem Kind unter Aufgabe ihrer Anonymität oder schutzwürdige Belange gegen die spätere Offenlegung ihrer Personenstandsdaten geltend zu machen. Zugleich muss der Bund das Verständnis für Eltern, die ihr Kind zur Adoption freigeben, fördern (Satz 3).

Nach § 1 V SchKG muss der Bund einen bundesweiten, zentralen Notruf[367] einrichten und kontinuierlich Öffentlichkeitsarbeit dafür betreiben.

1. Beratung[368]

Nach § 2 IV SchKG ist einer Schwangeren, die ihre Identität nicht preisgeben möchte und die ihr Kind nach der Geburt abgeben möchte, ein Beratungsgespräch anzubieten. Dieses soll geeignete Hilfsangebote zur Bewältigung der Situation und zur Entscheidungsfindung darlegen und Wege, die der Schwangeren die Aufgabe ihrer Anonymität oder ein Leben mit dem Kind ermöglichen, aufzeigen.

Möchte die Schwangere nach der Beratung gemäß § 2 IV SchKG ihre Identität (weiterhin) nicht preisgeben, ist sie nach § 25 I 1 SchKG über die Möglichkeit einer vertraulichen Geburt zu informieren. Diese ist eine Entbindung, bei der die Schwangere ihre Identität nicht offenlegt– d. h. vor allem von den üblicherweise bestehenden Anzeigepflichten befreit ist – und stattdessen die Angaben nach § 26 II 2 SchKG macht, § 25 I 2 SchKG.

Sodann folgt eine weitere Beratung, die zuvörderst der Schwangeren eine medizinisch betreute Entbindung ermöglichen und ihr Hilfestellung anbieten soll, sodass sie sich für ein Leben mit dem Kind entscheiden kann, § 25 II 1 SchKG. In erster Linie soll also, obwohl die Möglichkeit der vertraulichen Geburt besteht,

---

Familie, Senioren, Frauen und Jugend: Bundesministerium für Familie, Senioren, Frauen und Jugend (Hg.): Die vertrauliche Geburt: Informationen über das Gesetz zum Ausbau der Hilfen für Schwangere und zur Regelung der vertraulichen Geburt. Berlin 2015.

367 Über den Notruf werden Schwangere in Konfliktlagen unverzüglich an eine Beratungsstelle vermittelt.

368 Für den Anfang des Jahres 2015 musste festgestellt werden, dass noch nicht ausreichend qualifizierte Fachkräfte für die Beratung vorhanden waren, und die Fortbildung noch schleppend vorangeht, Reinhardt/Willmann/Kochems, JAmt 2015, 70 (70).

darauf hingewirkt werden, dass die Mutter das Kind annimmt.[369] Diese Beratung (§ 25 II 2 SchKG) umfasst: das Verfahren der vertraulichen Geburt, die Rechte des Kindes und des Vaters,[370] den Ablauf des Adoptionsverfahrens, die Möglichkeit der Mutter, ihre Recht gegenüber dem Kind geltend zu machen sowie das Verfahren nach den §§ 31, 32 SchKG.

Letzteres ist von besonderer Bedeutung für die Mutter, weil eine Erklärung der Mutter nach § 31 II 1 SchKG Voraussetzung für ihre fortgesetzte Anonymität ist.

Abs. 5 verpflichtet die Beratungsstelle, die Frau darüber in Kenntnis zu setzen, dass ihr das Angebot der anonymen Beratung und Hilfen auch bei Ablehnung einer vertraulichen Geburt jederzeit weiter zur Verfügung stehe. Damit soll klargestellt werden, dass eine Ablehnung der vertraulichen Geburt nicht das Ende der Unterstützung der Beratungsstelle nach sich zieht. Vielmehr stehen der Schwangeren bei Bedarf alternative Lösungskonzepte zur Verfügung.[371] Darunter dürften die klassischen Angebote anonymer Abgabe fallen, die trotz der Neuregelung weiterhin existieren.

Entscheidet sich die Frau für eine vertrauliche Geburt, wählt sie ein Pseudonym, § 26 I Nr. 1 SchKG, und mögliche Vornamen für ihr Kind, § 26 I Nr. 2 SchKG.

---

369 Die vorgesehene frühzeitige Kooperation mit der Adoptionsvermittlungsstelle (§ 25 IV SchKG) wurde daher kritisch gesehen, *Werner Beulke* vor dem Ausschuss für Familie, Senioren, Frauen und Jugend, Bundestagsprotokoll Nr. 17/96, S. 23. Der Deutsche Ethikrat hatte vorgeschlagen, die Adoptionsvermittlungsstelle für die Dauer eines Jahres grundsätzlich außen vor zu lassen. Stellungnahme des Deutschen Ethikrates – Das Problem der anonymen Kindesabgabe, BT-Drucks. 17/190, S. 28.

370 Die Beratung der Mütter über die Rechte des Vaters nach § 25 II 2 Nr. 3 SchKG ist der einzige Schutz, den das neue SchKG dem Vater gegen den „Verlust" seines Kindes bietet. Vollkommen zu Recht bemerkt Helms, FamRZ 2014, 609 (612) der Verweis mute etwas hilflos an. Ähnlich: Pabst, Franziska: Die rechtliche Stellung des leiblichen, nicht rechtlichen Vaters – die Entwicklung der sogenannten Väterrechte. In: Dekan Fachbereich Rechtspflege (Hg.): Beiträge im Fachbereich Rechtspflege. Diplomarbeit Hochschule für Wirtschaft und Rechte Berlin. Berlin 2016, S. 61. Tatsächlich sind die Rechte des Vaters ganz vom Wohlwollen der Mutter abhängig, da sie allein die Entscheidung über die vertrauliche Geburt trifft. Diese Konzeption steht insbesondere im Widerspruch zur Stärkung der Väterrechte in jüngerer Zeit, vgl. etwa BVerfG NJW 2003, 2151. Auf der anderen Seite sollte die Schwangere zusätzlich über die Rechte des Vaters informiert werden. Das Wissen um den Anspruch auf dessen Unterstützung würde die Entscheidung für das Kind womöglich erleichtern.

371 BT-Drucks. 17/13774, S. 13.

2. Weiteres Verfahren

a) Entbindung

aa) Erstellung des Herkunftsnachweises

Die Beratungsstelle erstellt einen Nachweis für die Herkunft des Kindes, § 26 II 1 SchKG, und überprüft zu diesem Zwecke die Angaben der Schwangeren zu ihrem Vor- und Familiennamen sowie ihrem Geburtsdatum und ihrer Anschrift anhand eines Ausweises, § 26 II 2 SchKG. Der Herkunftsnachweis ist in einem Umschlag so zu verschließen, dass ein unbemerktes Öffnen verhindert wird, § 26 III 1 SchKG. Auf dem Umschlag sind die Angaben nach § 26 III 2 SchKG zu vermerken, wobei Geburtsort und Geburtsdatum noch nicht feststehen.

Im Anschluss daran wird die Schwangere unter ihrem Pseudonym in einer geburtshilflichen Einrichtung oder bei einer zur Leistung von Geburtshilfe berechtigten Person zur Entbindung unter dem Hinweis angemeldet,[372] dass es sich um eine vertrauliche Geburt handele, § 26 IV 1, 2 SchKG. Neben dem Pseudonym der Schwangeren werden der Entbindungseinrichtung nur die gewählten Vornamen für das Kind mitgeteilt.

Dem Bundesamt für Familie und zivilgesellschaftliche Aufgaben (BaFzA) wird von der Beratungsstelle außerdem der Umschlag mit dem Herkunftsnachweis übersandt, § 27 I SchKG, sobald diese Kenntnis von der Geburt nach § 26 VI SchKG erlangt hat. Auf dem Umschlag wird nach § 27 II SchKG dann der vom Standesamt mitgeteilte Name des Kindes vermerkt.[373]

bb) Entbindung ohne Feststellung der Identität

Wurde die Identität einer Schwangeren nicht gemäß § 26 II 2 SchKG festgestellt, etwa weil die Frau ohne vorhergehende Beratung ein Krankenhaus aufsucht, muss der Leiter oder die Leiterin einer Einrichtung der Geburtshilfe, die eine Schwangere ohne Feststellung ihrer Identität aufgenommen hat, unverzüglich eine Beratungsstelle nach den §§ 3 und 8 SchKG informieren.

Die Beratungsstelle hat nach § 29 II 1 SchKG dafür Sorge zu tragen, dass der Schwangeren die Beratung zur vertraulichen Geburt, § 25 SchKG, und deren Durchführung, §§ 26 f. SchKG, unverzüglich von einer Beratungsfachkraft nach

---

372 Problematisch ist, dass nicht sichergestellt werden kann, dass die Mutter des Kindes auch diejenige ist, deren Daten nach § 26 SchKG aufgenommen wurden, Helms, FamRZ 2014, 609 (613).

373 Es handelt sich um den von der Verwaltungsbehörde mitgeteilten Namen, Berkl, StAZ 2014, 65 (70).

§ 28 SchKG angeboten werden. Diese Verpflichtung besteht auch, wenn die Frau ihr Kind bereits geboren hat, § 29 III SchKG. § 29 II 2 SchKG verbietet es, die Schwangere zur Annahme der Beratung zu drängen. Wann dies der Fall wäre, wird sich schwerlich feststellen lassen: Ist etwa das wiederholte Angebot einer Beratung – untermauert mit einer Begründung – bereits ein Drängen?

Ohnehin lässt sich der tatsächliche Ablauf einer Beratung – von einigen Eckpunkten abgesehen – kaum regulieren, weil die Beratung immer auf die individuelle Situation der Schwangeren Rücksicht nehmen muss. Es wird angeknüpft an einen hochsensiblen Bereich privater Lebensführung, der sich der strikten Einordnung in juristische Kategorien entzieht.

§ 29 II 2 SchKG nimmt zugleich den Fortbestand der anonymen Geburt und Abgabe (Absatz 3) in Kauf. Denn die Schwangere kann schwerlich zum Nachweis ihrer Identität gezwungen werden. Geht also der Geburt nicht das vorgesehene Verfahren nach §§ 25 ff. SchKG voraus, und macht die Schwangere auch nach der Entbindung die vorgesehenen Angaben nicht, handelt es sich nicht um eine vertrauliche, sondern um eine anonyme Geburt. Dass das SchKG dies zulässt erklärt sich daraus, dass der Gesetzgeber sich für den Fortbestand der anonymen Abgabe entschieden hat.[374]

Auch nach der Geburt ist der Mutter weiterhin eine Beratung anzubieten, § 30 I SchKG. Das gilt insbesondere für den Fall, dass die Mutter sich für eine Rücknahme des Kindes entscheidet, § 30 II 2 SchKG.

cc) Informationspflichten

Die Beratungsstelle muss nach § 26 V SchKG das Jugendamt von der bevorstehenden Geburt in Kenntnis setzen. Damit wird das Jugendamt in die Lage versetzt, das Kind in seine Obhut zu nehmen, § 42 I 1 Nr. 2 SGB VIII, und später in eine Pflegefamilie zu geben, bis das Kind adoptiert wird.[375]

Ist das Kind geboren, ist der Träger der geburtshilflichen Einrichtung nach § 18 I 1 Nr. 2, § 20 S. 1 PStG[376] zur Anzeige der Geburt an das Standesamt verpflichtet. Der Leiter der Einrichtung muss nach § 26 VI 1 SchKG die Beratungsstelle (vgl. Absatz 4 Satz 1) über Geburtsdatum und Geburtsort des Kindes unterrichten. Die Beratungsstelle kann dann diese Angaben auf dem Herkunftsnachweis ergänzen, § 26 III 2 Nr. 3 SchKG, und so eine Zuordnung des Kindes ermöglichen.

---

374 BT-Drucks. 17/13391, S. 6 und 8.

375 Berkl, StAZ 2014, 65 (68).

376 Normen des Personenstandsgesetzes ohne weitere Angaben entstammen der Fassung vom 28.08.2013.

Das Standesamt muss nun seinerseits dem BaFzA den beurkundeten Namen des Kindes (dieser wird allerdings erst festgelegt) und das Pseudonym mitteilen, § 26 VII SchKG (zur Mitteilungspflicht auch § 57 I Nr. 7 PStV sowie zum Pseudonym Absatz 6 Nr. 20). Zugleich hat das Standesamt nach § 168a I FamFG das Familiengericht über die vertrauliche Geburt zu informieren. Dieses kann und muss sodann die Vormundschaft für das Kind anordnen, § 1773 II BGB.

dd) Weiterleitung des Herkunftsnachweises

Sobald der Beratungsstelle von der geburtshilflichen Einrichtung die Geburt mitgeteilt wurde, übersendet[377] sie den Herkunftsnachweis dem BaFzA, § 27 I SchKG, das den Nachweis in sichere Verwahrung nimmt und den vom Standesamt mitgeteilten Namen des Kindes auf dem Umschlag vermerkt, § 27 II SchKG.

Der Name kann erst jetzt vermerkt werden, weil das Standesamt die Beurkundung zunächst zurückstellen und die Entscheidung der Verwaltungsbehörde einholen muss, die den Namen und den Vornamen bestimmt.[378]

ee) Inobhutnahme und Pflege

Zum Schutz des Kindes darf und muss das Jugendamt dieses nach § 42 I 1 Nr. 2 a) SGB VIII in seine Obhut nehmen.[379] Das Neugeborene bedarf der Fürsorge, welche die Mutter nicht geben kann, sodass das Wohl des Kindes die Inobhutnahme erfordert.[380] Da der Vater nicht zu erreichen ist, und die Sorge der Mutter ruht (§ 1674a S. 1 BGB), liegt außerdem kein Widerspruch der Personensorgeberechtigten vor. Zwar hat das Jugendamt die Personensorgeberechtigten grundsätzlich zuvor zu unterrichten, § 42 III 1 SGB VIII, doch sind diese – sofern überhaupt

---

377 Dass gegen den möglichen Verlust des Herkunftsnachweises keine Maßnahmen vorgesehen sind, ist misslich, Berkl, StAZ 2014, 65 (72) (Fn. 62). So könnte eine Kopie des Herkunftsnachweises angefertigt werden, die mit Eingang des Originals beim BaFzA zu vernichten wäre.

378 Gaaz/Bornhofen-HK-PStG^3/Gaaz, § 21 Rn. 67.

379 Vgl. auch Rolfs, Christian et al (Hg.): Beck'scher Online-Kommentar Sozialrecht: Sozialgesetzbuch (SGB): Achtes Buch (VIII) – Kinder- und Jugendhilfe. 44. Edition, Stand 01.03.2017, München 2017/*Winkler*, § 42 Rn. 11B.

380 Dazu Wiesner, Reinhard (Hg.): SGB VIII: Kinder- und Jugendhilfe: Kommentar. 5. Auflage, München 2015/*Wiesner*, § 42 Rn. 10 f.; ebenso (für die anonyme Abgabe) Harnisch, Kai-Ulrich: Babyklappe und anonyme Geburt: Eine kritische Bestandsaufnahme im Kontext gegenwärtiger Reformvorschläge. Diss. Univ. Dießen 2008. Tectum Verlag, Marburg 2009, S. 242 m.w.N.

vorhanden – nicht erreichbar. Dementsprechend dauert die Inobhutnahme fort, vgl. § 42 III 3 SGB VIII.[381]

Nach § 42 III 3, 2 Nr. 2 SGB VIII ist die Entscheidung des Familiengerichts herbeizuführen. Im Fall der vertraulichen Geburt hat das Familiengericht ohnehin bereits Kenntnis von der Geburt (§ 168a FamFG). Es hat die notwendigen Maßnahmen nach § 1666 BGB (etwa Kinder- und Jugendhilfe, § 1666 III Nr. 1 BGB) zu treffen.[382]

Das Jugendamt darf das Kind bei einer geeigneten Person, in einer geeigneten Einrichtung oder in einer sonstigen Wohnform vorläufig unterbringen, § 42 I 2 HS. 1 SGB VIII.[383] Die Inobhutnahme endet mit der Entscheidung über die Gewährung von Hilfen nach dem SGB, § 42 IV Nr. 2. Dabei ist darauf zu achten, dass eine kontinuierliche Versorgung des Kindes sichergestellt ist.[384] Die Inobhutnahme endet auch mit der Übergabe an die Personensorgeberechtigten, § 42 IV Nr. 1 SGB VIII, z. B. den (zu bestellenden) Vormund des Kindes.[385]

In der Folgezeit bestehen für die Pflege des Kindes mehrere Möglichkeiten. Der Vormund des Kindes kann die Pflege für dieses übernehmen. Er bedarf dazu in Abweichung von § 44 I 1 SGB VIII keiner Erlaubnis, weil der Schutz des Kindeswohls schon durch die Aufsicht des Familiengerichts gewährleistet ist, vgl. §§ 1779 II, 1837 BGB.[386] Der Vormund kann als gesetzlicher Vertreter, § 1793 I 1 BGB, das folgende Pflegeverhältnis durch Vertrag mit den (künftigen) Adoptiveltern begründen.[387] Auch diese bedürfen keiner Erlaubnis nach dem SGB VIII (§ 44 I 2 Nr. 6 SGB VIII), da die Unterbringung erst nach Vermittlung durch die Adoptionsvermittlungsstellen erfolgt.[388] Diese wiederum gewährleisten die Eig-

---

381 MüKo-BGB IX/*Tillmanns*, SGB VIII § 42 Rn. 6.

382 Beck-OK-SGB VIII03-17/*Winkler*, § 42 Rn.. 46.

383 MüKo-BGB IX/*Tillmanns*, SGB VIII § 42 Rn. 10. Für eine Kurzeitpflege (bis zur Dauer von acht Wochen) ist keine Erlaubnis erforderlich, § 44 I 2 Nr. 4 SGB VIII. Dementsprechend kann das Kind für eine kurze Zeit in eine ehrenamtliche Pflegefamilie gegeben werden. Davon ist allerdings abzuraten, wenn nicht absehbar ist, dass sich daran unmittelbar die Adoptionspflege anschließt. Andernfalls sind häufig wechselnde Bezugspersonen des Kindes zu befürchten.

384 Wiesner-SGB VIII/*Wiesner*, § 42 Rn. 53.

385 Wiesner-SGB VIII/*Wiesner*, § 42 Rn. 52. Etwas anderes gilt, wenn der Vormund im Anschluss an die Inobhutnahme eine stationäre Hilfe in Anspruch nimmt (str.), ebenda.

386 Wiesner-SGB VIII/*Mörsberger*, § 44 Rn. 14.

387 MüKo-BGB IX/*Maurer*, § 1744 Rn. 10 f.

388 Dethloff, Nina: Familienrecht. Ein Studienbuch. 31. Auflage, München 2015, § 14 Rn. 5.

nung der Pflegeperson, § 7 I 1, 2, § 8 AdVermiG. Die Adoptionspflege ist keine Vollzeitpflege im Sinne des § 33 SGB VIII.[389]

Diese bietet ebenfalls eine Option zur Unterbringung des Kindes (sei es vorübergehend oder auf Dauer, vgl. § 33 S. 1 SGB VIII). Das gilt auch dann, wenn eine Herkunftsfamilie nach § 33 SGB VIII nicht mehr besteht.[390] Wenn der Unterbringung Hilfen zur Erziehung nach § 33 SGB VIII vorausgehen, ist auch hier keine Erlaubnis erforderlich, § 44 I 2 Nr. 1 SGB VIII.

Außerdem besteht die Möglichkeit der Unterbringung in einer entsprechenden Einrichtung, vgl. §§ 34, 45 I 1 SGB VIII.

Die Unterbringung in der Pflegefamilie endet mit dem Beginn der Adoptionspflege, kann aber fortdauern, wenn keine Adoptiveltern gefunden werden können.

Da die elterliche Sorge der Mutter mit der Geburt ruht, kann sie das Kind nach der Geburt nicht nach § 1632 I BGB herausverlangen. Das Jugendamt hat nach § 42 I 2 HS. 2 SGB VIII die Befugnis, das Kind wegzunehmen. Im äußersten Fall muss sich das Jugendamt der Hilfe der Polizei bedienen, wenn die Herausgabe des Kindes verweigert wird, § 42 VI SGB VIII.[391] Diese Option ist jedoch zu vermeiden, da sie in hohem Maße abschreckend wirkt. Es erweist sich als nachteilig, dass die Sorge der Mutter nach § 1674a S. 1 BGB schon mit der Geburt („ein vertraulich geborenes Kind") ruht. Eine Übergangsfrist, die es der Frau erlaubt, innerhalb der ersten Stunden oder Tage das Kind wieder zu sich nehmen, verbunden mit der Pflicht, die Geburt beim Standesamt anzuzeigen, wofür ohnehin eine Wochenfrist eingeräumt ist, wäre vorzugswürdig gewesen.

Möchte die Mutter das Kind direkt nach der Geburt bei sich behalten, muss sie die Personensorge wiedererlangen, indem sie gegenüber dem Familiengericht die für den Geburtseintrag ihres Kindes erforderlichen Angaben macht. (vgl. § 1674a S. 2 BGB). Das Familiengericht entscheidet nicht über die Sorge selbst, die kraft Gesetzes wieder auflebt,[392] sondern nur darüber, ob die Mutter die erforderlichen Angaben gemacht hat. Erforderlichenfalls kann im Eilverfahren (§ 49 FamFG) entschieden werden, eine Vertrauensperson der Mutter solle als Vormund die Sorge ausüben.[393]

---

389 MüKo-BGB VIII/*Tillmanns*, SGB VIII § 33 Rn. 1; Beck-OK-SGB VIII03-17/*Winkler*, § 33 Rn. 5.

390 MüKo-BGB IX/*Tillmanns*, SGB VIII § 33 Rn. 1.

391 MüKo-BGB IX/*Tillmanns*, SGB VIII § 42 Rn. 20.

392 Beck-OK-BGB$^{02\text{-}17}$/*Veit*, § 1674a Rn. 17.1.

393 Staudinger/*Coester*, § 1674 Rn. 21.

b) Einsichtsrecht des Kindes in den Herkunftsnachweis

aa) Anspruch auf Einsicht (§ 31 SchKG)

Den Herkunftsnachweis kann das vertraulich geborene Kind mit Vollendung des 16. Lebensjahres nach § 31 I SchKG einsehen. Ein Recht zur Einsicht für andere Personen, geschweige denn eine behördliche Aufnahme der Identität der Mutter ist nicht vorgesehen. Die Möglichkeit zur Einsicht ist also dem Kind vorbehalten. Über die Tatsache, dass es adoptiert wurde, ist das Kind von den Adoptiveltern zu informieren.[394]

Will die Mutter ihre Identität weiterhin verbergen, kann sie – bereits ab der Vollendung des 15. Lebensjahres des Kindes – und muss sie (vgl. § 31 IV SchKG) nach § 31 II 1 SchKG[395] Belange, die dessen Einsichtsrecht entgegenstehen (§ 32 I 2 SchKG)[396], bei einer Beratungsstelle erklären.[397] Die Beratungsstelle ist zur Erörterung möglicher Hilfen verpflichtet und informiert ebenso über die Möglichkeit des Kindes zur gerichtlichen Geltendmachung seiner Rechte.

Bleibt die Mutter bei ihrer Erklärung nach § 31 II SchKG, hat sie nach § 31 III SchKG eine Person oder Stelle als Verfahrensstandschafter zu benennen.[398] Die Mutter hat dafür Sorge zu tragen, dass die Person oder Stelle zur Übernahme der Verfahrensstandschaft bereit und während des gesamten gerichtlichen Verfahrens erreichbar ist.[399] Ist dies gewährleistet, muss das BaFzA, solange das Verfahren nach § 32 SchKG nicht rechtskräftig abgeschlossen ist, dem Kind die Einsicht verweigern, § 31 IV SchKG.[400]

---

394 Allg. M., MüKo-BGB IX/*Maurer*, § 1758 Rn. 51 m.w.N.

395 Nach Satz 2 muss die Mutter Geburtsort und Geburtsdatum des Kindes angeben, damit eine Zuordnung zu dem Herkunftsnachweis möglich wird, BT-Drucks. 17/12814, S. 21.

396 Enumerativ sind Leib, Leben, Gesundheit und die persönliche Freiheit genannt. Zudem erfasst sind ähnliche schutzwürdige Belange. In Betracht kommt insbesondere ihr Persönlichkeitsrecht in Gestalt ihres Rechts auf Schutz ihrer Intimsphäre. Auch der Schutz einer inzwischen bestehenden Familie, Art. 6 I GG, kann relevant sein, Hepting, FamRZ 2001, 1573 (1582 f.).

397 Durch die Zuständigkeit der Beratungsstellen wird dafür Sorge getragen, dass die Mutter sich nicht mit einer Vielzahl von Behörden auseinandersetzen muss.

398 In Betracht kommt etwa auch eine Anwaltskanzlei. Der Verfahrensstandschafter ist zur Offenlegung der Identität der Mutter ohne deren Zustimmung nicht befugt, § 31 III 2 SchKG.

399 BT-Drucks. 17/12814, S. 22.

400 Das BaFzA ist von der Beratungsstelle insoweit unverzüglich in Kenntnis zu setzen, § 31 III 4 SchKG.

bb) Gerichtliches Verfahren

Auf Antrag des Kindes entscheidet das Familiengericht nach § 32 I 1 SchKG über das Einsichtsrecht. Es hat dabei gemäß § 32 I 2 SchKG zu prüfen, ob die von der Mutter geltend gemachten Belange (§ 31 II 1 SchKG) dem Einsichtsrecht entgegenstehen, weil sie gegenüber dem Recht des Kindes auf Kenntnis seiner Abstammung überwiegen. Konnte die Mutter sich auf die Geheimhaltung ihrer Identität uneingeschränkt verlassen, bis ihr Kind das 16. Lebensjahr vollendet hat, ist die Beibehaltung ihrer Anonymität nunmehr die Ausnahme. Erklären sich in dem Verfahren weder der Verfahrensstandschafter noch die Mutter binnen einer vom Gericht bestimmten Frist, wird nach § 32 IV SchKG vermutet, dass schutzwürdige Belange nicht vorlägen, und das Recht des Kindes auf Kenntnis seiner Abstammung vorgehe.[401]

(1) Verfahren

Zuständig für das Verfahren ist das Familiengericht, in dessen Bezirk das Kind seinen gewöhnlichen Aufenthalt hat, § 32 I 3 SchKG. Vorbehaltlich der Absätze III–V gelten für das Verfahren die Vorschriften des Ersten Buches des FamFG, § 32 II SchKG. Das Verfahren ist kostenlos, § 32 III 7 SchKG.

Beteiligte dieses Verfahrens sind gemäß § 32 III das Kind, das BaFzA sowie der Verfahrensstandschafter (vgl. 31 III 1 SchKG).

Nach § 32 III 2 SchKG kann das Gericht die Mutter persönlich anhören, jedoch muss die Ladung über den Verfahrensstandschafter erfolgen, da die Mutter dem Gericht unbekannt ist. Zur Geheimhaltung der Identität der Mutter muss die Anhörung in Abwesenheit der übrigen Beteiligten zu erfolgen, die anschließend über das Ergebnis zu informieren sind, § 32 III 3, 4 SchKG.

(2) Entscheidung des Gerichts

Der Beschluss des Familiengerichts, vgl. § 38 FamFG, wird nach § 32 III 5 SchKG und abweichend von § 40 I FamFG erst mit Rechtskraft, vgl. § 45 FamFG, wirksam und wirkt auch für und gegen die Mutter, § 32 III 6 SchKG. Dem BaFzA, das nach § 32 III 1 Nr. 2 SchKG Beteiligter des Verfahrens ist, ist der Beschluss nach § 41 I 1 FamFG bekanntzugeben. Damit wird sichergestellt, dass der Beschluss des Familiengerichts zur Geltung gelangt.

---

401 BT-Drucks. 17/12814, S. 23. Auf die Abwägung und die widerstreitenden Grundrechte von Mutter und Kind, die dabei Berücksichtigung finden müssen, wird im weiteren Verlauf genauer einzugehen sein.

Entscheidet das Familiengericht zugunsten des Kindes, oder verzichtet die Mutter bereits auf die Erklärung nach § 31 II 1 SchKG, erhält das Kind Einsicht in den Herkunftsnachweis und erlangt so Kenntnis über die Identität seiner Mutter.

Gegen die Mutter hätte das Kind unter gewöhnlichen Umständen einen Anspruch auf Auskunft über seinen leiblichen Vater aus § 1618a BGB, der nach überwiegender Auffassung auch vollstreckbar wäre.[402] Indes wird die verwandtschaftliche Beziehung zwischen der leiblichem Mutter und dem Kind infolge der Adoption im Regelfall aufgelöst worden sein, sodass § 1618a BGB nicht zur Anwendung gelangt. Allenfalls auf der Grundlage eines allgemeinen Auskunftsanspruchs gemäß § 242 BGB kann ein entsprechender Anspruch im Ausnahmefall und unter Berücksichtigung der widerstreitenden Grundrechte in Betracht kommen. Da der Vater nicht bekannt ist, wird er erneut nicht in den Abwägungsprozess einbezogen werden können.

Bei Zurückweisung des Antrags des Kindes kann dieses frühestens drei Jahre nach Rechtskraft des Beschlusses wieder einen Antrag beim Familiengericht stellen, § 32 V SchKG.[403]

Im Verlauf der Zeit muss das Recht auf Kenntnis der eigenen Abstammung an Bedeutung gewinnen, weil gerade mit der fortschreitenden Entwicklung des Kindes für dieses auch dieser Aspekt der eigenen Persönlichkeit gewichtiger wird. Zum anderen verlieren die Belange der Mutter angesichts des großen Zeitabstands zur Zeugung des Kindes an Gewicht. Trotzdem sind bei einer Gefährdung der Mutter an Leib und Leben ihre Interessen sorgsam zu berücksichtigen. Es ist zudem auf eine verantwortungsvolle Handhabung der Norm zu achten, damit nicht Schwangere von der Inanspruchnahme der vertraulichen Geburt abgehalten werden.

3. Kosten

Die Kosten im Zusammenhang mit der Geburt übernimmt der Bund, § 34 I 1 SchKG. Macht die Mutter nach der Geburt die für den Geburtseintrag erforderlichen Angaben, kann dieser die nach Absatz 1 übernommenen Kosten von der Krankenversicherung zurückfordern, § 34 III SchKG.

---

402 MüKo-BGB IX/*v. Sachsen Gessaphe*, § 1618a Rn. 16 m.w.N.

403 Diese Frist ist angelehnt an die Frist für den Sperrvermerk nach § 64 I 1 PStG, BT-Drucks. 17/12814, S. 23. Angesichts der großen Relevanz des Rechts auf Kenntnis der eigenen Herkunft für die Entwicklung des Kindes ist es fraglich, ob nicht eine kürzere Frist oder – bei Wegfall des „Sperrgrundes“ – wenigstens eine weniger starre Regelung angebracht wäre.

4. Beteiligte

Den Beratern ist es verboten, die erhaltenen Informationen weiterzugeben. Andernfalls machen sie sich nach § 203 I Nr. 4a StGB strafbar. Flankiert wird § 203 StGB vom Zeugnisverweigerungsrecht der Berater.[404]

Der Verfahrensstandschafter gewährleistet die Anonymität der Mutter im familiengerichtlichen Verfahren. Er ist nicht befugt, die Identität der Mutter ohne deren Einwilligung zu offenbaren, § 31 III 2 SchKG. Die Materialien zum SchKG heben dies noch einmal hervor: „ (...) dieser Verfahrensstandschafter die Identität der Mutter niemandem gegenüber (...) offenbaren darf, auch nicht gegenüber Behörden und Gerichten."[405] Obgleich damit lediglich das Vertrauensverhältnis zur Mutter beschrieben ist, also gewissermaßen das Innenverhältnis, muss dem Verfahrensstandschafter auch nach außen das Recht zugestanden werden, Zeugnis und Auskunft über die im Verfahren erlangten Kenntnisse zu verweigern.[406]

V. Methodische Erwägungen[407]

Wie sich zeigen wird, hat das Gesetz zum Ausbau der Hilfen für Schwangere und zur Regelung der vertraulichen Geburt durch Anpassung verschiedener Normen einen Rahmen für eine legale vertrauliche Geburt geschaffen. Trotzdem wurden einige Berührungspunkte von der Reform ausgespart und verbleiben im Spannungsfeld mit bestehenden Rechtsvorschriften. Exemplarisch seien genannt: die fortbestehende Strafbarkeit der Mutter nach § 170 StGB und das Fehlen eines Beschlagnahmeverbots für den Herkunftsnachweis. Frappierender noch ist die Entscheidung, die anonyme Geburt keiner Regelung zu unterwerfen. Zu Anfang ist zu klären, welche Fragen im neuen Recht nicht geregelt wurden. Soweit diese nicht im Wege der Auslegung beantwortet werden können,[408] soll versucht werden, im

404 Unter VII. 5.

405 BT-Drucks.17/12814, S. 22.

406 Wird als Verfahrensstandschafter eine Person gewählt, der bereits von Berufs wegen ein Recht zur Zeugnisverweigerung zusteht, steht dies ohnehin außer Frage.

407 Dieser Teil wird einer Lösung der strittigen Fragen vorangestellt, damit im Sinne der „juristischen Ehrlichkeit" (zu diesem Ausdruck siehe Schwöbbermeyer, ZRP 2001, 571 (572)) klar wird, dass sich einzelne Fragen nicht im Wege der Auslegung beantworten lassen, sondern eine kreative Ergänzung des geltenden Rechts erforderlich machen .

408 Grenze für die Auslegung bildet der Wortsinn, Canaris, Claus-Wilhelm: Die Feststellung von Lücken im Gesetz: Eine methodologische Studie über Voraussetzungen und Grenzen der richterlichen Rechtsfortbildung praeter legem. 2. Auflage, Berlin

Wege der Rechtsfortbildung eine Lösung zu erarbeiten – sei es durch Rückgriff auf außenstehende Vorschriften oder durch Rechtsschöpfung auf Grundlage des Regelungsziels des Gesetzgebers.

Lücken im Gesetz ergeben sich schon aus der Feststellung des Fehlens einer Regelung einzelner Fragen, wobei schon die Lücke einen Maßstab voraussetzt, an dem das bestehende Recht gemessen wird. Mit anderen Worten: Sie erfordert einen Vergleich mit einer zu definierenden Rechtslage, aus der auf die Unvollständigkeit geschlossen wird.[409] Eine Korrektur ist demgegenüber erst angezeigt und zulässig, wo eine Lücke planwidrig ist,[410] weil die Rechtsordnung als Ganzes eine Regelung fordert.[411] Dies gilt sowohl für die Fälle, in denen eine Lücke durch Analogie zu schließen ist, als auch dort, wo der Rechtsordnung Wertentscheidungen als Maßstab für die Rechtsschöpfung entnommen werden.[412] Letzteres kann dort nötig werden, wo die „Expansionskraft" des gegebenen Rechts keine zureichende Grundlage für die Begründung der Entscheidung bietet.[413] Dabei soll hier nicht auf (vermeintlich) übergeordnete Prinzipien wie allgemeine Grundsätze des Rechts, den Geist der Rechtsordnung oder Naturrecht rekurriert werden.[414] Vielmehr muss die Rechtsschöpfung sich von den Regelungszielen des neuen Gesetzes leiten lassen. Trotzdem soll von Rechtsschöpfung gesprochen werden, soweit weder eine extensive Auslegung zu einer Lösung führt, noch eine Regelung die Grundlage für eine Analogie bietet.

Das bedeutet weiter, dass in einem ersten Schritt das Regelungsziel des Gesetzes bestimmt werden muss. Im Anschluss muss untersucht werden, ob das Gesetz (wie es sich nach der Auslegung darstellt) dem Regelungsziel genügt.[415] Diese Lücke kann sich unter anderem daraus ergeben, dass durch historische

---

1983, S. 23; Schwacke, Peter, Juristische Methodik: mit Technik der Fallbearbeitung. 5. Auflage, Stuttgart 2011, S. 92.

409 Schröder, Jan: Recht als Wissenschaft: Geschichte der juristischen Methodenlehre in der Neuzeit (1500–1933). 2. Auflage, München 2012, S. 379.

410 Schwintowski, Hans-Peter: Juristische Methodenlehre. Frankfurt a. M. 2005, S. 84; Engisch, Karl: Einführung in das juristische Denken. 11. Auflage, Stuttgart 2010, S. 260, S. 241 f.

411 Canaris, Die Feststellung von Lücken im Gesetz, S. 39.

412 Schwintowski, Juristische Methodenlehre, S. 84;

413 Engisch, Einführung in das juristische Denken, S. 260.

414 Dazu Engisch, Einführung in das juristische Denken, S. 263 f.

415 Müller, Friedrich/Christensen, Ralph, Juristische Methodik, Band I: Grundlegung für die Arbeitsmethoden der Rechtspraxis. 10. Auflage, Berlin 2009, S. 388 (dort zur Analogie).

Auslegung ein bestimmter Plan des Gesetzgebers nachgewiesen wird, der im Gesetzestext nur unvollständig umgesetzt wurde.[416]

Das Konstrukt der vertraulichen Geburt hat der Gesetzgeber zum besseren Schutz des ungeborenen Lebens und der Gewährleistung der medizinischen Versorgung von Mutter und Kind geschaffen. Der Erfolg der vertraulichen Geburt und ihre Akzeptanz bei der Zielgruppe verlangen, dass die Identität der Mutter tatsächlich vertraulich bleibt. Das aber kann nur gelingen, wenn jedweder Zugriff von gleich welcher Seite ausgeschlossen ist. Gleichsam muss eine Möglichkeit gefunden werden, eine Strafbarkeit der Mutter auszuschließen. Denn das Verdikt strafbaren Verhaltens wirkt gleichfalls abschreckend. Dies gilt, obwohl bei Wahrung der Anonymität eine Strafverfolgung zunächst nicht zu befürchten ist, da das mit der Strafdrohung verbundene Unwert-Urteil erhalten bleibt.

Der Wille des Gesetzgebers, die vertrauliche Geburt zuzulassen, und der gleichzeitige Fortbestand von Teilen der (alten) Rechtslage, welche die vertrauliche Geburt verbieten, können nicht widerspruchsfrei nebeneinander bestehen.

Zur sinnvollen Ausgestaltung der vertraulichen Geburt sind daher die bestehenden Regelungen an entsprechender Stelle zu ergänzen.

Die Grenze der Schaffung neuen Rechts bilden die verfassungsrechtlichen Prinzipien der Rechtssicherheit und der Gewaltenteilung[417] sowie ausdrücklich normierte Analogieverbote (namentlich Art. 103 II GG).[418] Dabei ist zu berücksichtigen, dass einem Gesetz stets eine Abwägung verschiedener – mitunter gegenläufiger – Interessen zugrunde liegt, die nicht ausgehebelt werden darf. Auch der Vorbehalt des Gesetzes schränkt die Möglichkeiten der Rechtsfortbildung insbesondere dort ein, wo Dritten Pflichten oder Verbote auferlegt werden sollen.

VI. Evaluation der Neuregelung vor dem Hintergrund der bestehenden Angebote der anonymen Abgabe

Art. 8 verpflichtet die Bundesregierung, drei Jahre nach Inkrafttreten des Gesetzes zum Ausbau der Hilfen für Schwangere und zur Regelung der vertraulichen Geburt einen Bericht zu den Auswirkungen der auf Basis des Gesetzes ergriffenen Maßnahmen vorzulegen. Dadurch sollen die Bedeutung des Gesetzes als Teil des gesamten Hilfekonzeptes für Schwangere und die Auswirkungen auf die schon bestehenden Angebote der anonymen Abgabe überprüft werden. Konkret bedeutet

416 Müller/Christensen, Juristische Methodik I, S. 389

417 Zippelius, Reinhold: Juristische Methodenlehre. 10. Auflage, München 2010, S. 67.

418 Müller/Christensen, Juristische Methodik I, S. 388

dies, dass die Evaluation Informationen über die Nutzung von Babyklappen, die Einhaltung von Standards für deren Betrieb sowie über den Verbleib der abgegebenen Kinder enthalten soll.[419] Zu Recht hat der Bundesrat im Gesetzgebungsverfahren kritisiert, es fehle eine Pflicht zur Anmeldung von Babyklappen wie auch eine Informationspflicht betreffs der Nutzung der Angebote. Nur auf diesem Weg könne überhaupt eine Evaluation erfolgen.[420]

Tatsächlich wären entsprechende Meldepflichten nicht nur wünschenswert, sondern erforderlich gewesen, um Auswirkungen des Angebots der vertraulichen Geburt sinnvoll untersuchen zu können. Ferner hätte der Gesetzgeber die Gelegenheit nutzen müssen, die Neonatizide und Aussetzungen Neugeborener statistisch zu erfassen.[421] Dies hätte die Möglichkeit eröffnet, den Einfluss von Angeboten der anonymen oder der vertraulichen Geburt auf die Zahl der Kindstötungen/-aussetzungen insgesamt festzustellen.[422]

Die Bundesregierung schloss sich zwar den Bedenken des Bundesrates an, hatte aber nach den Stellungnahmen der Länder davon abgesehen, diesen eine Meldepflicht aufzuerlegen.[423] Der dem folgende Vorschlag der Länder, eine bundesgesetzliche Regelung zu schaffen, wurde von der Bundesregierung mit der Begründung abgelehnt, eine solche Regelung wäre deshalb problematisch, da Babyklappen mit dem Gesetzentwurf nicht geregelt würden.[424] An dieser Stelle

---

419 BT-Drucks. 17/12814, S. 24.

420 BT-Drucks. 17/13391, S. 4 f.

421 Damit ein Vergleich möglich geworden wäre, hätten die Behörden – anders als früher, als lediglich solche Taten, die unter § 217 StGB a. F. subsummiert worden waren, erfasst wurden – sämtliche Taten, die als Tötung eines Kleinstkindes zu qualifizieren sind, gesondert in die PKS aufnehmen müssen.

422 Der Referentenentwurf in der Fassung vom 14. Dezember 2012 hatte weitere Meldepflichten der Länder vorgesehen (§ 33 Nr. 5 und 6 des RE verpflichteten die Länder, dem Bundesamt für Familie und zivilgesellschaftliche Aufgaben Angaben zu Findelkindern und zu Ermittlungsverfahren wegen der Aussetzung und Tötung Neugeborener mitzuteilen). Aufgrund der Stellungnahmen der Länder in der Anhörung vom 19. Dezember 2012 wurde darauf verzichtet. Als Alternative dazu wurde vorgeschlagen, die entsprechenden Daten sollten durch die Befragung der Betreiber oder durch die Auswertung von Presseberichten erfolgen. Siehe dazu BT-Drucks. 17/13391, S. 8. Dass die Nutzung von Pressebereichten fehleranfällig und ungenau ist, wurde bereits dargelegt (unter B. I. 2.). Wie ohne eine Meldepflicht für Angebote der Babyklappe und der anonymen Geburt eine flächendeckende Befragung der Betreiber stattfinden soll, bleibt unklar.

423 BT-Drucks. 17/13391, S. 8.

424 BT-Drucks. 17/13391. S. 8.

offenbaren sich die Schwierigkeiten, die der Gesetzgeber mit der Neureglung hatte. Der Gesetzgeber wollte mit dem neuen Gesetz die anonyme Abgabe nicht regeln,[425] schreckte aber gleichzeitig davor zurück, sie explizit zu verbieten, aus der Sorge heraus, einzelne, in Not befindliche Schwangere könnten weder mit einer regulären noch einer vertraulichen Geburt erreicht werden.[426]

Desgleichen wurde konsequenterweise davon abgesehen, Babyklappen und anonyme Geburt einem gesetzlichen Standard zu unterwerfen. Immerhin hat der deutsche Verein für öffentliche und private Fürsorge Empfehlungen zu den Mindeststandards von Babyklappen herausgegeben.[427] Dadurch werden die Betreiber unter anderem dazu angehalten, über die Alternative der vertraulichen Geburt zu informieren,[428] wobei einzelne Anbieter dem augenscheinlich nicht nachkommen.[429]

Nachdem frühere Anläufe, die anonyme Abgabe zu erleichtern, gescheitert waren, war von Anfang an klar, dass die vertrauliche Geburt die herkömmlichen Angebote nicht ersetzen, sondern lediglich ergänzen sollte.[430]

---

425 BT-Drucks. 17/13391, S. 8. Deutlicher noch der Referentenentwurf, der die Babyklappen als dem Recht nicht genügend einordnete. Referentenentwurf des BMFSFJ vom 30.10.2012, S. 34.

426 So die Befürchtung des Bundesrates, der deshalb die Einbeziehung der anonymen Abgabe als „ultima ratio" in das Gesetz zur vertraulichen Geburt forderte, BT-Drucks. 17/13391, S. 1. Ähnlich auch die Bundesregierung, die indes eine Legalisierung der Babyklappe und der anonymen Geburt ablehnte und sich auf den Hinweis beschränkte, die bestehenden Angebote der anonymen Kindesabgabe würden durch das neue Gesetz nicht abgeschafft, BT-Drucks. 17/13391, S. 6 sowie S. 8.

427 Deutscher Verein für öffentliche und private Fürsorge e. V. (Hg.), Empfehlungen des Deutschen Vereins zu den Mindeststandards von Babyklappen vom 11.06.2013.

428 Deutscher Verein für öffentliche und private Fürsorge e. V., Empfehlungen des Deutschen Vereins zu den Mindeststandards von Babyklappen vom 11.06.2013, S. 11.

429 Kamann, Matthias: Babyklappen-Betreiber reißen Mindestanforderungen. In: Die Welt vom 24.12.2014. Ebenso wird bei mehr als 30 Internetauftritten von Klappenbetreibern der Eindruck erweckt, die Mutter habe lediglich acht Wochen Zeit, um ihr Kind zu sich zurückzunehmen, *ebenda*. Tatsächlich kann nach § 1747 II 1 BGB die Einwilligung überhaupt erst erteilt werden, wenn das Kind acht Wochen alt ist. Da das Adoptionsverfahren etwa ein Jahr dauert, hat die Mutter die Möglichkeit, das Kind innerhalb dieses Zeitraums zurückzunehmen.

430 BT-Drucks. 17/12814, S. 2.

VII. Änderung weiterer Vorschriften

1. Personenstandsgesetz[431]

a) *Inhalt der Anzeige*

Gemäß § 21 IIa 1 PStG werden nur das Geschlecht des Kindes und die gemäß § 21 IIa 2 PStG von der zuständigen Verwaltungsbehörde zu bestimmenden Namen sowie die Daten der Geburt aufgenommen. Damit ist zugleich bestimmt, welche Daten der Anzeigepflichtige zu machen hat.[432] § 18 II PStG ergänzt den Inhalt der Anzeige um das Pseudonym, das die Mutter gewählt hat und die gewünschten Vornamen (vgl. § 26 I Nrn. 1 und 2 SchKG).Die Vornamen hat das Standesamt an die zuständige Verwaltungsbehörde weiterzuleiten, damit dieses den Namen des Kindes festlegen kann, § 21 IIa 2 PStG. Das Pseudonym dient der Zuordnung des Herkunftsnachweises (vgl. §§ 26 VII, 27 II SchKG).

In Abweichung von § 10 I, III PStG sind nach § 10 IV PStG die Anzeigepflichtigen nicht zur Beibringung von Nachweisen oder zur Auskunft verpflichtet.

b) *Anzeigepflichtige*

aa) *Geburt in einer geburtshilflichen Einrichtung*

(1) Die Mutter

Da die elterliche Sorge der Mutter nach § 1674a S. 1 BGB ruht, ist sie auch nicht gemäß §§ 18 I 1 Nr. 1, S. 1 Nr. 1 PStG zur Anzeige der Geburt verpflichtet. Zwar behält die Mutter die Sorgerechtsposition an sich,[433] doch ist es ihr verwehrt, die Sorgerechtsbefugnisse auszuüben, § 1675 BGB.[434] Vor allem aber wäre es mit dem Ziel der vertraulichen Geburt nicht in Einklang zu bringen, müsste die Mutter die Geburt anzeigen.[435] Überdies ist der Träger der Geburtshilfeeinrichtung ohnehin nach § 20 S. 1 PStG zur Anzeige verpflichtet, während die Anzeigepflichtigen nach § 19 PStG nur betreffs solcher Angaben zur Auskunft verpflichtet bleiben, die der nach § 20 S. 1 PStG Verpflichtete nicht machen kann. Da der Träger der Einrichtung jedoch alle relevanten Angaben (vgl. dazu § 21 I Nrn. 1–3 PStG, IIa

---

431 Der Zusatz a. F. nimmt im Folgenden Bezug auf die Fassung des Personenstandsgesetzes vor dem 01.05.2014.

432 Ebenso Schwedler, NZFam 2014, 193 (195); Gaaz/Bornhofen-HK-PStG³/Gaaz, § 18 Rn. 18.

433 MüKo-BGB IX/*Hennemann*, § 1675 Rn. 1.

434 Siehe auch: MüKo-BGB IX/*Hennemann*, § 1675 Rn. 2.

435 I.E. auch Gaaz/Bornhofen-HK-PStG³/Gaaz, § 18 Rn. 35.

1 PStG) machen kann und wird, sodass keine weitere Anzeige vorgenommen werden muss,[436] hat die Mutter auch aus diesem Grund keine Anzeigepflicht und keine Auskunftspflicht nach § 20 S. 3 PStG.

(2) Der Vater

Der Vater ist, wenn er sorgeberechtigt ist, nach § 19 S. 1 Nr. 1, S. 2 PStG vorrangig zur Anzeige verpflichtet, falls er nicht – wie es der Regelfall sein dürfte – wegen Unkenntnis an der Anzeige gehindert ist. Hat der (sorgeberechtigte) Vater Kenntnis von der Geburt, ist er vor den anderen in § 19 PStG genannten Personen anzeigepflichtig. Ist er nicht sorgeberechtigt, hat aber dennoch Kenntnis von der Geburt, ist er nach § 19 S. 1 Nr. 2 PStG zur Anzeige verpflichtet.[437] Dann besteht seine Pflicht gleichrangig neben der Pflicht anderer Personen nach Nr. 2.[438] Auch hier entfällt aber wegen § 20 S. 1, 3 PStG die Anzeigepflicht.

bb) Geburt außerhalb einer geburtshilflichen Einrichtung

(1) Die Mutter

Für die Mutter ergeben sich keine Änderungen.

(2) Der Vater und andere Personen

Ähnlich wie bei der Geburt in einer geburtshilflichen Einrichtung kann der Vater – in Abhängigkeit von der Kenntnis der Geburt – zur Anzeige verpflichtet sein.[439]

Die zur Leistung von Geburtshilfe berechtigte Person, vgl. § 4 HebG, ist zur Anzeige verpflichtet, wenn der Vater an der Anzeige gehindert ist, § 19 S. 2 PStG. Ist der Vater vorrangig (weil er sorgeberechtigt ist und Kenntnis von der Geburt hat) zur Anzeige verpflichtet, bleiben die Geburtshelfer dennoch zur Anzeige berechtigt. Da die Geburtshelfer keinen Grund haben, die Anzeige nicht vorzunehmen, ergeben sich in der Praxis keine Probleme.

---

436 Gaaz/Bornhofen-HK-PStG³/Gaaz, § 20 Rn. 11.

437 Das setzt voraus, dass er bei der Geburt anwesend war oder sonst aus eigenem Wissen unterrichtet ist. Zwar geht der Gesetzgeber davon aus, der Vater wisse nichts von der Geburt, ausgeschlossen sind dessen Anwesenheit oder Kenntnis aber dennoch nicht.

438 Gaaz/Bornhofen-HK-PStG³/Gaaz, § 19 Rn. 10.

439 Der Reformgesetzgeber geht davon aus, der Vater könne durch eine Anzeige die vertrauliche Geburt verhindern, BT-Drucks. 17/12814, S. 16. Es ist aber ebenfalls möglich, dass der Vater mit der vertraulichen Geburt einverstanden ist und daher kein Interesse an einer Anzeige hat.

Mit der Vornahme der vollständigen Anzeige erlischt dann auch die Anzeigepflicht der anderen Verpflichteten (sprich des Vaters).[440]

c) *Beurkundung*

Da § 21 IIa PStG die Reichweite der Eintragung reduziert, sind die Angaben zur Geburt des Kindes weder unvollständig noch unrichtig, sodass § 46 PStG nicht zur Anwendung gelangt.[441] Das Pseudonym der Mutter wird, obwohl es Teil der Anzeige ist, nicht im Geburtenregister eingetragen.

d) *Ergänzung der Anzeige*

Entscheidet sich die Mutter, ihr Kind zu sich nehmen, muss sie die für den Geburtseintrag erforderlichen Angaben machen, damit die elterliche Sorge wieder auflebt, vgl. § 1674a S. 2 BGB. Anzugeben sind demnach die Informationen nach § 21 I PStG. Ausweislich der Materialien zum Reformgesetz gehören dazu nicht Angaben zum Vater.[442] Diese Einschätzung verblüfft, sieht doch § 21 I Nr. 4 PStG für die reguläre Beurkundung die Aufnahme des Vaters vor.[443] Der Wortlaut der §§ 1674a S. 2, 1747 IV 2 BGB lässt gleichfalls nicht erkennen, dass von dem üblichen Umfang der Beurkundung abgewichen werden sollte. Vor dem Hintergrund der gesetzgeberischen Intention können die Normen jedoch so ausgelegt werden, dass die Angaben der Mutter zu ihrer eigenen Person genügen.[444] Die Angaben sind dem Familiengericht gegenüber zu machen. Dennoch muss sichergestellt sein, dass die vollständigen Personenstandsdaten dem Standesamt bekannt werden, damit dieses das Geburtenregister vervollständigen kann. Da, sobald die Angaben der Mutter bekannt sind, keine vertrauliche Geburt mehr vorliegt, gelten die üblichen Anzeigepflichten der Beteiligten.

Will der Vater seine Rechte wahrnehmen, kann und muss er seine Identität und die der Mutter beim Standesamt melden (vgl. § 21 I Nr. 4 PStG) und seine

---

440 Gaaz/Bornhofen-HK-PStG³/Gaaz, § 19 Rn. 11.

441 Gaaz/Bornhofen-HK-PStG³/Gaaz, § 27 Rn. 36.

442 BT-Drucks. 17/12814, S. 16: Zu § 1747 IV 2 BGB wird dies explizit hervorgehoben. Aber auch betreffs § 1674a BGB geht der Gesetzgeber davon aus, die Mutter müsse nur ihre Personenstandsdaten angeben.

443 Vgl. Gaaz/Bornhofen-HK-PStG³/Gaaz, § 21 Rn. 41 ff. auch zur späteren Anerkennung und Feststellung des Vaters.

444 Ebenso Palandt, Otto: Bürgerliches Gesetzbuch mit Nebengesetzen. 76. Auflage, München 2017/*Götz*, § 1674a Rn. 3.

Rechte geltend machen.[445] Der Vater muss sämtliche Angaben machen, damit über die Mutter der Bezug zum Kind hergestellt werden kann.[446] De facto kann der Vater, selbst wenn er Kenntnis von der Schwangerschaft an sich hat, die Anzeige kaum vornehmen, wenn er den Aufenthaltsort der Mutter und/oder des Kindes nicht kennt.

Wird die Identität der Mutter nachträglich bekannt, ist sie nach § 27 III Nr. 1 PStG zu beurkunden. Gleiches gilt für die Identität des Vaters, wenn er Ehemann der Mutter ist. Wird seine Vaterschaft nach der Beurkundung der Geburt – andernfalls sind Vater und Mutter ohnehin bekannt und werden nach § 21 PStG ins Geburtenregister aufgenommen – anerkannt oder festgestellt, werden die Angaben nach § 27 I PStG ergänzt.[447]

2. Bürgerliches Recht

a) Verwandtschaft

An den verwandtschaftlichen Beziehungen hat sich gegenüber der alten Rechtslage nichts geändert. Ist die Mutter verheiratet, ist der Ehemann nach § 1592 Nr. 1 BGB der Vater des Kindes. Das Gesetz geht allerdings davon aus, nur Schwangere, die annähmen, anderen Personen sei ihre Schwangerschaft nicht bekannt, nähmen auch die vertrauliche Geburt in Anspruch.[448] Die verwandtschaftliche Beziehung des Vaters zum Kind besteht damit fort, läuft aber de facto leer. Handelt es sich um ein nichteheliches Kind, müsste die Vaterschaft anerkannt (§ 1592 Nr. 2 BGB) oder festgestellt (§§ 1592 Nr. 3, 1600d BGB, § 182 FamFG) werden. Mangels Wissen des Mannes um seine Vaterschaft scheitert hier bereits die Konstituierung der (rechtlichen) Vaterschaft.

Bei Anerkennung der Vaterschaft oder Feststellung wird die Mutter zwangsläufig bekannt, da nur über sie die Verbindung des Vaters zum Kind hergestellt werden kann.

---

445 Dazu BT-Drucks. 17/12814, S. 16.

446 Berkl, StAZ 2014, 65 (71). Ebenso BT-Drucks. 17/12814, S. 16.

447 Berkl, StAZ 2014, 65 (71). Siehe auch BT-Drucks. 17/13391, S. 6.

448 BT-Drucks. 17/12814, S. 16. Dem Gesetzgeber war bewusst, dass durch die Geheimhaltung der Identität der Mutter die elterliche Sorge des Vaters und das Recht des Kindes auf Kenntnis seiner Herkunft beeinträchtigt werden würden (BT-Drucks. 17/12814, S. 16). Aus der fehlenden Kenntnis des Vaters von der Schwangerschaft kann selbstverständlich nicht einfach der Schluss gezogen werden, der Vater habe kein Interesse an dem Kind.

b) *Bekanntwerden der Identität der Mutter*

aa) *Eigene Anzeige*

Um ihre elterliche Sorge zu reaktivieren, muss die Mutter dem Familiengericht gegenüber die für den Geburtseintrag ihres Kindes erforderlichen Angaben[449] machen, § 1674a S. 2 BGB. Das Familiengericht hat dies in einem Sorgerechtsverfahren festzustellen, vgl. § 151 Nr. 1 FamFG.[450] Mit dem Beschluss lebt kraft Gesetzes die elterliche Sorge der Mutter wieder auf. Der Nachweis der Mutterschaft kann regelmäßig durch das Zeugnis der Berater der Schwangerschaftsberatungsstelle sowie der beteiligten Hebammen geführt werden.[451]

Sobald die Mutter die entsprechenden Angaben gemacht hat, gilt ihr Aufenthalt nicht mehr als dauernd unbekannt, § 1747 IV 2 BGB. Ihre Einwilligung in die ausstehende Adoption wird wiederum erforderlich.

bb) *Sonstige Kenntnisnahme des Familiengerichts*

Fraglich ist, was geschieht, wenn die Identität der Mutter dem Familiengericht nicht von der Mutter selbst zur Kenntnis gebracht wird, sondern anderweitig bekannt wird. Denkbar ist vor allem der Fall, dass der Vater Kenntnis von der vertraulichen Geburt hat und mit dieser nicht einverstanden ist.

Nach dem Wortlaut beider Vorschriften (§§ 1674a, 1747 IV BGB) ändert dies nichts am Ruhen der Sorge oder der Entbehrlichkeit der mütterlichen Einwilligung. Teilweise wird davon ausgegangen, dieser Fall sei dem des § 1747 IV 2 BGB a. E. gleichzustellen.[452] Das Festhalten am Wegfall des Einwilligungserfordernisses sei vor dem Hintergrund des Elternrechts ein unzulässiger Formalismus.[453] Dem ist zuzugeben, dass in diesem Fall dem Familiengericht dieselben Tatsachen zur Kenntnis gelangen wie bei einer „Anzeige“ der Mutter. Im Fall des § 1747 IV 1 BGB ist der Aufenthaltsort als dauernd unbekannt anzusehen, wenn eine sechsmonatige Ermittlungstätigkeit ohne Erfolg bleibt.[454] Dem Umstand, dass mangels geeigneter Ansätze die Suche bei der vertraulichen Geburt von vornherein aussichtslos erscheint, trägt § 1747 IV 2 BGB Rechnung.[455] Dass bei Bekanntwerden

449 Zum Umfang oben unter 1 d).

450 Beck-OK-BGB[02-17]/*Veit*, § 1674a Rn. 14.

451 BMFSFJ, Die vertrauliche Geburt, S. 21.

452 Beck-OK-BGB[02-17]*Enders*, § 1747 Rn. 20.2. AA aber Reinhardt/Willmann/Kochems, JAmt 2015, 70 (72).

453 Beck-OK-BGB[02-17]/*Enders*, § 1747 Rn. 20, 20.2.

454 MüKo-BGB IX/*Maurer*, § 1747 Rn. 104.

455 BT-Drucks. 17/12814, S. 16.

der Mutter deren Aufenthaltsort nicht mehr (zwangsläufig) unbekannt ist, spricht ebenfalls für die Erforderlichkeit einer Einwilligung. Macht die Mutter selbst Angaben zu ihrer Person, bringt sie damit jedoch gleichzeitig zum Ausdruck, das Kind behalten zu wollen. Bedenkt man, dass § 1747 IV 2 BGB den Aufenthaltsort als unbekannt fingiert,[456] überzeugt es ungeachtet der Kenntnis des Familiengerichts von der Entbehrlichkeit der Einwilligung auszugehen. Das Elternrecht der Mutter wird keineswegs entwertet, denn die Erklärung gegenüber dem Familiengericht kann sie jederzeit nachholen. Solange sie dies nicht tut, liegt die Annahme nahe, dass sie die Entscheidung für die Adoption aufrechterhalten will.

Für die elterliche Sorge gilt das Gesagte erst recht, da ohne eine entsprechende Erklärung der Mutter nicht von deren Fürsorgebereitschaft ausgegangen werden kann.[457]

Angaben gegenüber der Beratungsstelle oder dem Standesamt genügen nicht.[458]

Ohnehin ist diese Konstellation praktisch nur denkbar, wenn der Vater dem Familiengericht den Namen der Mutter zur Kenntnis bringt. In diesen Fällen ist die Einwilligung des Vaters erforderlich, § 1747 I BGB, sodass ungeachtet der (fehlenden) Einwilligung der Mutter eine Adoption nicht abgeschlossen werden kann. Der Aufenthaltsort des Vaters ist dann schließlich nicht mehr nach § 1747 IV 1 Alt. 2 BGB dauernd unbekannt.

c) *Kindeswohlprüfung*

Eine Verfahren zur Prüfung des Kindeswohls nach §§ 1666 f. BGB bei Rücknahme des Kindes ist nicht explizit vorgesehen, bei zureichenden tatsächlichen Anhaltspunkten für eine Kindeswohlgefährdung aber von Amts wegen einzuleiten.[459] Die Inanspruchnahme der vertraulichen Geburt soll nicht zwangsläufig bedeuten, dass das Kindeswohl bei einer Rücknahme durch die Mutter gefährdet ist.[460] Dem ist entgegenzuhalten, dass die verfassungsrechtliche Zulässigkeit vor dem Hintergrund der Gewährleistungen des Art. 6 GG erfordert, dass das Kindeswohl gefährdet ist (Art. 6 II 2 GG), eine Verwahrlosung des Kindes droht (Art. 6 III GG) und kollidierende Grundrechte eine Einschränkung erlauben. Geht man mit

---

456 Vgl. auch Beck-OK-BGB[02-17]/*Enders*, § 1747 Rn. 20.2.

457 So auch (für die mütterliche Sorge) Zorn, Dagmar: Das Recht der elterlichen Sorge: Voraussetzungen, Inhalt, Schranken.3. Auflage, Berlin u. a. 2016, Rn. 258.

458 Zorn, Das Recht der elterlichen Sorge, Rn. 258.

459 Beck-OK-BGB[11-11]/*Veit*, § 1666 Rn. 52, 52.1; siehe auch Berkl, StAZ 2014, 65 (70).

460 Gsell, Beate et al (Hg.): beck-online.GROSSKOMMENTAR BGB. Stand 01.03.2017, München 2017/*Schwedler*, § 1674a Rn. 57. AA Kinderrechtekommission des Deutschen Familiengerichtstags, ZKJ 2013, 71 (73); Helms, FamRZ 2014, 609 (613).

der hier vertretenen Ansicht davon aus, dass das Leben des Kindes als widerstreitendes Grundrecht die Möglichkeit zur verfassungsrechtlichen Rechtfertigung der vertraulichen Geburt überhaupt erst eröffnet,[461] ergibt sich, dass eine Prüfung des Kindeswohls stets angezeigt ist. Zwar mag die einzelne Mutter niemals eine Gefahr für ihr Kind dargestellt haben, ob dem aber so ist, lässt sich ansonsten nicht zuverlässig ermitteln.

Ferner soll das Gericht die Mutter nach § 151 Nr. 1, 160 I 1 FamFG anhören.[462] Ergeben sich hieraus oder anderweit Anhaltspunkte für eine Kindeswohlgefährdung, hat der nach § 3 Nr. 2 a) RPflG zuständige Rechtspfleger die Sache dem Richter vorzulegen (§§ 5 I Nr. 2, 14 I Nr. 2 RPflG), der nach § 6 RPflG dann die ganze Angelegenheit bearbeitet. Sorgsam zu prüfen ist auch, ob die Trennung des Kindes von seiner Pflegefamilie wegen einer bereits bestehenden Bindung Anlass zu einer Kindeswohlprüfung bietet.[463] Um zu vermeiden, dass die mütterliche Sorge mit der Feststellung des Familiengerichts wieder auflebt und anschließend ggf. nach §§ 1666 f. BGB wieder entzogen werden muss, kann die Entscheidung über die elterliche Sorge nach § 21 I 1FamFG ausgesetzt werden.[464]

d) *Ermittlungspflichten*

Der Vater spielt vor allem für das Adoptionsverfahren eine Rolle, § 1747 I BGB. Ob ein Vater von Rechts wegen existiert,[465] ist dem Familiengericht (§§ 111 Nr. 4, 186 Nr. 1 FamFG) unbekannt. Nach § 1747 IV 1 Alt. 2 BGB ist die Einwilligung des Vaters entbehrlich, wenn sein Aufenthaltsort dauernd unbekannt ist. Dies gilt auch für den Fall, dass schon die Identität des Vaters nicht zu ermitteln ist.[466] Damit der Aufenthaltsort als dauernd unbekannt gilt, muss die Ermittlungstätigkeit für einen Zeitraum von sechs Monaten ohne Erfolg bleiben.[467] Der Aufenthaltsort der Mutter gilt bereits als dauernd unbekannt, § 1747 IV 2 BGB.

---

461 Es wird zu zeigen sein, dass nur das Leben eine hinreichend starke Gegenposition etwa zum Recht auf Kenntnis der eigenen Abstammung bildet.

462 BT-Drucks. 17/12814, S. 16.

463 Insbesondere zu Letzterem BVerfG NJW 2014, 2936. Zur Kindeswohlgefährdung auch Balloff, FPR 2013, 208.

464 Hahne, Meo-Micaela/Munzig, Jörg (Hg.): Beck'scher Online-Kommentar FamFG. 23. Edition, 01.07.2017, München 2017/*Burschel*, § 21 Rn. 13.

465 Vgl. dazu MüKo-BGB IX/*Maurer*, § 1747 Rn. 9 ff.

466 Palandt/*Götz*, § 1747 Rn. 9 m.w.N.

467 MüKo-BGB IX/*Maurer*, § 1747 Rn. 104.

Grundsätzlich wären zum Vater also Ermittlungen anzustellen. Fraglich ist, ob der Sinn der vertraulichen Geburt dem entgegensteht.[468] Zweifellos soll das Verfahren des SchKG die Geheimhaltung der Identität der Mutter gewährleisten. Gleichwohl soll die Rechtslage des Vaters durch die Neuregelungen des BGB nicht berührt werden.[469] Das, ebenso wie der folgende Gedanke, spricht dafür, eine Ermittlungspflicht anzunehmen: Die Rechte des Vaters, nicht zuletzt die Grundrechte, werden durch die Neuregelung bereits massiv eingeschränkt. Gerade vor dem Hintergrund der Entstehungsgeschichte sollte das Verhältnis der betroffenen Rechtspositionen nicht weiter zuungunsten des Vaters verschoben werden.[470] Solange die Mutter unbekannt ist, und der Vater nicht selbst entsprechende Angaben macht, bleibt die Suche indes ohnehin aussichtlos.

Zu Ermittlungen ist auch der Vormund verpflichtet. Ein umfassendes Ausforschungsverbot ähnlich dem des § 1758 BGB anzunehmen, scheidet mangels gesetzlicher Grundlage wegen des Vorbehalts des Gesetzes (Art. 20 III GG) aus.

Etwas anderes gilt, wenn die Mutter die Angaben in Gemäßheit des § 1747 IV 2 BGB macht. Dann existieren, wenn die Mutter den Vater kennt, Anhaltspunkte, die zur Ermittlung des Vaters dienen können, sodass das Familiengericht im Adoptionsverfahren von Amts wegen (§ 26 FamFG) Nachforschungen anzustellen hat.[471] Zwar sind Zwangsmittel gegen die Mutter insoweit unzulässig, doch genügt allein ihre Weigerung, den Vater zu benennen, nicht den Voraussetzungen des § 1747 IV 1 BGB.[472]

Wird die Identität der Mutter mittelbar bekannt, weil der Vater sie dem Familiengericht zur Kenntnis bringt, hängt der Gang des Adoptionsverfahrens maßgeblich von der Entscheidung des Vaters ab. Die Einwilligung der Mutter bleibt nach hier vertretener Auffassung entbehrlich.

Selbst bei Annahme einer umfassenden Ermittlungspflicht der Behörden wäre der Herkunftsnachweis als mögliches Beweismittel (§§ 26, 29 FamFG) nicht zugänglich. Das BaFzA muss (vgl. § 27 I SchKG) und kann die Vorlage des Her-

468 So Beck-OK-BGB$^{02\text{-}17}$/*Enders*, § 1747 Rn. 20.3; Pabst, Die rechtliche Stellung des leiblichen, nicht rechtlichen Vaters, S. 68.

469 BT-Drucks. 17/12814, S. 16.

470 Dazu oben unter V.

471 MüKo-BGB IX/*Maurer*, § 1747 Rn. 126; BGH NJW 2015, 1820 (1822).

472 BGH NJW 2015, 1820 (1823). Das gilt sogar für den nur leiblichen Vater, dem die Möglichkeit eingeräumt werden muss, in die Position des rechtlichen Vaters einzurücken, BGH NJW 2015, 1820.

kunftsnachweises nach § 142 II 1 Alt. 1 ZPO verweigern.[473] Den Beratern, die Kenntnis von der Mutter haben, steht ein Recht zur Auskunftsverweigerung nach § 29 II FamFG, § 383 I Nr. 6 ZPO (i.V.m. § 203 I Nr. 4a StGB) zu.[474]

e) Anspruch des Kindes auf Auskunft

Ein Anspruch des Kindes aus § 242 BGB gegen Ärzte, Hebammen und Mitarbeiter auf Auskunft besteht nicht. Das ausdifferenzierte Regelungssystem der § 31 f. SchKG lässt keinen Raum für einen derartigen Anspruch. Nur unter den in § 31 f. SchKG genannten Voraussetzungen und ab dem 16. Lebensjahr des Kindes besteht ein Einsichtsrecht. Ein Anspruch aus § 242 BGB würde die eigens geschaffene Regelung nicht nur überspielen, sondern stünde vielmehr deren Zweck direkt entgegen. Dass dem Recht des Kindes auf Kenntnis seiner Abstammung bei der Abwägung im Rahmen des Anspruchs ein erhebliches Gewicht zukommt,[475] vermag daran nichts zu ändern. Die verfassungsrechtliche Abwägung zwischen diesem Recht des Kindes und den anderen betroffenen Grundrechten liegt den §§ 31 f. SchKG zugrunde. Insbesondere das Recht des Kindes auf Leben hat insoweit Vorrang. Im Folgenden sieht § 32 I 2 SchKG ebenfalls eine Abwägung vor.[476]

f) Elterliche Sorge

Die elterliche Sorge der Mutter ruht nach § 1674a S. 1 BGB, wenn sie ihr Kind vertraulich geboren hat. Das führt dazu, dass die Mutter die Geburt nicht anzeigen muss, verfolgt jedoch in erster Linie den Zweck, ein Nebeneinander von mütterlicher Sorge und Vormundschaft zu verhindern.[477] Die elterliche Sorge

---

473 Zu § 142 ZPO Rauscher, Thomas/Krüger, Wolfgang (Hg.): Münchener Kommentar zum FamFG: Gesetz über das Verfahren in Familiensachen und in den Angelegenheiten der freiwilligen Gerichtsbarkeit (FamFG) mit Internationalem und Europäischem Zivilverfahrensrecht in Familiensachen (IZVR, EuZVR). 2. Auflage, München 2013/*Ulrici*, § 30 Rn. 28.

474 Rauscher Thomas/Krüger, Wolfgang (Hg.): Münchener Kommentar zur Zivilprozessordnung mit Gerichtsverfassungsgesetz und Nebengesetzen. 2. Band, 5. Auflage, München 2016/*Damrau*, § 383 Rn. 31. Dort auch zur verfassungsrechtlichen Kritik an einem derart weitgehenden Zeugnisverweigerungsrecht.

475 BGH NJW 2015, 1098 (3. und 4. LS).

476 Wie hier wohl auch BGH NJW 2015, 1098 (1101); offengelassen von BeckOGK[03-17]/*Schwedler*, § 1674a Rn. 55, die für Ärzte und Hebammen auf § 275 BGB abstellt.

477 BT-Drucks. 17/12814, S. 16; Schwedler, NZFam 2014, 193 (195).

des Vaters wird durch die Norm nicht berührt.[478] Sind die Eltern miteinander verheiratet, ist fraglich, ob der Vater dann nach §§ 1626 I 1, 1678 I HS. 1 BGB die alleinige Sorge innehat. § 1678 I BGB gilt indes nicht, wenn auch der andere Elternteil tatsächlich verhindert ist,[479] was für den Vater häufig der Fall ist. Jedenfalls in analoger Anwendung von § 1674 I BGB soll es möglich sein, das Ruhen der Sorge des Vaters anzuordnen.[480] Problematisch ist, dass § 1674 I BGB die Möglichkeit voraussetzt, dass der Elternteil die Sorge wieder ausüben kann.[481] Der Gesetzgeber geht demgegenüber davon aus, der Vater wisse nichts von der Geburt.[482] Trotzdem ist angesichts einer signifikanten Anzahl von Müttern, die nach einer anonymen Geburt ihre Anonymität aufgeben, die Erwartung begründbar, der sorgeberechtigte Vater werde – falls vorhanden – die Sorge zu einem späteren Zeitpunkt wieder ausüben können,[483] sodass eine Anordnung des Ruhens möglich ist.[484] Auch werden vermisste Eltern als klassische Fallgruppe des § 1674 I BGB verstanden.[485] Gleichwohl zeigt sich, dass die Reibungspunkte zwischen dem Recht der elterlichen Sorge und der anonymen Abgabe teilweise auch bei der vertraulichen Geburt bestehen.

Solange das Ruhen der väterlichen Sorge nicht angeordnet wird, besteht das bei der Mutter vermiedene Nebeneinander von elterlicher Sorge und Vormund-

---

478 Dies ist nach dem Wortlaut klar und wird in den Materialien explizit hervorgehoben, BT-Drucks. 17/12814, S. 16.

479 Staudinger, Julius v.: Kommentar zum Bürgerlichen Gesetzbuch: Staudinger BGB – Buch 4: Familienrecht: §§ 1638–1683 (Elterliche Sorge 2 – Vermögenssorge, Kindesschutz, Sorgerechtswechsel). 16. Auflage, Berlin 2016/*Coester*, § 1678 Rn. 8.

480 Harnisch, Babyklappe und anonyme Geburt, S. 80 ff. m.w.N.; Jancker, Susanne: Die anonyme Geburt: Der schmale Grat zwischen blinder Barmherzigkeit und reeller Hilfe. Diss. Univ. Rostock 2012. Shaker Verlag, Aachen 2012, S. 26.

481 MüKo-BGB IX/*Hennemann*, § 1674 Rn. 4; Palandt/*Götz*, § 1674 Rn. 1; Grunewald, Barbara/Maier-Reimer, Georg/Westermann, Harm Peter (Hg.): Erman Bürgerliches Gesetzbuch, Handkommentar mit AGG, EGBGB (Auszug), ErbbauRG, HausratsVO, LPartG, ProdHaftG, UKlaG, VAHRG und WEG. 2. Band, 14. Auflage, Köln 2014/*Döll*, § 1674 Rn. 2.

482 BT-Drucks. 17/12814, S. 16. Diese Einschätzung dürfte zutreffen, Coutinho/Krell, Anonyme Geburt und Babyklappen in Deutschland, S. 147 f.

483 Dazu Coutinho/Krell, Anonyme Geburt und Babyklappen in Deutschland, S. 192 f.: Etwa 60 % der Mütter, zu deren Kindern Angaben über den Verbleib vorlagen, gaben ihre Anonymität auf.

484 Harnisch, Babyklappe und anonyme Geburt, S. 80 ff. m.w.N.; Jancker, Die anonyme Geburt, S. 26; Mielitz, Anonyme Kindesabgabe, S. 68; andere Einschätzung bei Wiesner-Berg, Anonyme Kindesabgabe in Deutschland und der Schweiz, S. 103 f.

485 Mielitz, Anonyme Kindesabgabe, S. 67 f. m.w.N.

schaft fort. Es wäre vorzugswürdig, wenn die Sorge des Vaters ebenfalls mit der Geburt ruhte.

Kritisch zu bewerten ist überdies, dass einem Teil der betroffenen Väter die Ausübung der Sorge vorenthalten wird, ein anderer Teil wird daran gehindert nach § 1678 II BGB die alleinige Sorge zu erhalten.[486]

Macht der Vater seine Rechte geltend, ist zu differenzieren: Bei alleiniger Sorgeberechtigung der Mutter nach § 1626a III BGB kann der Vater die Übertragung der Sorge nach § 1678 II BGB analog[487] beantragen.[488] Die Entscheidung erfolgt vorbehaltlich des Kindeswohls und einer Prognose über das andauernde Ruhen der mütterlichen Sorge. Andernfalls übt der Vater – so das Ruhen seiner Sorge noch nicht angeordnet wurde – die elterliche Sorge nach § 1678 I BGB allein aus.[489]

Das Verfahren zur Entscheidung über das Ruhen der Sorge bedarf mangels entsprechender Vorschrift keines Antrags.[490] Ob die Voraussetzungen für ein Ruhen gegeben sind, ist gleichfalls von Amts wegen zu ermitteln, vgl. § 26 FamFG. Die Erhebung der entsprechenden Beweise richtet sich nach §§ 29, 30 FamFG.[491]

g) Name des Kindes

Da die Eltern des Kindes unbekannt sind, kann dessen Familienname nicht von dem der Eltern abgeleitet werden, wie es die §§ 1616 ff. BGB vorsehen. Stattdessen bestimmt die (nach Landesrecht) zuständige Verwaltungsbehörde den Familiennamen, § 21 IIa 2 PStG. Dabei finden die Vorschriften des Gesetzes über die Änderung von Familiennamen und Vornamen (NamÄndG) entsprechend Anwendung.[492]

Da die elterliche Sorge der Frau nach § 1674a S. 1 BGB mit der Geburt („vertraulich geborenes Kind“) ruht, fehlt ihr ab diesem Zeitpunkt das normalerweise

---

486 Der Vater scheitert regelmäßig schon daran, das Kind ausfindig zu machen. Denn selbst wenn er von der Geburt weiß, hat er keine Möglichkeit, den Aufenthaltsort des Kindes zu ermitteln. Insbesondere sind im Gesetz weder Auskunfts- noch Einsichtsrechte des Vaters vorgesehen, BT-Drucks. 17/13391, S. 3.

487 Da der Mutter die elterliche Sorge nie zustand, passt § 1678 II BGB nach seinem Wortlaut nicht. Die Interessenlage ist jedoch vergleichbar.

488 Erman-BGB[14]/*Döll*, § 1674a Rn. 2.

489 Erman-BGB[14]/*Döll*, § 1674a Rn. 2.

490 Vgl. Beck-OK-FamFG[07-17]/*Burschel*, § 23 Rn. 4.

491 Eckebrecht, Marc et al: Verfahrenshandbuch Familiensachen. 2. Auflage, München 2010)/*Paul*, § 2 Rn. 45.

492 Berkl, StAZ 2014, 65 (69).

aus der elterlichen Sorge erwachsende[493] Recht zur Bestimmung des Kindesvornamens.[494] Hat der Vater ebenfalls die elterliche Sorge inne, stünde das Recht zur Wahl des Kindesnamens ohnehin den Eltern gemeinsam zu.[495] Daher ist es konsequent, dass nach § 21 IIa 2 PStG die zuständige Verwaltungsbehörde in Anlehnung an die Vorschläge der Mutter die Vornamen bestimmt.[496]

Bei Bekanntwerden der Mutter wird der Name des Kindes in den ihm zukommenden geändert.[497]

h) *Vormundschaft*[498]

Da die Sorge der Mutter ruht, und der Ausübung der Sorge des Vaters – so ein (sorgeberechtigter) Vater vorhanden ist – dessen Abwesenheit entgegensteht, erhält das Kind einen Vormund nach § 1773 I Alt. 1.[499] Überzeugender ist es indes, die Vormundschaft auf § 1773 II BGB zu stützen, weil im Regelfall nicht zu ermitteln ist, ob das Kind unter elterlicher Sorge steht oder nicht. Dagegen kann nicht vorgebracht werden, der Familienstand sei zu ermitteln, vgl. § 1773 II BGB.[500] Denn der Zugriff auf den Herkunftsnachweis ist dem Familiengericht verwehrt.[501]

Es ist Aufgabe des Familiengerichts, die Vormundschaft anzuordnen, § 1774 BGB. Die zur Feststellung der Voraussetzungen erforderlichen Ermittlungen sind

---

493 MüKo-BGB IX/*v. Sachsen Gessaphe*, Anh. § 1618 Rn. 4.

494 Berkl, StAZ 2014, 65 (69). Selbst wenn die Frau die Wahl des Namens bereits vor der Geburt trifft (eine Auswahl des Vornamens vor der Geburt durch Einigung der Eltern ist grundsätzlich möglich. Staudinger, Julius v.: Kommentar zum Bürgerlichen Gesetzbuch: Staudinger BGB – Buch 4: Familienrecht: §§ 1616–1625 (Rechtsverhältnis Eltern – Kind). 15. Auflage, Berlin 2015/*Hilbig-Lugani*, § 1616 Rn. 26), ist die Bestimmung durch die Lebendgeburt des Kindes aufschiebend bedingt. Staudinger/*Hilbig-Lugani*, a. a. O. In diesem Moment verliert die Mutter aber ihre elterliche Sorge und damit auch das Recht zur Bestimmung des Vornamens.

495 MüKo-BGB IX/*v. Sachsen Gessaphe*, Anh. § 1618 Rn. 4. Wie Berkl, StAZ 2014, 65 (69) zutreffend anmerkt, ist dem Standesbeamten unbekannt, ob der Vater sorgeberechtigt ist.

496 Siehe auch Berkl, StAZ 2014, 65 (69).

497 BT-Drucks. 17/13774, S. 13.

498 Zur Auswahl des Vormunds: Jancker, Die anonyme Geburt, S. 29 ff. Zur Übernahme der Vormundschaft durch den Betreiber der Babyklappe etwa OLG Hamburg NJW-RR 2014, 579.

499 Beck-OK-BGB$^{02-17}$/*Veit*, § 1674a Rn. 6.1.

500 So Beck-OK-BGB$^{02-17}$/*Veit*, § 1674a Rn. 6.1.

501 Für § 1773 II BGB Beck-OGK$^{06-17}$/*Hoffmann*, § 1791c Rn. 27.

von Amts wegen durchzuführen, § 26 FamFG. Auch das Verfahren an sich ist mangels Antragserfordernis von Amts wegen einzuleiten.[502] Die grundsätzlich mögliche Anregung eines Verfahrens (§ 24 FamFG) wird von § 168a I FamFG verdrängt.[503]

Aufgabe des Vormundes ist es, die Eltern des Kindes zu ermitteln und auch Unterhaltsansprüche gegen diese durchzusetzen.[504] Eine Vorschrift, die dies verhindert, existiert zwar nicht,[505] jedoch ist die Suche mangels geeigneter Anhaltspunkte de facto aussichtslos. Wird wenigstens ein Elternteil bekannt, endet die Vormundschaft nach § 1882 BGB.

Gegebenenfalls ist zusätzlich eine Ergänzungspflegschaft nach §§ 1909 ff. BGB anzuordnen.

i) Unterhaltspflichten

Der Unterhaltsanspruch des Kindes gegen seine Eltern nach § 1601 BGB, der an die Verwandtschaftsbeziehung anknüpft, besteht fort, auch wenn die elterliche Sorge ruht. Dass die Unterhaltspflicht davon unberührt bleibt, verdeutlicht auch § 1612 II 2 BGB. Sie erlischt erst mit der Adoption, die das Verwandtschaftsverhältnis beendet, § 1755 I 1, 2 HS. 2 BGB. Bereits mit Erteilung der Einwilligung und Aufnahme des Kindes in die Obhut des Annehmenden ist allerdings dessen Unterhaltspflicht vorrangig, § 1751 IV 1 BGB. Das gilt auch, wenn die Einwilligung entbehrlich ist.[506]

Findet eine Adoption nicht statt, bleiben die Unterhaltsansprüche gegen die Eltern bestehen. Es gilt die regelmäßige Verjährungsfrist von drei Jahren.[507] Dem Beginn der Verjährung steht jedoch § 199 I Nr. 2 BGB entgegen, weil der Gläubiger – bzw. im Falle des minderjährigen Kindes dessen gesetzlicher Vertreter – keine Kenntnis von der Person des Schuldners hat.[508] Zudem hemmt § 207 I 1, 2 Nr. 2 lit. a). BGB die Verjährung bis zur Vollendung des 21. Lebensjahres des

---

502 Vgl. Beck-OK-FamFG[07-17]/*Burschel*, § 23 Rn. 4.

503 MüKo-FamFG/*Ulrici*, § 24 FamFG Rn. 2.

504 MüKo-BGB VIII/*Wagenitz*, § 1800 Rn. 4.

505 Henze, Christiane: Babyklappe und anonyme Geburt. In: Zorn, Dagmar (Hg.): Beiträge aus dem Fachbereich Rechtspflege. Diplomarbeit Hochschule für Wirtschaft und Recht Berlin. Berlin 2014, S. 53 f..

506 MüKo-BGB VIII/*Maurer*, § 1751 Rn. 17.

507 Heiß, Beate/Born, Winfried: Unterhaltsrecht: Ein Handbuch für die Praxis. 49. EL, Stand 1.1.2016, München 2016/*Heiß/Heiß*, 3. Kapitel Rn. 690.

508 OLG Schleswig, Beschluss vom 24.04.2009–3 W 69/08 (BeckRS 2009, 15939) m.w.N.

Kindes. Die Hemmung endet, wenn das Verhältnis zwischen Eltern und Kind durch Adoption aufgelöst wird.[509]

Anders als bei § 170 StGB besteht hier kein Ansatzpunkt für eine Rechtsfortbildung, welche die Unterhaltspflicht ausschlösse.

j) Adoption[510]

Will die Mutter die Anonymität nicht aufgeben, wird das Kind in der Folgezeit adoptiert. Anders als beim „klassischen Modell" der anonymen Abgabe, wo es einer Einwilligung der Mutter bedarf, stellt § 1747 IV 2 BGB die Mutter eines vertraulichen geborenen Kindes[511] so, als wäre ihr Aufenthaltsort dauernd unbekannt, was ihre Einwilligung gemäß § 1747 IV 1 Alt. 2 BGB entbehrlich macht.[512] Sobald die Mutter gegenüber dem Familiengericht die für den Geburtseintrag des Kindes erforderlichen Angaben (vgl. § 21 I PStG[513]) macht, wird ihr Aufenthaltsort nicht mehr als unbekannt fingiert,[514] sodass ihre Einwilligung erforderlich ist, § 1747 I 1 BGB. Da somit eine der Annahmevoraussetzungen fehlt,[515] muss der Annahmeantrag abgewiesen werden.[516] Die Mutter kann also das Adoptionsverfahren bis zum Annahmebeschluss beenden. Dies ist unter mehreren Gesichtspunkten problematisch.[517]

---

509 Palandt/*Ellenberger*, § 207 Rn. 4; Säcker, Franz Jürgen et al (Hg.): Münchener Kommentar zum Bürgerlichen Gesetzbuch. 1. Band, 7. Auflage, München 2015/*Grothe*, § 207 Rn. 8a mit Nachweisen auch zur Gegenauffassung (str.). Es ist erwägenswert, ob der Zweck des § 207 – nämlich die Wahrung des Familienfriedens (MüKo-BGB I/*Grothe*, § 207 Rn. 7) hier überhaupt zum Tragen kommt, da keine Familiengemeinschaft besteht. Es bietet sich an, § 207 BGB teleologisch zu reduzieren.

510 Der Referentenentwurf sah in § 29 Beratungspflichten der Beratungsstelle vor. Unter anderem musste die Beratungsstelle frühestens acht und spätestens vier Wochen vor dem Beschluss über die Annahme des Kindes die Mutter über die Rechtsfolgen der Adoption informieren.

511 Dies ergibt sich aus dem Verweis auf § 25 I SchKG. Die bloße Anonymität der Mutter genügt also nicht, Beck-OK-BGB[02-17]/*Enders*, § 1747 Rn. 20.

512 Da keine Ansätze zur Ermittlung der Identität der Mutter bestehen, sind Nachforschungen insoweit Mutter von vornherein aussichtlos (BT-Drucks. 17/12814, S. 16).

513 Zum Umfang der Angaben oben unter 1. d).

514 Beck-OK-BGB[02-17]/*Enders*, § 1747 Rn. 20.

515 Zu den Annahmevoraussetzungen: MüKo-FamFG/*Maurer*, § 197 Rn. 7.

516 MüKo-FamFG/*Maurer*, § 197 Rn. 35.

517 Auf der anderen Seite ist das Verfahren stark formalisiert, weil die mütterliche Sorge bereits mit der Geburt ruht und erst wieder auflebt, wenn das Familiengericht die

Zum einen kann aus der Trennung von der Pflegefamilie eine Kindeswohlgefährdung erwachsen.[518]

Zum anderen ist in § 1747 IV 2 BGB keine Höchstfrist vorgesehen. Dies wäre sowohl aus Gründen des Kindeswohlschutzes als auch der Rechtssicherheit für die Mutter, aber auch für potenzielle Adoptiveltern wünschenswert gewesen.[519] Die rein tatsächliche Dauer des Adoptionsverfahrens von etwa einem Jahr, wie sie vom Gesetzgeber vorausgesetzt wurde,[520] genügt dem nicht. Auch dem Ziel des Gesetzgebers, zu verhindern, dass Schwangere von der vertraulichen Geburt Abstand nehmen, weil sie fürchten ihr Kind dauerhaft zu verlieren,[521] hätte durch eine klare Frist besser Rechnung getragen werden können. Erst mit dem Annahmebeschluss (§ 1752 BGB, § 197 FamFG) endet der Schwebezustand, und eine Rücknahme des Kindes ist nur noch unter den engen Voraussetzungen des § 1760 BGB möglich.

Als problematisch erweist sich auch die Ungleichbehandlung vertraulich gebärender Mütter. Denn während eine Einwilligung in die Adoption, vgl. § 1747 I 1 BGB, aus Gründen des Kindesschutzes unwiderruflich ist, kann die Mutter eines vertraulichen geborenen Kindes bis zum Annahmebeschluss ihre quasi konkludent erteilte Einwilligung jederzeit „widerrufen".[522]

Die Einwilligung des Vaters wäre grundsätzlich erforderlich. Das gilt nach § 1747 I 2 BGB auch dann, wenn der leibliche Vater die Voraussetzung des § 1600d II 1 BGB glaubhaft macht. Damit würde zugleich die Identität der Mutter aufgedeckt.[523] Weil der Vater nicht ermittelt werden kann, ist seine Einwilligung in den meisten Fällen indessen entbehrlich.

Darlegung der erforderlichen Angaben feststellt. Da laut der Studie des Deutschen Jugendinstitutes (S. 160) knapp 78 % der Mütter anonym geborener Kinder ihre Anonymität zeitnah zur Geburt aufgaben, wäre ein Übergangszeitraum nach der Geburt vorzugswürdig.

518 Dazu schon oben unter c).

519 Kritisch auch Kinderrechtekommission des Deutschen Familiengerichtstags, ZKJ 2013, 71 (73).

520 BT-Drucks. 17/12814, S. 10. Ohnehin ging der Gesetzgeber davon aus, eine Rücknahme des Kindes erfolge zumeist kurz nach der Geburt (BT-Drucks. 17/12814, S. 17). Vor diesem Hintergrund wäre es ohne weiteres möglich gewesen eine Frist im Gesetz festzuschreiben.

521 BT-Drucks. 17/12814, S. 17.

522 Zum Vorstehenden: Kinderrechtekommission des Deutschen Familiengerichtstags, ZKJ 2013, 71 (73).

523 Beck-OK-BGB[02-17]/Enders, § 1747 Rn. 20.3.

Praktische Probleme ergeben sich aus der Schwebezeit dahingehend, dass mögliche Adoptiveltern womöglich vor einer Adoption zurückschrecken, weil sie sich nicht auf die unsichere Lage einlassen wollen.[524]

k) Eheschließung des vertraulich geborenen Kindes (§ 1307 BGB)

Bei der anonymen Geburt besteht theoretisch die Gefahr, dass ein heiratswilliges anonym geborenes Kind einen Partner zu ehelichen, der mit dem Kind verwandt ist. Die Verwandtenehe ist nach Maßgabe von § 1307 BGB unzulässig. Aufgrund des hohen Grades an Mobilität ist diese Gefahr jedoch praktisch ausgeschlossen.[525] Bei der vertraulichen Geburt kommt hinzu, dass das Kind frühestens mit der Vollendung des 16. Lebensjahres ehemündig wird, vgl. § 1303 II BGB. Zu diesem Zeitpunkt besteht bereits die Möglichkeit der Einsichtnahme nach § 31 I SchKG, sodass ein großer Teil der vertraulich geborenen Kinder bereits Kenntnis von seiner leiblichen Mutter hat. Seine Absicht zur Eheschließung kann das Kind im familiengerichtlichen Verfahren geltend mache, sodass jene bei der Abwägung nach § 32 I 2 SchKG berücksichtigt werden kann. Dennoch bleibt der Konflikt zwischen § 1307 BGB und dem fehlenden Wissen um die eigene Herkunft bestehen.[526]

l) Umgangsrecht, § 1684 BGB

Dass die Sorge der Mutter mit der Geburt ruht, wurde schon im Gesetzgebungsverfahren kritisiert.[527] Damit überhaupt eine Beziehung zwischen der Mutter und ihrem Kind aufgebaut werden kann, müsste zumindest das Umgangsrecht nach § 1684 BGB erhalten bleiben. Im Grundsatz ist auch der Elternteil, dessen Sorge ruht, zum Umgang berechtigt.[528] Soweit eine vertrauliche Geburt vorliegt, kann dem nicht gefolgt werden. Zwar berücksichtigt § 1674a BGB – wie auch § 1674 BGB es voraussetzt[529] – die Möglichkeit, dass die Mutter ihre Anonymität aufgibt und das Kind zu sich nimmt, doch solange die Sorge ruht, ist ebenso möglich,

524 Palandt/*Götz*, § 1747 R. 8.

525 Hepting, FamRZ 2001, 1573 (1583); AA Harnisch, Babyklappe und anonyme Geburt, S. 177.

526 Für die anonyme Geburt: Harnisch, Babyklappe und anonyme Geburt, S. 177.

527 *Werner Beulke* vor dem Ausschuss für Familie, Senioren, Frauen und Jugend, Protokoll Nr. 17/96, S. 43.

528 MüKo-BGB VIII/*Hennemann*, § 1675 Rn. 4. Für die vertrauliche Geburt ebenso BeckOGK[03-17]/*Schwedler*, § 1674a Rn. 42.

529 Unter f).

dass die Mutter dies nicht tut. Somit berücksichtigt die Norm zu diesem Zeitpunkt die Möglichkeit einer dauerhaften Trennung. Ein Umgangsrecht ist damit nicht zu vereinbaren. Es bliebe auch die Frage, wie die Mutter sich zu erkennen geben könnte, ohne ihre Identität offenzulegen (Gerade dafür gibt es ja § 1674a S. 2 BGB.). Das Konzept der vertraulichen Geburt würde konterkariert. Hier müsste und sollte der Gesetzgeber selbst für eine flexiblere Lösung Sorge tragen.

3. Staatsangehörigkeitsrecht

Nach § 4 II 2, 1 StAG gilt das vertraulich geborene Kind bis zum Beweis des Gegenteils als Kind eines Deutschen und erwirbt damit nach § 4 I 1 StAG die deutsche Staatsangehörigkeit. Stellt sich später heraus, dass kein Elternteil die deutsche Staatsangehörigkeit vermitteln konnte, verliert das Kind diese rückwirkend. Dies gilt allerdings nur, wenn das Kind das 12. Lebensjahr noch nicht vollendet hat. Andernfalls hat es die Staatsangehörigkeit gemäß § 3 II StAG erworben.[530]

4. Strafrecht

a) Personenstandsfälschung, § 169 I Alt. 3 StGB

Mangels einer Pflicht zur Anzeige der Geburt nach den Vorschriften des PStG macht sich die Mutter nicht wegen Personenstandsfälschung strafbar. Auch für den Vater ergeben sich in der Praxis keine Probleme.[531] Denn weder der zur Anzeige verpflichtete Träger noch die Geburtshelfer bei einer Hausgeburt haben Grund dazu, die Anzeige zu unterlassen. Daher läuft keiner der Beteiligten Gefahr, sich wegen Personenstandsfälschung strafbar zu machen.

b) Verletzung der Unterhaltspflicht, § 170 I StGB

Anders liegt es bei der Verletzung der Unterhaltspflicht. Der Gesetzgeber hat das StGB durch das neue Gesetz nicht angetastet und es auch – soweit ersichtlich – in den Gesetzgebungsmaterialien nicht erwähnt. Während das Vorgehen im Rahmen der vertraulichen Geburt infolge der Änderung des PStG nicht mehr nach § 169 StGB strafbar ist, sind die bürgerlich-rechtlichen Vorschriften zum Unterhalt unberührt geblieben. Ging man mit der wohl herrschenden Meinung davon aus, die Mutter erfülle bei Inanspruchnahme der anonymen Abgabe zu-

530 Hofmann, Rainer M. (Hg.): NomosKommentar: Ausländerrecht: AufenthG | AsylG (AsylVfG): GG | FreiZügG/EU | StAG: EU-Abkommen | Assoziationsrecht. 2. Auflage, Baden-Baden 2016/*Oberhäuser,* § 4 Rn. 11, 9.

531 Oben unter 1.

mindest den objektiven Tatbestand des § 170 I StGB,[532] so hat sich daran durch die Einführung der vertraulichen Geburt nichts geändert.[533]

Wiederum ist zu erwägen, ob die Frau ohne Vorsatz, § 16 I 1 StGB, handelt, weil sie davon ausgeht, der Lebensbedarf des Kindes sei nicht gefährdet. Ferner kommt eine Entschuldigung nach § 17 S. 1 StGB in Frage. Schon die Babyklappe betreffend wurde teilweise davon ausgegangen, angesichts der öffentlichen Werbung für einzelne Babyklappen und der staatlichen Förderung befinde sich die Mutter in einem unvermeidbaren Verbotsirrtum.[534] Bedenkt man, dass die vertrauliche Geburt zudem auf einer gesetzlichen Grundlage fußt, drängt sich die Annahme eines unvermeidbaren Verbotsirrtums auf. Trotzdem darf nicht verkannt werden, dass die Frage nach der Strafbarkeit der anonymen Abgabe rege umstritten war (und ist) und damit auch für die vertrauliche Geburt keineswegs pauschal von einem unvermeidbaren Verbotsirrtum ausgegangen werden darf.

In jedem Fall ist eine Lösung über die §§ 16, 17 StGB unbefriedigend, weil die Unwägbarkeiten der bisherigen Diskussion bestehen bleiben, und die Strafverfolgungsbehörden stets eine Einzelfallbewertung vornehmen müssen.

Vorzugswürdig ist eine andere Lösung, die sich aus der Figur der objektiven Zurechnung ergibt.[535] Denn die (potenzielle oder tatsächliche) Gefährdung muss kausal auf die Nichtleistung zurückzuführen sein.[536] Anerkanntermaßen genügt dafür nicht jeder Kausalbeitrag. Vielmehr muss der Erfolg dem Täter objektiv zugerechnet werden können. Demnach muss der Täter eine Gefahr geschaffen haben, und gerade diese Gefahr muss sich im tatbestandsmäßigen Erfolg realisiert haben.[537] Dabei genügt wiederum nicht jede Gefahr, sondern lediglich eine solche, die unerlaubt, rechtlich missbilligt oder verboten oder rechtlich relevant ist.[538] Die Inanspruchnahme der vertraulichen Geburt bewegt sich demgegenüber, da sie nach Maßgabe der §§ 25 ff. SchKG stattfindet, nicht nur im Rahmen des „sozialadäquaten Verhaltens", sondern ist sogar vom Gesetzgeber erwünscht. Der entstehende Widerspruch zwischen der gesetzgeberischen Intention und der nahezu

---

532 Oben unter C. II. 1.

533 Zutreffend Henze, Babyklappe und anonyme Geburt, S. 54.

534 Oben unter C. II. 1. a) aa) (3).

535 Dazu Kühl, Kristian: Strafrecht Allgemeiner Teil. 8. Auflage, München 2017, § 4 Rn. 43; Rengier, Rudolf: Strafrecht Allgemeiner Teil. 8. Auflage, München 2016, § 13 Rn. 38 ff.; Frister, Helmut: Strafrecht Allgemeiner Teil. 7. Auflage, München 2015, 10. Kapitel Rn. 1 ff.; Kühl/Heger-StGB/*Kühl*, § 15 Rn. 41 ff.

536 MüKo-StGB III/*Ritscher*, § 170 Rn. 57.

537 Kühl, Strafrecht AT, § 4 Rn. 43 m.w.N.

538 Zu den verschiedenen Formulierungen abermals Kühl, Strafrecht AT, § 4 Rn. 43.

zwangsläufigen Verwirklichung des § 170 I StGB lässt sich sinnvoll nur durch eine Straffreistellung der vertraulichen Geburt auflösen. Die Gefährdung des Lebensbedarfs ist daher der Mutter nicht objektiv zurechenbar. Das Gleiche gilt für den Vater, wobei dieser oft mangels Kenntnis der Geburt ohne Vorsatz handelt.

Demgegenüber kann es nicht genügen, lediglich umfassenden prozessualen Schutz in Form von Zeugnisverweigerungsrechten und Beschlagnahmeverboten zur Verfügung zu stellen, da das Unwert-Urteil der Strafbarkeit erhalten bliebe.

Art. 103 II GG steht dem nicht entgegen, da eine Täterbegünstigung vorliegt.

Das soeben Gesagte gilt, solange die Geburt vertraulich bleibt. Machen der Vater und/oder die Mutter die notwendigen Angaben zum Personenstand, gelten die allgemeinen Regeln.

c) *Entziehung Minderjähriger, § 235 StGB*

Wie bei der anonymen Abgabe wird eine Strafbarkeit nach § 235 I Nr. 1 StGB zumeist am Vorhandensein des qualifizierten Tatmittels scheitern.

d) *§ 203 StGB*

Die Gefahr einer Strafbarkeit nach § 203 I Nr. 4a StGB trifft die Mitglieder und Beauftragten der Beratungsstelle, denen ein Zeugnisverweigerungsrecht zusteht,[539] sodass sie zur Geheimhaltung der Identität der Mutter verpflichtet sind. Der Verfahrensstandschafter nach § 31 III 1 SchKG kann sich nach § 203 I StGB strafbar machen, wenn er auf einem der dort aufgezählten Berufsfelder tätig ist.

5. Strafprozessrecht

a) *Zeugnisverweigerungsrecht*

Bei der herkömmlichen anonymen Abgabe lief die Mutter Gefahr, sich infolge der Abgabe des Kindes strafbar zu machen, sodass die Staatsanwaltschaften verpflichtet waren, einzuschreiten. Zwar macht sich die Mutter nach hier vertretener Ansicht bei der vertraulichen Geburt selbst nicht strafbar,[540] doch es besteht das Risiko, dass die Berater mitunter Informationen über andere Straftaten erhalten, welche im Umfeld der Mutter oder von ihr selbst begangen werden, weil sich das Beratungsgespräch naturgemäß nicht auf die Schwangerschaft an sich beschränken kann, sondern, wenn es eine Hilfestellung sein will, auch die Lebensum-

539 Dazu sogleich unter 5. a).

540 Soeben unter 5.

stände[541] der Schwangeren erfassen muss.[542] Der Zugriff auf diese Informationen vermittels der Zeugenaussage eines Beraters ist den Strafverfolgungsbehörden jedoch verwehrt.[543] Denn die oben aufgeführten Gründe[544] für die Ablehnung eines Zeugnisverweigerungsrechts verfangen hier nicht.

Wie es § 53 I 1 Nr. 3a StPO voraussetzt, handelt es sich um etwas, das den Beratern[545] in eben dieser Eigenschaft bekannt geworden ist, wenn tatsächlich eine Beratung nach dem SchKG vorliegt.

Die Beratung nach § 2 IV SchKG schließt von vornherein die Möglichkeit einer vertraulichen Geburt ein. Zwar ist das Gespräch ergebnisoffen zu führen, doch setzt es bereits voraus,[546] dass die Schwangere eine vertrauliche Geburt in Erwägung zieht. Entscheidet sich die Frau nach einer weiteren Beratung (§ 25 I, II SchKG) für eine vertrauliche Geburt, muss sie ihre Identität gegenüber der Beratungsstelle nach § 26 II 2 SchKG offenlegen und nachweisen. Zwar findet wie bei der anonymen Abgabe die Beratung bisweilen unmittelbar vor der Geburt statt, anders als bei der anonymen Abgabe ist dies bei der vertraulichen Geburt aber unschädlich. Die Beratung nach §§ 2 IV, 25 I SchKG ist genau auf diesen Fall zugeschnitten. Solange sie während der Schwangerschaft stattfindet, und die Frau ihre Anonymität wahren will, ist den Anforderungen Genüge getan. Die Systematik des Gesetzes zwingt aus den vorgenannten Gründen – anders als bei der anonymen Abgabe – zu keiner anderen Beurteilung.

Es kommt hinzu, dass bei Kenntnis der Strafverfolgungsbehörden von Beratungsinhalten womöglich Rückschlüsse auf die Identität der Mutter gezogen werden könnten. Dies aber muss, wie § 27 I und § 26 III 1 SchKG zeigen, unzulässig sein. Das Gleiche gilt erst recht für den direkten Zugriff auf die Personenstandsdaten der Mutter.

---

541 Dabei dürften regelmäßig auch Details über das Privat- und gar Intimleben der Frauen bekannt werden.

542 Siehe dazu auch: KK-StPO/*Senge*. § 53, Rn. 21.

543 Einen Zugriff der Strafverfolgungsbehörden befürchtet auch Beulke, Werner: Zeugnisverweigerungsrechte im Zusammenhang mit der anonymen Kindesabgabe. In: Hefendehl, Rohland/Hörnle, Tatjana/Greco, Luis (Hg.): Festschrift für Bernd Schünemann zum 70. Geburtstag am 1. November 2014: Streitbare Strafrechtswissenschaft. Berlin 2014, S. 871 f.

544 Oben unter C. III. 1., 2.

545 Zur Gruppe der zeugnisverweigerungsberechtigten Personen sogleich.

546 „Einer Schwangeren, die ihre Identität nicht preisgeben und die ihr Kind nach der Geburt abgeben möchte(…)".

Ebenso verhält es sich, wenn die Frau nach der Erst- oder der Zweitberatung die Entscheidung fällt, ihre Anonymität aufzugeben und damit auf die Vertraulichkeit der Geburt verzichtet. Das System zweier, aufeinanderfolgender Beratungen, die nicht zwingend zu einer vertraulichen Geburt führen müssen, dieser vielmehr beide vorgeschaltet sind (vgl. auch § 26 I SchKG), zeigt, dass die Beratungen sich an jede Schwangere wendet, die wünscht, das Kind anonym abzugeben. Auch hier bleibt der Inhalt des Gesprächs dem Zugriff der Strafverfolgungsbehörden entzogen.

Demgegenüber steht den Beratern kein Zeugnisverweigerungsrecht zu, wenn die Frau die vertrauliche Geburt ablehnt, und im Folgenden eine anonyme Abgabe anvisiert wird, wie es auch nach Einführung der vertraulichen Geburt bisweilen geschieht.[547] Während die Inhalte des Gesprächs geschützt bleiben, solange eine vertrauliche Geburt im Raum steht, besteht kein Zeugnisverweigerungsrecht mehr, sobald der Boden des SchKG verlassen wird. Unproblematisch ist diese Unterscheidung, vor allem in der Praxis, nicht, weil es zwischen verschiedenen Beratungsgesprächen keine klare Zäsur geben wird. Dem Rechtsunkundigen wird es umso schwerer fallen, festzustellen, wann seine Aussage noch geschützt ist. Da die Geheimhaltung des Gesprächsinhalts für den Schutz des Vertrauensverhältnisses[548] zwischen dem Berater und der Schwangeren von großer Wichtigkeit ist, sollten die Berater die Schwangere dann in deren eigenem Interesse darauf aufmerksam machen und damit zugleich die der herrschenden Auffassung in der Rechtwissenschaft widersprechenden, beharrlich kolportierten Behauptung aufgeben, sie besäßen ein Zeugnisverweigerungsrecht.[549]

Eine Ausdehnung des Schutzes, wäre sie auch im Sinne der Rechtssicherheit und des Vertrauensschutzes der Schwangeren, stünde im Widerspruch zur Entscheidung des Gesetzgebers, die anonyme Abgabe unangetastet zu lassen.[550] Sollte sich nicht ermitteln lassen, welchem Teil der Beratung ein Teil des Gesprächs zuzuordnen ist, besteht im Zweifel ein Zeugnisverweigerungsrecht.

Von einem Zeugnisverweigerungsrecht der Berater muss (implizit) auch der Gesetzgeber ausgegangen sein. Denn er unterstellt eine Strafbarkeit nach § 203 I Nr. 4a StGB für den Fall der Offenbarung der Identität der Mutter.[551] Strafbar ist

547 Bleiker Carla: Vertrauliche Geburt – Hilfe für Schwangere in Not?, Bericht der Deutschen Welle v. 1.05.2014.

548 KK-StPO/*Senge*. § 53, Rn. 1.

549 Diese Rechtsauffassung lässt sich z. B. noch auf der Seite des Moses Projekts finden: http://www.moses-projekt.de/html/zeugnisverweigerungsrecht.html [Stand 21.08.2017].

550 BT-Drucks. 17/13391. S. 8.

551 BT-Drucks. 17/12814, S. 19.

die Offenbarung aber nur dann, wenn dem Täter ein Zeugnisverweigerungsrecht zusteht. Andernfalls geht die Zeugnispflicht der Schweigepflicht vor.[552]

Das Zeugnisverweigerungsrecht erstreckt sich auf sämtliche Umstände, die für die Beratung bedeutsam sind.[553] Erfasst sind alle in unmittelbarem und innerem Zusammenhang mit der Erfüllung der beruflichen Aufgabe (der Beratung) stehenden Umstände.[554] Es unterfallen also unter anderem sämtliche Angaben zur Identität der Mutter dem Recht zur Zeugnisverweigerung. Darüber hinaus ist es unerheblich, ob sich das Ermittlungsverfahren gegen die beratene Person selbst oder gegen andere Personen richtet,[555] sodass auch Äußerungen der Mutter über Dritte erfasst sind.

Zur Verweigerung des Zeugnisses sind die Mitarbeiter und Beauftragten der Schwangerschaftsberatungsstelle im Sinne von §§ 3 und 8 SchKG berechtigt. Das setzt voraus, dass die betreffenden Personen – ob sie in einem Dienstverhältnis mit der Beratungsstelle stehen oder nicht – mit der Beratung der Ratsuchenden beauftragt sind.[556] Sonstigen Mitarbeitern der Beratungsstelle kommt ein abgeleitetes Zeugnisverweigerungsrecht[557] zu, soweit ein unmittelbarer Zusammenhang zwischen der Hilfeleistung und der Berufstätigkeit des Hauptberufsträgers – also der Beratung – besteht.[558] Für die Geburtshelfer besteht ein Zeugnisverweigerungsrecht nach § 53 I 1 Nr. 3 StPO. Die bei einer Hausgeburt bestehende Anzeigepflicht der Hebamme[559] ist gerade auf Informationen zur Geburt selbst beschränkt und ändert nichts an diesem Grundsatz.[560]

---

552 LG Köln NStZ 2002, 332 (333); Kühl/Heger-StGB/*Heger*, § 203 Rn. 24 m.w.N. Für ein Zeugnisverweigerungsrecht bei Aufnahme der vertraulichen Geburt in das System der Schwangerenberatung auch Elbel, Rechtliche Bewertung anonymer Geburt und Kindesabgabe, S. 384.

553 Beck-OK-StPO[01-17]/*Huber*, § 53 Rn. 19; KK-StPO/*Senge*. § 53, Rn. 21.

554 Meyer-Goßner, Lutz/Schmitt, Bertram: Strafprozessordnung: Gerichtsverfassungsgesetz, Nebengesetze und ergänzende Bestimmungen. 60. Auflage, München 2017/*Schmitt*, § 53 Rn. 7.

555 Knauer, Wolfgang/Kudlich, Klaus/Schneider, Hartmut (Hg.): Münchener Kommentar zur StPO. 1. Band, 1. Auflage, München 2014/*Percic*, § 53 Rn. 8 m.N. Erfasst sind auch Tatsachen, die der Geheimnissphäre eines Dritten angehören, Beck-OK-StPO[7-16]/Huber, § 53 Rn. 7.

556 KK-StPO/*Senge*. § 53, Rn. 20.

557 Meyer-Goßner/Schmitt-StPO/*Schmitt*, § 53a Rn. 7.

558 Meyer-Goßner/Schmitt-StPO/*Schmitt*, § 53a Rn. 2.

559 Oben unter 1. b) bb) (2).

560 Zu § 53 I 1 Nr. 3 StPO bei der anonymen Abgabe: Wiesner-Berg, Anonymen Kindesabgabe in Deutschland und der Schweiz, S. 265 ff.

Dass durch das Zeugnisverweigerungsrecht womöglich die Identität der Mutter auf Dauer verborgen bleibt, steht, anders als bei der anonymen Abgabe dem nicht entgegen, da dies genau dem Konzept der vertraulichen Geburt entspricht.

Im Ergebnis besteht daher ein umfassendes Zeugnisverweigerungsrecht für die an der vertraulichen Geburt Beteiligten.

Erhält das Kind nach § 31 SchKG Einsicht in den Herkunftsnachweis, besteht kein Zeugnisverweigerungsrecht mehr. Zwar sieht § 31 I SchKG nur ein Recht des Kindes zur Einsicht vor, doch ist damit zugleich festgestellt, dass schutzwürdige Interessen der Mutter nicht (mehr) bestehen. Denn Zweck der vertraulichen Geburt ist (u. a.) der Schutz der Mutter und ihrer Rechte, nicht aber der Schutz vor Strafverfolgung über diesen Schutz hinaus. Das Gesetz lässt auch nicht erkennen, dass dem Kind nun umgekehrt ein Interesse an der Geheimhaltung der Identität seiner Mutter zugesprochen würde.

b) Beschlagnahme und Herausgabe des Herkunftsnachweises

Um die Identität der Mutter zu erhalten, ist es für die Strafverfolgungsbehörden ebenso von Interesse, auf den Herkunftsnachweis zuzugreifen. Dies ist unter den Voraussetzungen des § 94 I StPO mittels Herausgabeverlangens (§ 95 I StPO) oder wahlweise[561] im Wege der Beschlagnahme (§ 94 II StPO) möglich.[562]

Sollte der Zugriff erfolgen, solange der Herkunftsnachweis sich noch im Gewahrsam der Beratungsstelle befindet, sind keine Besonderheiten zu beachten.

Wird das Herausgabeverlangen dagegen an das BaFzA gerichtet, ist es nicht auf § 95 I StPO zu stützen, sondern auf ein Amtshilfeersuchen[563] oder präziser: auf eine von § 96 StPO als bestehend vorausgesetzte Pflicht staatlicher Stellen zur Aktenvorlage.[564] Zusätzlich ist nach herrschender Meinung eine Beschlagnahme

---

561 Keiner der beiden Möglichkeiten kommt ein grundsätzlicher Vorrang zu, MüKo-StPO/*Hauschild*, § 97 Rn. 5.

562 Strittig ist, ob Behördenakten Gegenstände im Sinne des § 94 StPO seien, vgl. KG Berlin NStZ 1989, 541 (541).

563 MüKo-StPO I/*Hauschild*, § 97 Rn. 10; Graf, Jürgen-Peter (Hg.): Beck'scher Online-Kommentar StPO mit RiStBV und MiStra. 27. Edition, Stand 01.01.2017, München 2017/*Ritzert*, § 95 Rn. 3. Das Verwaltungsverfahrensgesetz des Bundes etwa nennt in § 5 I Nr. 4 das Vorhandensein von Urkunden als Grund für ein Amtshilfeersuchen.

564 Wolter, Jürgen (Hg.): SK-StPO: Systematischer Kommentar zur Strafprozessordnung: Mit GVG und EMRK. Band II. §§ 94–136a StPO. 4. Auflage, Ort 2010/*Wohlers* § 96 Rn. 1; MüKo-StPO I/*Hauschild*, § 96 Rn. 1 m.w.N.

auf der Grundlage von § 94 II StPO auch zulässig, wenn sich der Gegenstand im Gewahrsam einer Behörde befindet.[565]

Voraussetzung ist, dass ernsthaft anzunehmen ist, der Herkunftsnachweis (und damit letztlich die Identität der Mutter) könne zur Förderung des verfahrensrelevanten Erkenntnisstandes etwas beitragen.[566] Dies ist der Fall, soweit die Ermittlungen eigene Straftaten der Mutter betreffen oder solche, zu denen sie eine Aussage als Zeugin machen kann.

Dem Herausgabeverlangen beziehungsweise der Beschlagnahme können indes jeweils §§ 96, 97 StPO entgegenstehen.[567]

aa) Herkunftsnachweis im Gewahrsam des Beraters/der Beratungsstelle

Eindeutig ist, dass der Herkunftsnachweis keine Mitteilung zwischen dem Beschuldigten und den Zeugnisverweigerungsberechtigten nach § 97 I Nr. 1 StPO ist.[568]

Fraglich ist aber, ob es sich um Aufzeichnungen im Sinne von § 97 I Nr. 2 StPO handelt. Wie gezeigt,[569] beinhaltet der Herkunftsnachweis Umstände, auf die sich das Zeugnisverweigerungsrecht erstreckt. Aufzeichnungen sind Wahrnehmungen und Überlegungen des Zeugnisverweigerungsberechtigten auf Papier oder anderem Material, die keine Mitteilungen an Dritte enthalten.[570] Es handelt sich zumindest nicht um bloße Überlegungen des Zeugnisverweigerungsberechtigten zu den ihm anvertrauten Informationen. Doch auch die Einordnung als Wahrnehmung in diesem Sinne ist zweifelhaft, weil nicht lediglich ein Protokoll über die Eindrücke aus dem Gespräch erstellt wird, sondern vielmehr ein förmlicher

565 BGH NStZ 1992, 394 (396); Park, Tido: Durchsuchung und Beschlagnahme. 3. Auflage, München 2015, Rn. 612 jeweils m.w.N. auch zur Gegenansicht; KG Berlin NStZ 1989, 541 (541 f.)).

566 SK-StPO/*Wohlers*, § 94 Rn. 28.

567 SK-StPO/*Wohlers*, § 95 Rn. 7.

568 Ein Herausgabeverlangen nach § 95 I StPO kann grundsätzlich mittels Zwangsgelds nach § 95 II 1 StPO durchgesetzt werden. Da die Berater jedoch zur Verweigerung des Zeugnisses berechtigt sind, kann gegen sie nach § 95 II 2 StPO kein Zwangsgeld festgesetzt werden. Die Beschlagnahme bleibt aber weiterhin möglich, MüKo-StPO I/*Hauschild*, § 95 Rn. 20 m.w.N.

569 Soeben unter a).

570 Pfeiffer, Gerd: Strafprozessordnung: Kommentar, 5. Auflage, München 2005, § 97 Rn. 3.
Löwe-Rosenberg: Die Strafprozeßordnung und das Gerichtsverfassungsgesetz: Großkommentar. Dritter Band. §§ 94–111p. 26. Auflage, Berlin u.a. 2014//*Menges*, § 97 Rn. 72.

Nachweis über die Herkunft des Kindes, vgl. § 26 II SchKG. Dieser ließe sich zwar noch unter den Wortlaut „Aufzeichnung“ subsumieren, doch weist eine systematische Überlegung in eine andere Richtung: § 97 II 1, 2 StPO beschränken das Beschlagnahmeverbot auf die Fälle, in denen der Gegenstand im Gewahrsam[571] des Beraters oder der Beratungsstelle ist. Da das Beschlagnahmeverbot eine Umgehung des Zeugnisverweigerungsrechts verhindern soll[572] – was die Zeugen nicht aussagen müssen, soll nicht aus ihren Unterlagen erforscht werden können[573] – legt das Erfordernis des Gewahrsams nahe, dass in Nr. 2 Notizen und Unterlagen gemeint sind, welche der Zeugnisverweigerungsberechtigte als Gedächtnisstütze angefertigt hat und selbst verwahrt.[574] Eine andere Beurteilung ergibt sich auch nicht daraus, dass der Herkunftsnachweis zunächst noch im Gewahrsam der Beratungsstelle ist, da er an das BaFzA übersandt werden muss, sobald die Beratungsstelle Kenntnis von der Geburt des Kindes erlangt, § 27 I SchKG. Bestimmungsgemäß befindet sich der Nachweis also – anders als § 97 II StPO antizipiert – langfristig im Gewahrsam der Behörde.

Überdies soll § 97 StPO ohnehin nur gelten, wenn sich das Verfahren gegen den Mandanten des Geheimnisträgers richtet.[575]

Gleichermaßen scheidet ein Beschlagnahmeverbot nach § 97 I Nr. 3 StPO aus, wenngleich die Einordnung des Herkunftsnachweises als „anderer Gegenstand“ denkbar wäre.

bb) Herkunftsnachweis im Gewahrsam des Bundesamts für Familie und zivilgesellschaftliche Aufgaben

Dem Zugriff auf Dokumente, die sich in der Verwahrung einer Behörde befinden,[576] kann § 96 S. 1 StPO entgegenstehen. Zwar wird der Herkunftsnachweis in Erfüllung dienstlicher Pflicht in Obhut gehalten (vgl. § 27 I SchKG),[577] und befindet sich damit in amtlicher Verwahrung, doch ist es praktisch ausgeschlos-

---

571 Zum Gewahrsam MüKo-StPO I/*Hauschild*, § 97 Rn. 20.

572 KK-StPO/*Greven*, § 97 Rn. 1 m.w.N.

573 BGH NJW 1992, 763 (764): Zu beachten ist, dass der BGH von *ihren* Unterlagen spricht. Ähnlich auch die Formulierung in den Gesetzesmaterialien: BT-Drucks. 1/3713, S. 49.

574 Als Beispiele für Aufzeichnungen im Sinne von Nr. 2 werden von Pfeiffer-StPO, § 97 Rn. 3 u. a. genannt: Karteien, Krankenblätter, Handakten, Entwürfe von Verträgen und Schriftsätzen.

575 Beulke, Werner: Strafprozessrecht. 13. Auflage, Heidelberg 2016, Rn. 248.

576 KK-StPO/*Greven*, § 96 Rn. 3.

577 KK-StPO/*Greven*, § 96 Rn. 5.

sen, dass das Bekanntwerden des Inhalts des Herkunftsnachweises dem Wohl des Bundes oder eines Landes Nachteile bereiten würde. Als weitere Gründe für eine Sperrerklärung kommen die konkrete Gefährdung eines Menschenlebens bei Vorlegung,[578] in einzelnen Fällen – unter Berücksichtigung des Strafverfolgungsinteresses – der Schutz der Intimsphäre[579] in Betracht sowie nach einer teilweise vertretenen Auffassung die in § 37 IV BeamtStG genannten Gründe.[580] Problematisch ist, dass die Behörde in casu, selbst wenn sie Kenntnis vom Inhalt des Herkunftsnachweises hätte,[581] mangels Wissen über die Gründe für die Wahl der vertraulichen Geburt nicht über die Sperrerklärung entscheiden könnte.

cc) Beschlagnahmeverbot aus § 27 I SchKG

In Betracht kommt schließlich ein selbstständiges Beschlagnahmeverbot aus § 27 I SchKG. Neben den §§ 94 ff. der Strafprozessordnung finden sich weitere Regelungen zur Beschlagnahme in verschiedenen Rechtsmaterien. Einige davon beschränken sich darauf, die Regeln für eine Beschlagnahme nach der StPO zu ergänzen und zu modifizieren (z. B. § 404 AO, § 21 AWG, § 129 TKG etwa mit einer § 94 StPO entsprechenden Norm).[582] Ein selbstständiges Beschlagnahmeverbot findet sich in § 35 III SGB I[583], ebenso in § 4 f. IVa 3 BDSG.[584] Es ist zu überlegen, ob § 27 SchKG ebenfalls ein solches entnommen werden kann.

Wenngleich die Norm dies nicht ausdrücklich vorsieht, so lässt doch ihr Wortlaut („sichere[...] Verwahrung") es zu, ein Beschlagnahmeverbot darauf zu stützen. Zwar zeigt der Vergleich mit anderen Normen, die ein Verbot der Beschlagnahme vorsehen (eben § 35 SGB I, § 4 f. BDSG, aber auch § 97 StPO), dass der Schutz vor dem Zugriff der Strafverfolgungsbehörden zumeist ausdrücklich geregelt ist.[585] Dennoch eröffnet einzig § 31 I SchKG ein Recht zur Einsicht in den Herkunftsnachweis und auch nur für das vertraulich geborene Kind.

578 KK-StPO/*Greven*, § 96 Rn. 19.
579 KK-StPO/*Greven*, § 96 Rn. 24.
580 So Löwe-Rosenberg-StPO/*Menges*, § 96 Rn. 55; zur AA ebenda Fn. 132.
581 Schon das ist nicht vorgesehen. Vielmehr ist der Herkunftsnachweis so zu verschließen, dass ein unbemerktes Öffnen verhindert wird, § 26 III 1 SchKG.
582 Zu diesen Vorschriften: KK-StPO/*Greven*, Vorbemerkungen zu §§ 94 ff. StPO Rn. 5.
583 Dölling, NStZ 1993, 402 (403).
584 Simitis, Spiros (Hg.): NomosKommentar: Bundesdatenschutzgesetz. 8. Auflage, Baden-Baden 2014/*Simitis*, § 4 f. Rn. 174.
585 Weniger eindeutig ist schon § 96 StPO, der die Beschlagnahme nicht erwähnt und dennoch als Beschlagnahmeverbot verstanden wird, Pfeiffer-StPO, § 96 Rn. 1.

Zudem war es der Zweck der Neuregelung insgesamt, für die Frau Anonymität – wenigstens bis zum 16. Lebensjahr des Kindes – zu gewährleisten,[586] zumal im Falle der Beschlagnahme des Herkunftsnachweises die vertrauliche Geburt kaum mehr als taugliche Alternative wahrgenommen würde. Auch die Stellungnahme des *Ethikrates*, der das Modell einer vertraulichen Geburt empfohlen hatte, sah vor, dass staatlichen Stellen der Zugriff während der Geheimhaltungszeit verwehrt sein solle.[587] Soll die Intention, jedenfalls bis zur Vollendung des 16. Lebensjahres des Kindes, die Anonymität der Mutter zu gewährleisten,[588] nicht unterlaufen werden, muss die Beschlagnahme unzulässig sein.[589] Das Beschlagnahmeverbot erstreckt sich auch auf die nach § 33 SchKG angefertigten Dokumente.

Trotzdem ist die Ergänzung des SchKG um ein eigenständiges, ausdrückliches Beschlagnahmeverbot anzuraten.

Wie auch das Zeugnisverweigerungsrecht erlischt das Beschlagnahmeverbot, wenn das Verfahren nach § 32 SchKG zugunsten des Kindes entschieden wird.

dd) Beschlagnahme auf dem Postweg

Mangels Eingriffsgrundlage scheidet eine Beschlagnahme auf dem Postweg aus.[590]

VIII. Erfahrungen mit der vertraulichen Geburt[591]

Das Verfahren der vertraulichen Geburt wurde bereits im ersten Jahr nach dem Inkrafttreten der gesetzlichen Regelung 95 Mal in Anspruch genommen. Fünf der Frauen, die bisher ihr Kind vertraulich zur Welt gebracht hatten, entschieden sich dafür, ihre Anonymität aufzugeben und ihr Kind zu behalten.[592] Bis Juli 2017 gab

---

586 BT_Drucks.17/12814, S. 2 B sowie ebenda, S. 15: „(...) die mit dem Modell der vertraulichen Geburt verbundene Anonymitätszusage (...)".

587 BT-Drucks. 17/190, S. 30.

588 Dabei wird den Interessen der Mutter Vorrang vor denen des Kindes und des Vaters und Vorrang vor den Interessen der Strafverfolgung gegeben (Zu diesem Gedanken Schwacke, Juristische Methodik, S. 101).

589 So auch Beulke, FS-Schünemann, S. 872 f.

590 MüKo-StPO I/*Hauschild*, § 99 Rn. 22 ff.: Die Sendung ist weder an den Beschuldigten gerichtet, noch stammt sie von diesem.

591 Zu den Erfahrungen beteiligter Beratungs- und Adoptionsvermittlungsstellen: Reinhardt/Willmann/Kochems, JAmt 2015, 70.

592 Clasmann, Anne Beatrice: Vertrauliche Geburt: Ein dünnes Band zur Mama bleibt. In: stern vom 30. April 2015.

es bundesweit 345 vertrauliche Geburten.[593] Allerdings weisen einige Anbieter gar nicht auf die vertrauliche Geburt hin, sondern lediglich auf die herkömmlichen Angebote.[594]

Überdies scheinen sich Befürchtungen bewahrheitet zu haben, die Pflicht zur Offenbarung der eigenen Identität werde einzelne Frauen davon abhalten, sich den Beratungsstellen anzuvertrauen.[595] So berichtete eine Beraterin bei der Berliner „Babywiege", eine Schwangere, die ihr Kind im Rahmen einer anonymen Geburt zur Welt gebracht habe, hätte die Beratungsstelle unter dem Regelsystem der vertraulichen Geburt nach eigener Aussage nicht aufgesucht.[596] Damit treten die herkömmlichen Angebote der anonymen Abgabe in Konkurrenz zu dem vom Gesetzgeber gewollten Programm der vertraulichen Geburt.

Befürchtungen, die vertrauliche Geburt sei aufgrund des komplexen Verfahrens und der Vielzahl der beteiligten Behörden – vor allem im Vergleich mit der anonymen Abgabe – zu kompliziert,[597] können nicht geteilt werden. Denn die Mutter tritt lediglich mit der Schwangerschaftsberatungsstelle in Kontakt.[598]

IX. Auswirkungen des neuen SchKG auf die anonyme Abgabe

Wie sich gezeigt hat, existieren zahlreiche Spannungsfelder zwischen der anonymen Abgabe und dem (unverändert) geltenden Recht. Insbesondere sieht sich die Mutter der Strafverfolgung ausgesetzt, wenn die zuständigen Behörden die Ermittlungen zu den im Raum stehenden Straftatbeständen aufnehmen. Die Praxis sieht vielfach freilich anders aus. Da es erklärtes Ziel des Gesetzes zum Ausbau der Hilfen für Schwangere und zur Regelung der vertraulichen Geburt ist, die vertrauliche Geburt mit Blick auf die anonyme Abgabe zu evaluieren, wäre es – neben den bereits erwähnten Verbesserungsvorschlägen – sinnvoll gewesen, auch die anonyme Geburt zu regeln. Da dies nicht geschehen ist, liegt es nun vielmehr so, dass der Gesetzgeber eine – zumindest überwiegend so bewertete – rechtswidrige Praxis dulden will, ja dulden muss, wenn die Bundesregierung dem Auftrag einer

593 N.N.: Vertrauliche Geburt: 345 Frauen haben in Deutschland vertraulich geboren. In: Zeit Online vom 12.07.2017.

594 Kamann, Matthias: Babyklappen-Betreiber reißen Mindestanforderungen. In: Die Welt vom 24.12.2014.

595 Kinderrechtekommission des Deutschen Familiengerichtstags, ZKJ 2013, 71 (72).

596 Bleiker, Carla: Vertrauliche Geburt – Hilfe für Schwangere in Not?, Bericht der Deutschen Welle v. 1.05.2014.

597 Helms, FamRZ 2014, 609 (614).

598 BMFSFJ, Die vertrauliche Geburt, S. 7, 9.

Evaluation nachkommen will, und diese zusätzlich darauf angewiesen ist, dass die Strafverfolgungsbehörden entgegen § 152 II StPO keine Strafverfolgung einleiten. Zwar war es der Wille des Gesetzgebers, die anonyme Abgabe fortbestehen zu lassen,[599] doch bietet das neue Gesetz keine Möglichkeit, diesem Willen praktisch zur Geltung zu verhelfen. Denn dem steht der ausdrücklich erklärte Wille des Gesetzgebers entgegen, die anonyme Abgabe nicht regeln zu wollen.[600] Damit hat der Gesetzgeber einen unauflöslichen Widerspruch geschaffen,[601] dem auch praeter legem nicht abgeholfen werden kann.[602]

---

599 BT-Drucks. 17/13391, S. 6 (Gegenäußerung der Bundesregierung).

600 BT-Drucks. 17/13391. S. 8. Zwar hatte der Bundesrat darauf gedrungen, die anonyme Geburt als ultima ratio gleichfalls zu ermöglichen (BT-Drucks. 17/13391, S. 1 Nr. 4), doch kann dieser Forderung keine Äußerung zugunsten einer derartigen Rechtsfortbildung entnommen werden.

601 Ähnlich Helms, FamRZ 2014, 609 (614).

602 Für eine Rechtfertigung von Babyklappen praeter legem unter dem Aspekt der Verhinderung von Neonatiziden und Abtreibungen: BeckOGK[07-16]/*Löhnig*, § 1747 Rn. 57.

E. Verfassungsmäßigkeit des Gesetzes zum Ausbau der Hilfen für Schwangere und zur Regelung der vertraulichen Geburt

Es bleibt die Frage zu klären, ob das Gesetz zum Ausbau der Hilfen für Schwangere und zur Regelung der vertraulichen Geburt, und insbesondere das neue SchKG mit dem Grundgesetz zu vereinbaren sind.

I. Formelle Verfassungsmäßigkeit

1. Gesetzgebungskompetenz

Die Gesetzgebungskompetenz des Bundes stützt sich für die Änderung des StAG und des MRRG[603] auf Art. 71 und 73 Nr. 2 GG bzw. Art. 73 Nr. 3 Var. 3 GG, für die Änderungen des PStG, des BGB und des FamFG auf Art. 72 I GG sowie auf Art. 74 Nrn. 2, 1 (Var. 1) und 4 GG. Die Ergänzung des SchKG als Kern der Neuregelung fußt auf Art. 74 I Nr. 7 GG.[604] Die Notwendigkeit einer bundesgesetzlichen Regelung nach Art. 72 II GG hat der Gesetzgeber mit dem Ziel der Herstellung gleicher Lebensverhältnisse begründet.[605] Angesichts der deutlichen Unterschiede zwischen den Bundesländern, was die Verbreitung der anonymen Abgabe anbelangt,[606] überzeugt diese Einschätzung.

2. Gesetzgebungsverfahren

An der Verfassungskonformität des Gesetzgebungsverfahrens ergeben sich keine Zweifel.

603 Das MRRG wurde mit Wirkung vom 1.11.2015 (BGBl. I, S. 1084) aufgehoben und durch das Bundesmeldegesetz ersetzt.

604 Zur öffentlichen Fürsorge vgl. BVerfG NJW 1993, 1751.

605 BT-Drucks. 17/12814, S. 11.

606 Vgl. dazu Coutinho/Krell, Anonyme Geburt und Babyklappen in Deutschland, S. 73 ff.

II. Materielle Verfassungsmäßigkeit

1. Überblick

a) Grundrechte des Kindes

Eine wichtige Rolle spielt das Recht des Kindes auf Kenntnis seiner eigenen Abstammung, das dem Persönlichkeitsrecht aus Art. 2 I GG in Verbindung mit Art. 1 I GG entnommen wird.[607] Ferner von Bedeutung ist das Recht des Kindes auf Leben und auf körperliche Unversehrtheit aus Art. 2 II 1 GG, das in verschiedenen Schutzrichtungen zum Tragen kommt. Schließlich ist das Erbrecht aus Art. 14 I 1 GG von Belang.

b) Grundrechte der Mutter

Auf Seiten der Mutter sind ihr Persönlichkeitsrecht in der Ausprägung des Schutzes ihrer Intimsphäre,[608] ihr Recht auf Leben und körperliche Unversehrtheit und ihre Rechte aus Art. 6 GG zu berücksichtigen.[609]

c) Grundrechte des Vaters

Relevant sind die Rechte des Vaters aus Art. 6 GG und das Recht des Vaters auf Kenntnis der Abstammung seines Kindes von ihm.

d) Grundrechte Dritter

Für andere Frauen, die ihr Kind zur Adoption freigeben und eine einmal erteilte Einwilligung nicht widerrufen können, ist Art. 3 GG zu beachten. Die Betreiber eines Krankenhauses, die eine vertrauliche Geburt anbieten, und die Beratungsstellen können Art. 12 I GG ins Feld führen. Angesichts der großen Bedeutung der anderen betroffenen Grundrechte fällt Art. 12 I GG indes kaum ins Gewicht.

---

607 BVerfGE 79, 256 = NJW 1989, 891; Maunz, Theodor/Dürig, Günter: Grundgesetz Kommentar. 1. Band, 39. EL, 2001 München/*Di Fabio*, Art. 2 Rn. 128.

608 Epping, Volker/Hillgruber, Christian (Hg.): Beck'scher Online-Kommentar Grundgesetz. 33. Edition, 1.06.2017, München 2017/*Lang*, Art. 2 Rn. 42.

609 BVerfGE 24, 119 (143) = NJW 1968, 2233 (2235).

2. Eingriffsqualität des Gesetzes zum Ausbau der Hilfen für Schwangere und zur Regelung der vertraulichen Geburt[610]

a) Zurechnung des Handelns der Mutter

Vor der näheren Definition der einzelnen Schutzbereiche ist zu klären, ob dem Gesetz zum Ausbau der Hilfen für Schwangere und zur Regelung der vertraulichen Geburt überhaupt Eingriffsqualität zukommt.

Ein Eingriff liegt nach herkömmlichem Verständnis jedenfalls dann vor, wenn durch einen hoheitlichen Rechtsakt final und unmittelbar die Substanz eines Grundrechts beeinträchtigt wird.[611] Legt man ein erweitertes Eingriffsverständnis zugrunde, werden auch sonstige Eingriffe erfasst, nicht aber das Unterlassen von Leistung.[612] Dieses fällt vielmehr unter die sonstigen Beeinträchtigungen.[613]

Die Grundechte, die bei der Inanspruchnahme der vertraulichen Geburt verkürzt werden, wie insbesondere das Recht des Kindes auf Kenntnis der eigenen Abstammung, werden durch das Gesetz per se nicht berührt. Erst wenn die Mutter – also eine Privatperson – sich entscheidet, nach Maßgabe des Gesetzes ihr Kind abzugeben und die eigene Herkunft zu verbergen, ist die grundrechtlich geschützte Sphäre betroffen.[614] Das wirft die Frage auf, ob mit dem Gesetz überhaupt ein Eingriff vorliegt. Das kommt in erster Linie dann in Betracht, wenn das Handeln der Mutter dem Staat zuzurechnen ist. Eine staatliche Verantwortlichkeit wäre dann ohne Umschweife zu bejahen, wenn der Staat das Verhalten der Mutter durch Imperative herbeigeführt hätte.[615][616] So liegt es hier aber nicht. Die Mutter kann über die Inanspruchnahme der vertraulichen Geburt in freier Entscheidung befinden.

---

610 Zur abwehrrechtlichen Relevanz aktiver staatlicher Beteiligung an den Angeboten anonymer Geburten Abgabesysteme: Elbel, Rechtliche Bewertung anonymer Geburt und Kindesabgabe, S. 184 ff. sowie Mielitz, Anonyme Kindesabgabe, S. 159 ff. (insbesondere zur Legalisierung der anonymen Kindesabgabe, S. 164 ff.).

611 Maunz/Dürig-GG I, 44. EL, 2005/*Herdegen*, Art. 1 Abs. 3 Rn. 39; vgl. auch Jarass, Hans/Pieroth, Bodo (Hg.): Grundgesetz für die Bundesrepublik Deutschland: Kommentar. 14. Auflage, München 2016/*Jarass* Vorb. vor Art. 1 Rn. 27 m.w.N.

612 Jarass/Pieroth-GG/*Jarass*, Vorb. vor Art. 1 Rn. 26 m.w.N.

613 Jarass/Pieroth-GG/*Jarass*, Vorb. vor Art. 1 Rn. 25.

614 Vgl. auch Kingreen, KritV 2009, 89 (95) (zur Zulassung der anonymen Geburt).

615 Sachs Michael (Hg.): Grundgesetz: Kommentar. 7. Auflage, München 2014/*Sachs*, Vor Art. 1 Rn. 89 m.w.N.

616 Dass die Mutter nicht selbst als Trägerin hoheitlicher Rechte tätig wird – wie etwa ein Beliehener – leuchtet ohne weiteres ein.

Gleiches gilt, wenn der Staat das Verhalten Dritter bewusst und gewollt mit anderen Mitteln[617] lenkt.[618] Sehr fraglich ist eine Zurechnung privaten Handelns dagegen, wenn der Staat dieses nur ermöglicht.[619]

Damit ist die Frage aufgeworfen, nach welchen Kriterien eine Zurechnung erfolgen kann.

Welche Kriterien zur Begrenzung der staatlichen Verantwortlichkeit bei einem kausalen Zusammenhang zwischen staatlichem Handeln und Verkürzung eines grundrechtlichen Schutzbereichs zum Tragen kommen, ist strittig.

aa) Finalität und Inkaufnahme der Beeinträchtigung

Eine Verkürzung des grundrechtlichen Schutzbereichs soll dem Staat jedenfalls in den Fällen zugerechnet werden können, in welchen sie beabsichtigt war.[620] Sei die Beeinträchtigung der Grundrechtsposition das Ziel, sei auch das Handeln eines Privatmannes, der von der Verwaltung dazu angehalten wird, ein Eingriff.[621] Ähnliches soll gelten, wenn mit staatlicher Autorität vorgenommene Handlungen schwerwiegende Folgen haben, die vorhergesehen und in Kauf genommen wurden.[622] Neben der Finalität wird damit die Intensität der Grundrechtseinwirkung zum Maßstab.[623]

---

617 In Betracht kommen unter anderem finanzielle Anreize (zu Subventionen: Zechlin, NJW 1989, 585), finanzielle Unterstützung (dazu: BVerwG NJW 1992, 2496) und (warnendes) Informationshandeln (dazu: BVerwG NJW 1989, 2272).

618 Sachs/*Sachs*, Vor Art. 1 Rn. 89 m.w.N.

619 Weber-Dürler, VVDStRL 1998, 57 (73); Sachs/*Sachs*, Vor Art. 1 Rn. 89.

620 BVerwG NJW 1985, 2774 (2776); BVerwG NJW 1989, 2272 (2273); Discher, JuS 1993, 463 (465); Zechlin, NJW 1985, 585 (588 ff.) (zu Subventionen); Bleckmann/Eckhoff, DVBl. 1988, 373 (377); weitere Nachweise bei Albers, DVBl. 1996, 233 (235) (Fn. 26); ähnlich BVerfG NJW 2002, 2621 (2624), das auf Zielsetzung und Wirkung der staatlichen Maßnahme abstellt; gegen die Finalität als hinreichendes Kriterium Sachs/*Sachs*, Vor Art. 1 Rn. 86; Roth, Wolfgang: Faktische Eingriffe in Freiheit und Eigentum: Struktur und Dogmatik des Grundrechtstatbestandes und der Eingriffsrechtfertigung. Diss. Univ. Mannheim 1994. Duncker und Humblot Verlag, Berlin 1994, S. 201.

621 Bleckmann/Eckhoff, DVBl. 1988, 373 (377).

622 BVerwG NJW 1989, 2272 (2273); BVerwG NJW 1991, 1766 (1768): dort wird die Intensität der Folgen als zusätzliches Kriterium genannt.

623 Kritisch etwa Discher, JuS 1993, 463 (467); dafür auch Stern, Klaus: Das Staatsrecht der Bundesrepublik Deutschland: Band III/1: Allgemeine Lehren der Grundrechte: Grundlagen und Geschichte, nationaler und internationaler Grundrechtskonstitutionalismus, juristische Bedeutung der Grundrechte, Grundrechtsberechtigte, Grundrechtsverpflichtete. München 1988, § 72 III 4 (S. 1207).

Sodann kommt, weil die Beschneidung des Schutzbereichs über das Verhalten Privater (das heißt über eine Kausalkette ausgehend vom staatlichen Handeln) vermittelt wird, die Adäquanz der Beeinträchtigung als relevantes Kriterium in Betracht.[624]

Obschon die Finalität überwiegend als hinreichendes Kriterium betrachtet wird, kann dem nicht vorbehaltlos zugestimmt werden, weil sich dahinter letztlich das Kriterium der Absicht, also ein rein subjektiver Maßstab, verbirgt. Die bloße Intention ohne das Pendant einer grundrechtlich relevanten Beeinträchtigung bleibt irrelevant.[625] Daher muss zusätzlich wenigstens eine Beeinträchtigung dargetan werden, die kausal auf staatliches Handeln zurückzuführen ist.

Ob die Beeinträchtigung beabsichtigt oder zumindest in Kauf genommen worden sein muss, kann dahinstehen, weil die Verkürzung der Schutzbereiche durch das neue SchKG (wie auch durch die flankierenden gesetzlichen Bestimmungen) vom Gesetzgeber[626] in Kauf genommen wurde, wenn sie nicht gar intendiert ist. Zwar ist die Beeinträchtigung der grundrechtlichen Positionen der Beteiligten nicht primäres Ziel des Gesetzes, sondern der Schutz des Lebens, die Verbesserung der medizinischen Versorgung und anderes,[627] doch folgt sie zwingend aus der Konzeption des Gesetzes. Dass die vertrauliche Geburt ein bloßes Angebot an hilfesuchende Schwangere ist, vermag daran nichts zu ändern, weil diejenigen, welche ihrem Kind andernfalls Schaden zufügten, das Angebot gerade nutzen sollen. Darin erschöpft sich der Kreis der „Adressaten“ aber nicht. Vielmehr sollen ja auch andere Frauen, die sich in schwierigen Lebenslagen befinden, in den Genuss des Angebotes kommen. In einem Teil der anvisierten Fälle ist demnach die Verkürzung des grundrechtlichen Schutzbereichs derart eng mit den Zielen des Gesetzes verquickt, dass sie als notwendiges Zwischenziel des Gesetzgebers verstanden werden kann. Jedenfalls – und das gilt nun für alle Fälle der vertraulichen Geburt – wurde bezüglich eines Teils der betroffenen Grundrechte die Beeinträchtigung in Kauf genommen.[628]

---

624 Bleckmann/Eckhoff, DVBl. 1988, 373 (377 f.); Discher, JuS 2003, 463 (465 f.); vgl. auch Stern, Staatsrecht III/1, § 72 III 4 (S. 1207).

625 Roth, Faktische Eingriffe in Freiheit und Eigentum, S. 202.

626 Dessen Wille wird hier als maßgeblich zugrunde gelegt, weil er den staatlichen Rechtssetzungsakt zu verantworten hat, der Anlass und Rahmen für das Handeln der Mutter bildet.

627 Dazu bereits oben unter D. III.

628 Vgl. dazu BT-Drucks. 17/12814, S. 2, 11, 21 zum Recht des Kindes auf Kenntnis seiner Abstammung (hier ist zu berücksichtigen, dass insoweit auf die nachfolgende Verwahrung des Herkunftsnachweises, nicht auf das Handeln der Mutter abzustel-

Doch kann es damit nicht sein Bewenden haben. Denn es ist nicht einsichtig, warum das pflichtwidrige Vertrauen auf das Ausbleiben eines vorhergesehenen Erfolgs den Staat privilegieren sollte.[629] Gleichermaßen kann das, was in einem gesteigerten Maße vorhersehbar ist, aber nicht vorausgesehen wurde, ein Eingriff sein.[630] Bewusst und unbewusst fahrlässig herbeigeführte Konsequenzen wären damit ebenso erfasst.

Die Verkürzung weiterer Grundrechtspositionen – insbesondere aus Art. 2 II 1 GG (Leib und Leben soweit die Unkenntnis der eigenen Abstammung gesundheitliche Folgen zeitigt) – waren für den Normgeber zumindest vorhersehbar. Das gilt vor allem vor dem Hintergrund der ausführlichen Diskussionen zur anonymen Abgabe in Presse und Fachkreisen.

bb) Adäquanz

Zugleich folgt daraus die Einschränkung, dass dem Staat nur das als Folge zugerechnet wird, was sich – um zivilrechtlich zu sprechen – adäquat kausal ist. Schon die Kausalität – im Sinne eines naturwissenschaftlichen Zusammenhangs – kann betreffs des Gesetzes zur vertraulichen Geburt nicht uneingeschränkt bejaht werden. Denn gerade in den Fällen, welche von der vertraulichen Geburt in erster Linie erfasst werden sollen (nämlich die Fälle, in denen dem Kinde andernfalls Aussetzung oder Tötung drohten), ist die Beeinträchtigung gerade nicht kausal auf das Gesetz zur vertraulichen Geburt zurückzuführen, da die nun beeinträchtigten Grundrechte der Beteiligten ebenfalls betroffen wären. Es bleiben die Fälle, in denen das Gesetz zur vertraulichen Geburt Anreizwirkung ausübt. Ob in der erstgenannten Konstellation trotzdem ein staatlicher Eingriff zu bejahen ist, weil das Handeln der Mutter dem gesetzlichen Rahmen folgt, kann dahinstehen, weil eine staatliche Beeinträchtigung jedenfalls wegen der folgenden Verwahrung des staatlichen Herkunftsnachweises gegeben ist. Darauf wird noch zurückzukommen sein.

Mittels des unter aa) eingeführten Typizitätskriteriums werden kausal verursachte Beeinträchtigungen aus dem Eingriffsbegriff ausklammert, wenn diese nicht als typische Folge des staatlichen Handelns auftreten. Bedenkt man, dass nicht alle Konsequenzen absehbar und damit einer Normierung zugänglich

---

len ist); ebenda, S. 2, 16, 18 zu den Rechten des Vaters, deutlich auch ebenda, S. 9: „[...]die Rechte des Kindes und des Vaters so gering wie möglich belastet."; auch die Gefährdung der Entwicklung durch Herausnahme aus der Pflegefamilie wurde erkannt, BT-Drucks. 17/13391, S. 3 f.

629 Discher, JuS 1993, 463 (465).

630 Discher, JuS 1993, 463 (465) m.w.N.

sind,[631] hat diese Überlegung etwas für sich.[632] Trotzdem weist der Aspekt der Lastenverteilung zwischen Staat und Bürger – zumal es noch nicht um Folgenbeseitigungsansprüche, sondern um die Beeinträchtigung per se geht – in eine andere Richtung.[633] Der Staat als starke Gemeinschaft kann eher mit den Folgen einer Fehlentscheidung belastet werden als das Individuum.[634] Letztlich muss über die Erforderlichkeit dieses Kriteriums nicht entschieden werden, weil die in Rede stehenden Folgen des staatlichen Handelns – in Form des neuen Gesetzes – keineswegs atypisch sind. Das ergibt sich ohne weiteres aus den Ausführungen zum Kriterium der Finalität.

Gleichfalls unter dem Topos der Adäquanz oder Zurechenbarkeit zu verorten[635] ist die Frage, ob das eigenverantwortliche Handeln der Mutter den Kausalzusammenhang zwischen staatlichem Handeln und dessen Folge unterbricht. Die Beratung nach dem SchKG lässt der Mutter die Wahl, welche Maßnahmen ergriffen werden sollen, vgl. § 2 IV 1 SchKG („ergebnisoffenes Beratungsgespräch"). Die Schwangere kann die Beratung außerdem jederzeit beenden, § 25 V SchKG. Trotzdem ist der Erfolg dem Staat zuzurechnen. Zum einen ist nämlich zu berücksichtigen, dass der Kausalzusammenhang sehr viel enger ist als in den Fällen behördlicher Warnungen – in denen die Folgen schließlich auch erst durch eigenverantwortliche Entscheidungen Privater eintreten. Das private (eingriffsrelevante) Verhalten folgt genau dem Muster, welches das Gesetz vorgibt. Anders gewendet: Das Gesetz zeichnet die folgende Verkürzung der Grundrechtspositionen genau vor. Zum anderen ist der staatliche Verursachungsbeitrag von erheblichem Gewicht.[636] Das ändert freilich nichts daran, dass die Mutter letztverantwortlich entscheidet, doch gewinnt der staatliche Beitrag eine so große Bedeutung, dass der Kausalzusammenhang dadurch nicht unterbrochen wird.

631 Discher, JuS 1993, 463 (465 f.).

632 Vgl. zum Kriterium der Zurechenbarkeit auch Bleckmann/Eckhoff, DVBl. 1988, 373 (380); ferner Sachs/*Sachs*, Vor. Art. 1 Rn. 90; Stern, Staatsrecht III/1, § 72 III 4 (S. 1207); in der Sache auch Albers, DVBl. 1988, 233 (236).

633 Dazu Roth, Faktische Eingriffe in Freiheit und Eigentum, S. 143 f.

634 Dazu Roth, Faktische Eingriffe in Freiheit und Eigentum, S. 142.

635 Die gängige Terminologie würde dies wohl unter dem Aspekt der Unmittelbarkeit des Eingriffs verorten, vgl. etwa Manssen, Gerrit: Staatsrecht II: Grundrechte. 14. Auflage, München 2017, § 7 Rn. 146

636 Dieser Gedanke darf nicht verwechselt werden mit der Intensität der Beeinträchtigung, welche als Merkmal im Folgenden besprochen werden wird.

cc) Intensität

Die Intensität ist nach überzeugender Auffassung kein taugliches Abgrenzungsmerkmal. Es handelt sich um ein Kriterium, das sinnvollerweise im Rahmen der Verhältnismäßigkeit zur Anwendung zu bringen ist. Bei der Entscheidung über die Eröffnung des Schutzbereichs oder den Eingriff in denselben spielt es hingegen – wie auch bei klassischen Grundrechtseingriffen – keine Rolle.[637] Jedenfalls ist die Intensität kein hinreichendes Kriterium für die Annahme eines Eingriffs.[638] Auch diese Entscheidung kann aber dahinstehen, da die Verkürzung des Schutzbereichs von beachtlichem Gewicht ist. So wird das Recht des Kindes auf Kenntnis der eigenen Abstammung für die Dauer von 16 Jahren gegenstandslos, danach hängt die Frage nach einer Fortdauer der Beeinträchtigung von der gerichtlichen Entscheidung nach § 32 I SchKG ab.[639] Das Recht des Vaters auf Kenntnis der eigenen Nachkommen wird in den meisten Fällen vollständig ausgehöhlt, mag es auch in Einzelfällen vorkommen, dass Kinder über ihre Mutter schließlich auch mit dem Vater in Kontakt treten. Die Rechte des Vaters und des Kindes aus Art. 6 GG sind ebenfalls in erheblichem Maße berührt so wie auch das Recht auf Leben und körperliche Unversehrtheit.

Die Verantwortlichkeit des Staates ist schließlich durch ein Negativmerkmal zu begrenzen: den Schutzzweck der Norm. Vermittelt ein Grundrecht nach seinem Schutzzweck keinen Schutz gegen ein bestimmtes Verhalten, liegt kein Eingriff vor.[640] Da diese Frage eng mit der korrekten Bestimmung des Schutzbereichs verknüpft ist, wird sie nötigenfalls im Zusammenhang mit den verschiedenen Grundrechten erörtert werden. Ebenso wird auf die Frage nach einer Beeinträchtigung insoweit zurückzukommen sein, als noch zu zeigen ist, in welcher Weise und wie weitreichend der Schutzbereich des konkreten Grundrechts beschränkt wird.

Damit ist das Handeln der Mutter, das auf dem Gesetz zur vertraulichen Geburt basiert, dem Staat grundsätzlich zuzurechnen und als Eingriff zu qualifizieren.[641]

---

637 Ähnlich Discher, JuS 1993, 463 (467).

638 Albers, DVBl. 1988, 233 (236): Wenn ein Grundrecht gegen ein staatliches Verhalten keinen Schutz bietet, ändert eine besonders intensive Belastung daran nichts.

639 Mit dem Beschluss des Familiengerichts erübrigt sich die soeben diskutierte Problematik, da durch einen hoheitlichen (Einzel-)Akt über die Rechte der Beteiligten entschieden wird.

640 BVerwG NJW 1985, 2774 (2776) m.w.N.; Discher, JuS 1993, 463 (467); Lübbe-Wolf, NJW 1987, 2705 (2710 f.) m.w.N.

641 So auch Engels, GesR 2015, 129 (134) mit der – der hier vertretenen Argumentation ähnlichen – Begründung, die Vorenthaltung der Kenntnis der biologischen Abstam-

Die unterschiedliche Behandlung von Müttern, welche die vertrauliche Geburt in Anspruch nehmen, und anderen Eltern, die in eine reguläre Adoption einwilligen, wird dagegen durch die gesetzliche Regelung unmittelbar festgeschrieben. Der obigen Überlegungen bedarf es daher nicht, soweit Art. 3 GG betroffen ist.

b) Die Verwahrung des Herkunftsnachweises

Daneben ist bei der vertraulichen Geburt ein weiteres staatliches Handeln als Beeinträchtigung in Betracht zu ziehen: Gemäß § 27 I SchKG ist die Beratungsstelle verpflichtet, den Herkunftsnachweis zur sicheren Verwahrung in die Obhut des Bundesamtes für Familie und zivilgesellschaftliche Aufgaben zu übersenden.

Dieses erhält so selbst faktisch Zugriff auf die Herkunftsdaten des Kindes und hätte die Möglichkeit, der fortdauernden Beeinträchtigung der Grundrechtspositionen entgegenzuwirken. Mit der sicheren Verwahrung einher geht jedoch eine umfassende Geheimhaltung des Herkunftsnachweises. Frühestens mit dem 16. Geburtstag des Kindes wird eine Freigabe möglich, § 31 SchKG, sodass ein Träger hoheitlicher Gewalt ein (ihm mögliches) Tätigwerden zum Schutze der Grundrechte unterlässt. Der Vorwurf, der den Staat trifft, ist die Nichtherausgabe des Herkunftsnachweises, also eine Beeinträchtigung durch Unterlassen trotz der bestehenden Handlungspflicht.[642]

c) Die Entscheidung des Familiengerichts

Ein Eingriff liegt im Einzelfall ohne weiteres vor, sobald das Familiengericht nach § 32 I SchKG durch Beschluss über das Einsichtsrecht des Kindes entschieden hat. Der dann entstehende hoheitliche Akt kann angegriffen werden.

---

mung werde mittelbar durch die gesetzlichen Regelungen zur vertraulichen Geburt ermöglicht; im Anschluss hieran auch Pabst, Die rechtliche Stellung des leiblichen, nicht rechtlichen Vaters, S. 62; Kingreen, KritV 2009, 88 (95) stellt dagegen auf die Schutzpflichten des Staates ab, die aus den Grundrechten erwachsen. Zu den Ausnahmen siehe bereits oben.

642 Dies ist für das Grundrecht auf Kenntnis der Abstammung und auf Kenntnis der eigenen Abkömmlinge (Aspekte des Persönlichkeitsrechts) bedeutsam, da fraglich ist, ob vor der Aufnahme der Personenstandsdaten der Mutter bei den zuständigen Behörden bereits eine grundrechtliche Position besteht, die durch die Inanspruchnahme der vertraulichen Geburt (mit der dann eingeschränkten Aufnahme der Personenstandsdaten) beeinträchtigt wird. Sobald die Daten allerdings beim BaFzA hinterlegt sind, vgl. § 27 SchKG, besteht eine zu schützende Grundrechtsposition.

d) Verkürzung der Grundrechtspositionen

Schließlich muss berücksichtigt werden, dass die Grundrechtspositionen (zum Beispiel der Unterhaltsanspruch des Kindes und das Recht auf Schutz der Familie) rechtlich erst mit der Adoption aufgelöst werden. Die vertrauliche Geburt beeinträchtigt sie aber faktisch von Anfang an und modifiziert außerdem den rechtlichen Rahmen etwa der Adoption (§ 1747 IV 2 BGB).

3. Die Grundrechte im Einzelnen

Sodann ist zu untersuchen, welche grundrechtlichen Positionen der Beteiligten durch die vertrauliche Geburt beeinträchtigt werden. Im Anschluss sollen die Möglichkeiten der Rechtfertigung einer Einschränkung der betroffenen Grundrechte behandelt werden. Die Betrachtung kann sich indes nicht auf die Grundrechte beschränken, die durch die vertrauliche Geburt eine Beschränkung erfahren. Andere Grundrechte sind dergestalt betroffen, dass sie als widerstreitendes Verfassungsrecht in die Prüfung Eingang finden. Einige Grundrechte werden durch die vertrauliche Geburt beschränkt, andere wiederum gefördert.[643]

a) Grundrecht auf Kenntnis der eigenen Abstammung

aa) Schutzbereich

Geschützt wird als Ausprägung des Persönlichkeitsrechts das Recht auf Kenntnis der eigenen Abstammung.[644] Dies ergibt sich daraus, dass die Abstammung im Bewusstsein des Menschen eine identitätsstiftende Rolle spielt und damit für das Verständnis und die Entfaltung der eigenen Individualität einen wichtigen Anknüpfungspunkt bietet.[645] Daraus erwächst jedoch kein Recht auf Verschaffung von Informationen über die eigene Abstammung. Vielmehr schützt das Grundrecht im Verhältnis zum Staat zunächst lediglich vor der Vorenthaltung erlangbarer Informationen.[646] Das Grundrecht, welches das BVerfG auf Grundlage des Persönlichkeitsrechts geschaffen hat, hat vor der herrschenden Meinung

643 Treffend Elbel, Rechtliche Bewertung anonymer Geburt und Kindesabgabe, S. 175.

644 BVerfG NJW 1989, 891 (892); später auch BVerfG FamRZ 1997, 869 (870). Weitere Nachweise bei Mielitz, Anonyme Kindesabgabe, S. 142 (Fn. 2.).

645 BVerfG NJW 1989, 891 (891 f.).

646 BVerfG NJW 1989, 891 (892); jüngst wieder BVerfG NJW 2016, 1939 (1940); Maunz/Dürig-GG I 39. EL, 2001/*Di Fabio*, Art. 2 Rn. 212.

Anerkennung gefunden.[647] Zwar fanden sich auch kritische Stimmen,[648] doch ist hier nicht der Ort, Kritik und Zustimmung eingehend zu beleuchten.[649]

Die Differenzierung des BVerfG zwischen der Verschaffung von Informationen und der Vorenthaltung erlangbarer Informationen, wobei vor Letzterem geschützt, nicht aber ein Anspruch auf Ersteres begründet wird, macht es schwierig, die Schutzdimension von einer möglichen Leistungsdimension scharf abzugrenzen. Ebenso wie vor der Vorenthaltung von schon in der staatlichen Sphäre vorhandenen Informationen geschützt wird, bietet das Grundrecht auf Kenntnis der eigenen Abstammung Schutz vor staatlichem Handeln, das solche Vorgänge beeinträchtigt, die auf die Kenntniserlangung abzielen (und dazu im Normalfall geeignet sind).[650] Bei ordnungsgemäßem Ablauf der vertraulichen Geburt werden in Gemäßheit des § 26 II SchKG staatlicherseits Informationen über die Identität der Mutter erlangt. In Abweichung vom Normalfall der §§ 18 ff. PStG gelangen die Daten dabei zwar nicht in die Sphäre des Trägers der Standesämter, jedoch hätte das BaFzA (rein tatsächlich) jederzeit die Möglichkeit, auf die im Herkunftsnachweis enthaltenen Informationen zuzugreifen, sich also Kenntnis zu verschaffen. Damit sind Informationen betroffen, die nicht nur *erlangbar* sind, sondern vielmehr bereits (zumindest faktisch) *erlangt* wurden.

Dies gilt zwar nicht für die Daten des Vaters, die im Rahmen der Beurkundung der Geburt nicht aufgenommen werden, sodass insoweit keine Informationen erlangt wurden. Das ist jedoch unschädlich. Denn die Informationen sind im Zeitpunkt der Aufnahme der Personenstandsdaten erlangbar. Zwar trifft es zu, dass es ohnehin Fälle gibt, in denen die Abstammung nicht aufzuklären ist,[651] doch ist dies in den Fällen der vertraulichen Geburt anders. Denn der Staat hat, vermittelt durch die Mutter, einen Anhaltspunkt, die Daten des Vaters zu erlangen. Er kann sich nicht von seiner grundrechtlichen Verpflichtung freizeichnen, indem

647 Vgl. insoweit erneut die Nachweise bei Mielitz, Anonyme Kindesabgabe, S. 142 (Fn. 2).

648 Frank, FamRZ 1988, 113; Ramm NJW 1989, 1594. Mit Recht kritisiert etwa Ramm, NJW 1989, 1594 (1595) die Herleitung stetig neuer Ausprägungen des Persönlichkeitsrechts anhand des Einzelfalles. Diese richterliche Rechtsschöpfung verstößt laut *Ramm*, aaO gegen das Prinzip der Gewaltenteilung. Darüber hinaus ist sie auch vor dem Hintergrund der Rechtssicherheit bedenklich.

649 Dazu Mielitz, Anonyme Kindesabgabe, S. 141 ff.; Wiesner-Berg, Anonyme Kindesabgabe in Deutschland und der Schweiz, S. 288 ff.; Elbel, Rechtliche Bewertung anonymer Geburt und Kindesabgabe, S. 106 ff.

650 Elbel, Rechtliche Bewertung anonymer Geburt und Kindesabgabe, S. 117.

651 BVerfG NJW 1989, 891 (892).

er das formelle Instrumentarium für die Erlangung der Personenstandsdaten (die §§ 18 ff. PStG) so defizitär ausgestaltet, dass eine Erfassung nicht mehr möglich wird. Auf die Spitze getrieben liefe das nämlich darauf hinaus, dass überhaupt keine Aufnahme der Personenstandsdaten mehr notwendig wäre.[652]

bb) Grundrechtsbeeinträchtigung[653]

Wegen der besonderen Definition des hiesigen Grundrechts, die bereits den Schutzbereich so gestaltet, dass das Grundrecht von vornherein eine aktive Rolle des Staates (Herausgabe der vorhandenen Informationen) verlangt, ist ein Eingriff im herkömmlichen Sinne schwerlich denkbar. Denn es ist ohne weiteres einsichtig, dass eine Beeinträchtigung einer bereits bestehenden Position hier nicht möglich ist, weil Wissen des betreffenden Grundrechtsträgers, wenn es einmal erlangt ist, nicht wieder entzogen werden kann.[654] Eine Beeinträchtigung bezieht sich daher (auch was die abwehrrechtliche Dimension des Grundrechts betrifft) eher auf die Informationserlangung denn auf den Schutz vorhandener Daten.[655] In seiner Entscheidung zur Anfechtung der Ehelichkeit eines Kindes[656] ging das BVerfG von einer Beeinträchtigung des Persönlichkeitsrechts durch eine Regelung aus, wenn diese die familienrechtliche Statuszuweisung eines Kindes unangreifbar ausgestaltet und zugleich eine Abstammungsklage verbietet.[657] Im Rahmen der vertraulichen Geburt gilt der Schutz in den ersten 16. Lebensjahren des Kindes absolut und ist danach einzelfallabhängig, weil dann erstmalig die Möglichkeit der Einsicht in den Herkunftsnachweis nach § 31 SchKG besteht. Damit wird das Recht des Kindes auf Kenntnis der eigenen Abstammung und damit auch sein Persönlichkeitsrecht beeinträchtigt. Dieser Befund lässt sich zwanglos in Einklang bringen mit der Stoßrichtung des Grundrechts: Schutz vor der Vorenthaltung von Informationen.

---

652 Die Nomen des PStG werden als einfaches Recht nicht Gegenstand des Schutzes des Grundrechts. Jedoch besteht – wie soeben dargelegt – eine Pflicht des Staates, einen rechtlichen Rahmen für die Erfassung der Personenstandsdaten bereitzustellen. Dass diese Pflicht einer „bloßen" Schutzpflicht des Staates stark ähnelt, wird nicht verkannt. Dies liegt aber in der besonderen Konzeption des Grundrechts auf Kenntnis der eigenen Abstammung begründet.

653 Vielfach wird auch von einem Eingriff gesprochen, der indes nur den wichtigsten Fall der Beeinträchtigung bildet, Jarass/Pieroth-GG/*Jarass*, Vorb. vor Art. 1 Rn. 25.

654 Zutreffend Elbel, Rechtliche Bewertung anonymer Geburt und Kindesabgabe, S. 116.

655 Elbel, Rechtliche Bewertung anonymer Geburt und Kindesabgabe, S. 116.

656 BVerfG NJW 1989, 891.

657 BVerfG NJW 1989, 891 (892).

Damit muss nicht entschieden werden, ob auch in der Nichtaufnahme der (oder einzelner) Personenstandsdaten (wie bei der anonymen Geburt) eine staatliche Beeinträchtigung zu sehen wäre.

Zugleich folgt daraus, dass eine Beeinträchtigung nicht nur in den Fällen vorliegt, in denen das Angebot der vertraulichen Geburt den Wunsch zur Abgabe des Kindes auslöst,[658] sondern in sämtlichen Fällen der vertraulichen Geburt.

Zu beachten ist, dass die Beeinträchtigung des Grundrechts weniger schwer wiegt als bei der anonymen Abgabe, weil dem Kind die Kenntnis der eigenen Abstammung nicht notwendigerweise auf Dauer verwehrt ist. Trotzdem muss betont werden, dass die Zahl der vertraulich geborenen Kinder über der Zahl der Neonatizide und Aussetzungen liegt.[659] Den Trägern des Grundrechts kommt daher zahlenmäßig ein (relativ betrachtet) hohes Gewicht zu. Auch die Bedeutung des Persönlichkeitsrechts per se ist erheblich.[660]

cc) Zwischenergebnis

Damit beeinträchtigt die vertrauliche Geburt das Grundrecht auf Kenntnis der eigenen Abstammung.

dd) Schranke

Das Recht auf Kenntnis der eigenen Abstammung ist als Ausprägung des allgemeinen Persönlichkeitsrechts nicht schrankenlos gewährleistet. Es kann durch ein Gesetz, das auf den Schutz eines gewichtigen Gemeinschaftsgutes abzielt, beschränkt werden.[661] Das Gesetz zur vertraulichen Geburt zielt auf den Schutz anderer Grundrechte ab. Den Voraussetzungen an die Schranke ist damit Genüge getan.

b) Der Schutz von Ehe und Familie, Art. 6 I GG

aa) Sachlicher Schutzbereich

(1) Die Familie

Erörterungsbedürftig ist die Frage, ob die Personenkonstellation zwischen Mutter, Kind und (nur) leiblichem/rechtlichem Vater oder wenigstens zweien der drei Beteiligten als (zu schützende) Familie einzuordnen ist. Ist der Ehemann der

---

658 Das betrifft die Fälle, in denen das Angebot der vertraulichen Geburt die entsprechende Nachfrage schafft.

659 Dazu oben unter B. II. 4.

660 BVerfG NJW 1973, 1226 (1229).

661 BVerfG NJW 1994, 2475 (2475).

Mutter nicht der Vater des Kindes, sind zwei Männer als Väter denkbar. Das bedeutet aber nicht, dass zwei Männern gleichzeitig die vollständige Vaterposition (einschließlich der Elternverantwortung)[662] zukommt. Vielmehr können einem Kind höchstens ein Vater und eine Mutter zugeordnet sein.[663]

Die Familie umfasst zum einen das Kind,[664] zum anderen diejenigen Personen, welchen verfassungsrechtlich – im Sinne von Art. 6 II 1 GG – die Stellung als Elternteil zukommt.[665]

Die Elternstellung wiederum fußt im Grundsatz auf der biologischen Abstammung des Kindes.[666] Dabei ist die Enge der Beziehung zwischen den Eltern und dem Kind unerheblich.[667] Obwohl er generell auf die Abstammung abstellen muss, ist es dem Gesetzgeber gestattet, eine typisierende Betrachtung anzustellen, die im Einzelfall die biologische Abstammung womöglich nicht korrekt abbildet.[668] Neben den leiblichen Vater tritt, wenn diese Positionen auseinanderfallen, der Vater im rechtlichen Sinne.[669] Dieser ist weiterhin Elternteil und damit auch Bestandteil der Familie. Allein durch das Bekenntnis des (vermeintlichen) leiblichen

---

662 Zu diesem Aspekt BVerfG NJW 2003, 2151 (2156); BVerfG FPR 2003, 205 (206).

663 Münch, Ingo von/Kunig, Philip (Hg.): Grundgesetz-Kommentar. 1. Band: Präambel bis Art. 69, 6. Auflage, München 2012/*Coester-Waltjen*, Art. 6 Rn. 75. Es obliegt dem Gesetzgeber, festzulegen, welchen Personen aus dem Kreis der verfassungsmäßigen Eltern das Elternrecht zusteht, v. Münch/Kunig-GG I/*Coester-Waltjen*, Art. 6 Rn. 75.

664 Erfasst sind bei gewachsener Bindung auch Pflegekinder, Münch, Ingo v./Mager, Ute: Staatsrecht II – Grundrechte. 6. Auflage, 2014 Stuttgart, Rn. 339, was für die vertrauliche Geburt aber keine Rolle spielt.

665 Elbel, Rechtliche Bewertung anonymer Geburt und Kindesabgabe, S. 130 m.w.N.

666 BVerfG NJW 2003 2151 (2152); BVerfG NJW 1968, 2233 (2235); Elbel, Rechtliche Bewertung anonymer Geburt und Kindesabgabe, S. 131 m.w.N.; BVerfG FPR 2003, 205 (206); siehe auch BVerfG NJW 2013, 847 (850).

667 BVerfG NJW 2003, 2151 (2152); BVerfG NJW 1995, 2155 (2156).

668 BVerfG NJW 2003, 2151 (2152) zur Vaterschaft des Ehemannes der Mutter. Daneben ist unzweifelhaft – gleich ob verheiratet oder nicht – die Mutter des Kindes Trägerin des Elternrechts, Beck-OK-GG[06-17]/Uhle, Art. 6 Rn. 58; BVerfG NJW 1968, 2233 (2233). Hier ist im Regelfall die leibliche Mutter auch die (einfach-)rechtliche Mutter und umgekehrt. Dementsprechend sieht § 1591 BGB dann auch diejenige Frau als Mutter an, die das Kind geboren hat. Dass beide Positionen auseinanderfallen, ist denkbar (in Fällen der Leihmutterschaft), aber unwahrscheinlich. Selbst wenn Letzteres der Fall wäre, wäre die – dann nur – (einfach-)rechtliche Mutter Teil der Familie im Sinne des Art. 6 I GG, v. Münch/Kunig-GG I/ *Coester-Waltjen*, Art. 6 Rn. 71.

669 BVerfG NJW 2003, 2151 (2152 f.). Diese „doppelte Vaterschaft“ kollidiert nicht mit der Feststellung von BVerfG NJW 2003, 2151 (2153), eine doppelte Elternverantwor-

Vaters zur Vaterschaft wird diese Position nicht beseitigt.[670] Der leibliche Vater rückt seinerseits erst mit Feststellung oder Bestätigung der Vaterschaft in die Vaterstellung ein.[671] Ihn schützt Art. 6 II 1 GG durch Gewährleistung eines Verfahrens, das ihm eben diese Feststellung ermöglicht.[672]

Trotzdem ist der leibliche Vater im verfassungsrechtlichen Sinne auch schon vor dieser Feststellung Teil der Familie,[673] jedenfalls wenn er eine soziale Beziehung zu dem Kind hat, die darauf beruht, dass er bereits längere Zeit tatsächlich Verantwortung für das Kind getragen hat.[674] Den Bestand der intakten sozialen Familie dem genannten Verfahrensschutz überzuordnen, ist dennoch eine legitime Wertentscheidung des Gesetzgebers.[675]

Natürlich kommt dem leiblichen Vater auch dann die Elternstellung zu, wenn neben ihm kein anderer Vater existiert.[676]

Die *gemeinsame* (d.h. die Mutter kann die Sorge durchaus alleine ausüben) Ausübung der Elternverantwortung setzt dagegen unter anderem eine tragfähige Beziehung zwischen den Eltern voraus. Andernfalls darf einem Elternteil die Hauptverantwortung zugeordnet werden.[677]

---

tung führte zu Kompetenzstreitigkeiten. Denn die Elternverantwortung steht dem leiblichen Vater nicht zu, bevor er die Stellung als rechtlicher Vater eingenommen hat. Dazu sogleich. Vgl. auch BVerfG NJW 2013, 847 (850).

670 BVerfG NJW 2003, 2151 (2153). Vielmehr ist dafür der Wegfall der Stellung als (einfach-)rechtlicher Vater erforderlich. Dass der rechtliche Vater zunächst Teil der Familie bleibt gilt umso mehr, da Art. 6 I GG auch die soziale Familie als dauerhafte Verantwortungsgemeinschaft von Eltern mit Kindern schützt, BVerfG NJW 2003 2151 (2154).

671 BVerfG NJW 2003, 2151 (2153).

672 BVerfG NJW 2003, 2151 (2153 f.); Beck-OK-GG[06-17]/*Uhle*, Art. 6 Rn. 58 m.w.N.

673 Elbel, Rechtliche Bewertung anonymer Geburt und Kindesabgabe, S. 132.

674 BVerfG NJW 2003, 2151 (2155 f.).

675 BVerfG NJW 2003, 2151 (2154); vgl. auch LG Köln NJW 1996, 1415; jüngst wieder BVerfG, Beschluss vom 4.12 2013–1 BvR 1154/10 und BVerfG, Beschluss vom 24.02.2015–1 BvR 562/13. Auch Art. 8 EMRK steht einem solchen Verständnis der Familie nicht entgegen, weil er die Signatarstaaten nicht dazu verpflichtet, dem leiblichen Vater ein Recht zur Anfechtung der rechtlichen Vaterschaft einzuräumen, EGMR NJW 2013, 1937 (1940); ebenso EGMR, Entscheidung vom 11.12.2012–11858/10.

676 BVerfG FPR 2003, 205 (206) m.w.N.

677 BVerfG FPR 2003, 205 (206).

Eine gefestigte (rein) soziale Beziehung kann in den Schutzbereich des Art. 6 I GG und unter Art. 6 III GG fallen.[678] Das betrifft jedoch nur das Gesamtkonstrukt Familie und ändert nichts daran, dass die „sozialen Eltern" persönlich nicht vom Schutz der Norm erfasst sind.[679]

(2) Schutzdimension

Art. 6 I GG schützt in seiner Funktion als Abwehrrecht die Familie vor Zugriffen des Staates.[680] Darüber hinaus lässt sich bereits dem Wortlaut ohne weiteres eine positive Dimension entnehmen. Insoweit ist der Staat verpflichtet, die Familie (und die Ehe) durch geeignete Maßnahmen zu fördern.[681] Dabei schützt die Norm die Familie als Ganzes und dementsprechend die Individuen auch nur als Mitglieder dieser Gemeinschaft.[682] Das Recht des Einzelnen ist nur insoweit geschützt, als es mit dem Interesse des mit ihm verbundenen Familienmitglieds korrespondiert und dem Schutz der familiären Beziehung dient.[683]

bb) Persönlicher Schutzbereich

Träger des Grundrechts ist jedes Mitglied der Familiengemeinschaft.[684]

(1) Das Kind

Zwar ist es offenbar, dass das Kind ein – um nicht zu sagen der konstitutive – Teil der Familie ist,[685] doch ist fraglich, welches Recht sich daraus ergibt. Neben dem Schutz des bestehenden Familienverbands kommt ein Recht des Kindes auf Integration in den Familienverband in Betracht. Dass die Familie als abstrakter (auf Abstammung und/oder rechtlicher Zuordnung gründender) Verband zwischen dem Kind, der Mutter und einem Vater oder mehreren Vätern besteht, wurde bereits aufgezeigt.[686]

---

678 BVerfG NJW 1985, 423 (423); BVerfG NJW 1989, 519 (519); BVerfG NJW 2013, 847; v. Münch/Kunig-GG I/*Coester-Waltjen*, Art. 6 GG Rn. 74.

679 BVerfG NJW 2013, 847; v. Münch/Kunig-GG I/*Coester-Waltjen*, Art. 6 GG Rn. 74.

680 Sachs/*von Coelln*, Art. 6 Rn. 19, 22 m.N.

681 Sachs/*von Coelln*, Art. 6 Rn. 19.

682 Sachs/*von Coelln*, Art. 6 Rn. 19.

683 BVerfG NJW 2003, 2151 (2156).

684 BVerfG NJW 1988, 626 (627); Jarass/Pieroth-GG/*Jarass*, Art. 6 Rn. 12.

685 Oben unter aa) (1).

686 Oben unter aa) (1); vgl. auch Elbel, Rechtliche Bewertung anonymer Geburt und Kindesabgabe, S. 131 f.

Darüber hinaus schützt Art. 6 I GG auch die (sozialen)[687] Beziehungen zwischen den Mitgliedern der Familie (vorbehaltlich des Interesses des jeweils korrespondierenden Mitglieds).[688] Dann ist es konsequent, auch den Aufbau sozialer Beziehungen/die Herstellung des Familienverbandes durch Art. 6 I GG zu schützen. Zwar würde das Kind mit Blick auf sein Recht auf Eltern aus Art. 6 II 1 GG andernfalls keineswegs schutzlos gestellt. Jedoch ist es gerade der soziale Bezug der Familienmitglieder zueinander, welcher der Familie ihren Wert gibt, nicht die biologische oder rechtliche Verbindung.[689] Auch die Pflicht des Staates, die Familie besonders zu fördern,[690] soll diesen Befund untermauern.[691] Das ist indes zweifelhaft, da der Förderungsauftrag dem Staat ein positives Tun abverlangt, wohingegen hier eine Abwehr der staatlichen Beeinträchtigung in Rede steht.

Gegen ein Recht auf Integration in den Familienverband spricht demgegenüber nicht, dass Art. 6 I GG nur die Beziehungen zwischen den Familienmitgliedern schützt, und dabei das Recht des einen mit dem Interesse des anderen Familienmitglieds korrespondieren muss.[692] Freilich kann ein Familienmitglied schwerlich zu einer Beziehung mit einem anderen gezwungen werden,[693] doch ist es dem Staat trotzdem verwehrt, die Auflösung der Familiengemeinschaft (noch weiter) zu befördern.[694] Zudem kann selbst betreffs des abgebenden Elternteils

---

687 Die biologische und die rechtliche Verbindung werden durch die Trennung der Familienmitglieder voneinander schließlich nicht angetastet.

688 BVerfG NJW 2003, 2151 (2156) zum Umgangsrecht des Vaters bei einer bereits bestehenden sozialen Bindung. Dass es überzeugend ist, ein Umgangsrecht bzw. den Schutz der sozialen Beziehung zwischen den Familienmitgliedern im Allgemeinen auf Art. 6 I GG zu stützen statt auf Art. 6 II 1 GG, darf durchaus bezweifelt werden. Denn Art. 6 GG stellt in Absatz 1 die Familie als Ganzes, in Absatz 2 dagegen deren einzelne Mitglieder in den Vordergrund. Da Art. 6 II 1 GG etwa die Grundlage für den Verfahrensschutz des leiblichen Vaters bildet, ist nicht einsichtig, wieso der Norm nicht auch der Schutz der sozialen Bindungen in der Familie unterfallen sollte.

689 Ähnlich Elbel, Rechtliche Bewertung anonymer Geburt und Kindesabgabe, S. 133.

690 Jancker, Die anonyme Geburt, S. 346 f. m.w.N.

691 Elbel, Rechtliche Bewertung anonymer Geburt und Kindesabgabe, S. 133 f. m.w.N.; für ein Recht auf Eltern aus Art. 6 I GG auch: Münch/Kunig-GG I/*Coester-Waltjen*, Art. 6 Rn. 77 (Fn. 398); ebenso Teubel, Geboren und Wegegeben, S. 108; Jancker, Die anonyme Geburt, S. 347.

692 BVerfG NJW 2003, 2151 (2156).

693 Siehe aber zu Art. 6 II 1 GG: BVerfG FPR 2008, 238 (243).

694 Elbel, Rechtliche Bewertung anonymer Geburt und Kindesabgabe, S. 138 f. AA explizit Hassemer/Eidam, Babyklappen und Grundgesetz, S. 72.

nicht pauschal davon ausgegangen werden, es bestehe auf Dauer kein Interesse an einer Bindung.[695]

Dieses Recht ähnelt, wie *Elbel* zutreffend anmerkt,[696] dem des biologischen Vaters auf Verfahrensschutz.

(2) Die Mutter

Ebenso genießt die Mutter den Schutz von Art. 6 I GG. Es stellt sich gleichermaßen die Frage, ob dieser Schutz neben der rechtlichen Zuordnung der Mutter zur Familie den Fortbestand eines schon bestehenden und die Herstellung eines noch nicht existenten sozialen Gefüges erfasst.[697] Die Frage ist zu bejahen. Denn so wie beim Kind die rein rechtliche Verbindung ohne Schutz der tatsächlichen sozialen Beziehung nicht verwirklicht werden kann, ist dies auch bei der Mutter der Fall.[698]

(3) Der Vater

Der Schutz des Familiengrundrechts kommt dem Vater jedenfalls dann zu, wenn er einfachrechtlicher und biologischer Vater ist.[699] Vater ist aber eben auch derjenige, dem das Kind infolge des bloßen Scheins der Abstammung rechtlich zugeordnet wird.[700] Insoweit ist es überzeugend auch hier ein Recht auf Herstellung der Familiengemeinschaft anzunehmen.

Der nur leibliche Vater hat im Falle einer bereits vorhandenen Bindung ein Umgangsrecht, wenn dies dem Wohle des Kindes dient.[701] Seine leibliche Vaterschaft macht ihn zwar zu einem Teil der Familie, doch kann er die vollständige

---

695 Gegen ein Recht auf Einbindung in die Familie etwa: Mielitz, Anonyme Kindesabgabe, S. 185 f.

696 Elbel, Rechtliche Bewertung anonymer Geburt und Kindesabgabe, S. 134 (Fn. 465).

697 Auf die Frage, ob die Mutter sich des Schutzes aus Art. 6 GG nicht durch die Abgabe des Kindes selbst begibt, wird erst später eingegangen werden.

698 Dagegen erwächst aus Art. 6 I GG kein Anspruch der Frau auf eine irgendwie geartete Form der geheimen Geburt, die darauf abzielt, den Fortbestand einer möglicherweise bereits bestehenden Familie durch die Verheimlichung des Kindes zu schützen, da die Norm auf die Herstellung der (vollständigen, d. h. einschließlich des Kindes) Familiengemeinschaft abzielt, nicht auf deren Auflösung. Dazu Elbel, Rechtliche Bewertung anonymer Geburt und Kindesabgabe, S. 167. AA Mielitz, Anonyme Kindesabgabe, S. 212.

699 V. Münch/Kunig-GG I/*Coester-Waltjen*, Art. 6 Rn. 70.

700 V. Münch/Kunig-GG I/*Coester-Waltjen*, Art. 6 Rn. 71 mit entsprechenden Beispielen.

701 BVerfG NJW 2003, 2151 (2156). Zur Vaterschaft des nur biologischen Vaters siehe auch V. Münch/Kunig-GG I/*Coester-Waltjen*, Art. 6 Rn. 72.

Vaterposition erst in Anspruch nehmen, wenn er sich gleichermaßen die rechtliche Vaterschaft erstritten hat.[702] Ein Recht auf Integration in die Familie steht ihm nicht zu.

Nicht dem Schutzbereich unterfällt derjenige, der ausschließlich eine „soziale Vaterposition" innehat.[703]

Ein stärkerer Schutz des Vaters ergibt sich aus Art. 8 EMRK. Dieser sichert ein Umgangsrecht des leiblichen Vaters mit dem Kind ab, wenn der Vater ernsthaftes Interesse an dem Kind hat, die Verantwortung für selbiges übernehmen will, und das Fehlen einer sozialen Bindung ihm nicht zugerechnet werden kann.[704] Da in den Fällen der vertraulichen Geburt das Bestehen einer Bindung nicht denkbar ist, stellt sich die Frage, ob das Verständnis von Art. 8 EMRK auf Art. 6 I GG zu übertragen ist.[705] Bei der Entscheidungsfindung müssen die Gewährleistungen der EMRK und die Judikate des EGMR zumindest zur Kenntnis genommen werden und in den Auslegungsprozess einbezogen werden. Gegebenenfalls muss nachvollziehbar begründet werden, warum der völkerrechtlichen Rechtsauffassung nicht gefolgt wird.[706] Zumindest das BVerfG dürfte eine entsprechende Auslegung von Art. 6 I GG ablehnen, hat es doch trotz Kenntnis der entsprechenden Entscheidungen des EGMR[707] an seiner Rechtsprechung festgehalten.[708] Gegen eine Auslegung von Art. 6 I GG entsprechend der Auslegung des Art. 8 EMRK spricht, dass im Falle einer schon bestehenden sozialen Beziehung der Umgang sich positiv auf das Kindeswohl auswirken dürfte, wohingegen dies sonst nicht feststeht. Zwar kann die Frage nach dem Kindeswohl ohnehin nur für den jeweiligen Einzelfall beantwortet werden, doch steht dem nur leiblichen Vater gerade kein Recht auf Einbindung in die Familie zu. Wenn eine soziale Beziehung nicht etabliert wurde, besteht zwischen ihm und dem Kind auch keine Familie im Sinne von Art. 6 I GG, die schutzwürdig wäre. Ein Umgangsrecht ist daher abzulehnen.

Es zeigen sich deutlich die verschiedenen Schutzdimensionen zugunsten verschiedener Väter in Abhängigkeit von deren Beziehung zum Kind.

---

702 Oben unter aa).

703 Oben unter aa).

704 EGMR FPR 2013, 275; EGMR FPR 2013, 269; vgl. auch EGMR NJW-RR 2009, 1585. Siehe dazu nunmehr auch § 1686a BGB.

705 Zur Auslegung der Grundrechte im Lichte der EMRK: Jarass/Pieroth-GG/*Jarass*, Art. 1 Rn. 29.

706 BVerfG, Beschluss vom 19.05.2015–2 BvR 1170/14 (BeckRS 2015, 13471), dort unter IV. 3. a).

707 EGMR FPR 2013, 269; FPR 2013, 275.

708 BVerfG, Beschluss vom 04.12.2013–1 BvR 1154/10.

cc) *Beeinträchtigung*

(1) Das Kind

Begreift man den Schutz des Art. 6 I GG dergestalt, dass er auch die soziale Integration des Kindes in die Familie erfasst, wird diese bereits durch das Prozedere der vertraulichen Geburt – und auch ungeachtet des späteren Verfahrensverlaufs, gleichviel ob das Kind adoptiert wird, oder die Mutter es zurück in ihre Obhut nimmt – (zeitweilig) aufgehoben. Denn das neue SchKG legt die Entscheidung über den Verbleib des Kindes in der Familiengemeinschaft in die Hände der Mutter und flankiert diese Entscheidung etwa durch die Suspendierung der grundsätzlich bestehenden Anzeigepflichten und das Ruhen der elterlichen Sorge der Mutter.

(2) Die Mutter

Durch das Ruhen der elterlichen Sorge der Mutter, vor allem aber durch die Trennung der Mutter von ihrem Kind – Inobhutnahme des Kindes, Pflege, etc. – wird die soziale Integration der Mutter in die Familie (wenigstens vorübergehend) verhindert.

(3) Der Vater

Wie betreffs des Kindes und der Mutter wird der Aufbau einer Beziehung des Vaters zu den anderen Familienmitgliedern verhindert. Damit wird, was den leiblichen und rechtlichen und lediglich rechtlichen Vater angeht, dessen Recht aus Art. 6 I GG beeinträchtigt. Dagegen wird der nur leibliche Vater in erster Linie – und auch das nur unter bestimmten Voraussetzungen (s. o.) – nach Art. 6 II 1 GG durch Bereitstellung des Verfahrens zu Erlangung der Vaterschaft geschützt.

Dass der leibliche Vater bereits eine schutzwürdige Verbindung zum Kind aufgebaut hat, die nach der Trennung fortwirkte, ist in Fällen der vertraulichen Geburt ausgeschlossen, sodass auch unter diesem Gesichtspunkt eine Beeinträchtigung aus Art. 6 I GG ausscheidet.

(4) Zeitpunkt des Eingriffs

Anders als betreffs des Grundrechts auf Kenntnis der eigenen Abstammung liegt der Eingriff hier bereits in der Inanspruchnahme der vertraulichen Geburt durch die Mutter, der dem Staat zugerechnet wird. Denn die Mutter beendet (jedenfalls temporär) die (nicht zuletzt) durch die biologische und/oder rechtliche Beziehung vermittelte Verbindung, welche bereits mit der Geburt entstanden ist.

dd) Konkurrenz zu Art 6 II 1 GG

Art. 6 II 1 GG begründet ein Recht des Kindes Pflege und Erziehung. Art. 6 I GG kommt jedoch ein weitergehender Schutzgehalt, nämlich derjenige der Herstellung des Familienverbandes als Ganzes und der Schutz der sozialen Beziehungen der Familienmitglieder zu. Daher kommt Art. 6 II 1 GG nur ein Vorrang zu, soweit das Recht des Kindes auf Pflege und Erziehung betroffen ist.[709]

Gleiches muss für die Eltern gelten. Da ein Umgangsrecht des Vaters mangels bestehender sozialer Beziehung zum Kind nicht in Frage kommt, verbleibt für den Schutz der Eltern aus Art. 6 I GG ein Recht auf Einbindung in den Familienverband.

ee) Nichtausübung des Grundrechts

Die Nichtausübung des Grundrechts auf die Herstellung der familienrechtlichen Verbindung kommt überhaupt nur für die Mutter und den Vater in Betracht. Liegt es so, und davon geht das Gesetz zur vertraulichen Geburt aus, dass der Vater/die Väter keine Kenntnis von der Geburt hat (oder jedenfalls nicht damit einverstanden ist), verbietet es sich, eine gewillkürte Nichtausübung anzunehmen. Soweit die Trennung des Kindes von der Familie willentlich herbeigeführt wurde, verlieren die Eltern aber ihr Recht auf Herstellung einer sozialen Beziehung,[710][711] weil sie fortwährend in eigener Verantwortung davon Abstand nehmen, die Familienbeziehung herzustellen. Sie nehmen freiwillig[712] davon Abstand, ihr Recht auf Einbindung in den Familienverband wahrzunehmen.[713] Das ändert nichts daran, dass die Eltern sich der Familienbindung nicht zulasten des Kindes entziehen können. Lediglich ihrer eigenen Schutzposition können sie sich begeben.

---

709 Dazu auch BVerfG NJW 1968, 2233 (2234); vgl. auch v. Münch/Mager, Grundrechte, Rn. 338.

710 Das Kind dagegen verliert seinen Anspruch auf Einbindung in die Familie nicht, obwohl die Eltern (oder ein Elternteil) sich dieser Beziehung verweigern. Oben unter bb) (1).

711 Ähnlich: Elbel, Rechtliche Bewertung anonymer Geburt und Kindesabgabe, S. 147 für den Vater.

712 Dass die Mutter bei einer Bedrohung durch Dritte nicht uneingeschränkt freiwillig handelt, muss hier außer Betracht bleiben, weil das Handeln dieser Dritten privatautonom (also ohne Einflussnahme des Staates) stattfindet.

713 Dreier, Horst (Hg.): Grundgesetz: Kommentar. Band I, Präambel, Artikel 1–19, 3. Auflage, Tübingen 2013/*Dreier*, Vorb. Rn. 130.

Ihr Recht lebt indes wieder auf, sobald sie ihr Interesse am Umgang mit dem Kind bekunden.[714] Schließlich besteht das biologische und rechtliche Gefüge, welches das entscheidende Moment für die Familie bildet, weiterhin. Ein dauerhafter Ausschluss (im Sinne eines Grundrechtsverzichts) überzeugt insbesondere mit Blick auf Art. 18 GG, der eigene (enge) Vorgaben für die Verwirkung von Grundrechten aufstellt, ohnehin nicht.[715]

Will die Mutter die Familienbeziehung aufbauen, so stellen die §§ 1674a S. 2, 1747 IV 2 BGB das erforderliche Prozedere zur Verfügung. Die rein formalen Voraussetzungen zur Wiedererlangung der Elternposition fallen als Beeinträchtigung nicht weiter ins Gewicht. Soweit das Kindeswohl der Wiederherstellung der Eltern-Kind-Beziehung entgegensteht, ist dies nicht Folge des neuen, sondern des bereits bestehenden Rechts, namentlich §§ 1666, 1666a BGB. Eine Prüfung der Verfassungskonformität ist im Rahmen der vorliegenden Untersuchung nicht angezeigt.

ff) Zwischenergebnis

Eine Beeinträchtigung des Grundrechts aus Art. 6 I GG durch das Gesetz zur Regelung der vertraulichen Geburt liegt im Ergebnis also gegenüber dem Kind und dem rechtlichen Vater vor, der nichts von der Abgabe weiß.

gg) Schranke

Mangels ausdrücklich normierter Schranken kann sich eine Einschränkung des Familiengrundrechts nur aufgrund kollidierenden Verfassungsrechts ergeben.[716]

c) Das Elternrecht/Recht auf Erziehung (Art. 6 II 1 GG)

aa) Sachlicher Schutzbereich

Art. 6 II 1 GG enthält das Recht der Eltern zur freien Entscheidung über die Erziehung und Pflege des Kindes[717] und damit natürlich auch einen Schutz gegen

714 Das bedeutet selbstredend nicht, dass damit in jedem Fall die Verbindung zum Kind wiederhergestellt werden muss. Vielmehr ist zu prüfen, ob gegen diese Wiederherstellung (auch und gerade durch die Trennung indizierte) Gründe des Kindeswohls sprechen. Jedoch ist dies eine Frage der Abwägung im Rahmen der Rechtfertigung des Eingriffs.

715 Zum Fortbestand des Schutzes der Eltern bei einer Trennung die zunächst freiwillig herbeigeführt wurde: BVerfG NJW 2014, 2936 (2936) (dort zu Art. 6 II 1 GG, dem Elternrecht). Die Wertung lässt sich aber übertragen.

716 Beck-OK-GG[06-17]*Uhle*, Art. 6 Rn. 21.

717 Jarass/Pieroth-GG/*Jarass*, Art. 6 Rn. 42.

Eingriffe in dieses Recht.[718] Zugleich enthält die Norm aber auch die Pflicht, dieser Aufgabe angemessen nachzukommen.[719] Aus der Kombination dieser beiden Normaspekte ergibt sich die Elternverantwortung.[720] Diese Pflichtenbindung ist keine Schranke des Elternrechts, sondern ein das Recht bestimmender wesentlicher Bestandteil desselben.[721] Für ein Verhalten dem Kind gegenüber, das nicht mehr als Pflege oder Erziehung betrachtet werden kann, sondern eine Vernachlässigung des Kindes darstellt, besteht kein Schutz aus Art. 6 II 1 GG.[722] Das hat zur Folge, dass Eltern, die sich ihres Kindes entledigen, nicht unter den Schutz des Art. 6 II 1 GG fallen.

Darüber hinaus ist – spiegelbildlich zur Pflichtendimension von Art. 6 II 1 GG – der Norm ein Recht des Kindes auf Pflege und Erziehung durch seine Eltern zu entnehmen.[723]

Deren Plicht besteht nicht nur dem Staat gegenüber, sondern auch unmittelbar gegenüber dem Kind.[724] Für eine eigene Grundrechtsposition des Kindes aus Art. 6 II 1 GG spricht, dass die Elternverantwortung aus der Hilfsbedürftigkeit des Kindes resultiert. Da das Kind auf die Fürsorge der Eltern angewiesen ist, hat es dementsprechend auch einen Anspruch auf deren Schutz und Hilfe,[725] damit es sich zu einer eigenverantwortlichen Persönlichkeit innerhalb der sozialen Gemeinschaft entwickeln kann.[726] Den Staat trifft eine grundrechtliche Gewährleistungspflicht aus Art. 6 II 1 GG, Art. 2 I GG, welche die Entwicklung des Kindes

---

718 Schmidt-Bleibtreu, Bruno/Hofmann, Hans/Hopfauf, Axel, Henneke, Hans-Günter (Hg.): GG: Kommentar zum Grundgesetz. 12. Auflage, Köln 2014/*Hofmann*, Art. 6 Rn. 44.

719 Jarass/Pieroth-GG/*Jarass*, Art. 6 Rn. 45.

720 Beck-OK-GG[06-17]/*Uhle*, Art. 6 Rn. 48.

721 BVerfG NJW 1968, 2233 (2235).

722 BVerfG NJW 1968, 2233 (2235); weitere Nachweise bei Beck-OK-GG[06-17]/*Uhle*, Art. 6 Rn. 48.

723 BVerfG FPR 2008, 238 (240); BVerfG BeckRS 2009, 34593; BVerfG FPR 2013, 278 (278 f.) [dort aus Art. 6 II 1 GG i.V.m. Art. 2 I GG]; Teubel, Geboren und Weggegeben, S. 109 m.N. zur Gegenauffassung; Schmidt-Bleibtreu/Hofmann/Hopfauf/Henneke-GG/*Hofmann*, Art. 6 Rn. 44; Jancker, Die anonyme Geburt, S. 348; dagegen etwa noch Dreier, Horst (Hg.): Grundgesetz: Kommentar. Band I, Präambel, Artikel 1–19, 2. Auflage, Tübingen 2004/*Gröschner*, Art. 6 Rn. 107. Ob es sich dabei um ein Grundrecht mit unmittelbarer Drittwirkung handelt, ist strittig. Nachweise dazu bei Beck-OK-BGB[11-11]/*Veit*, § 1626 Rn. 12.

724 BVerfG FPR 2008, 238 (240); BVerfG BeckRS 2009, 34593.

725 BVerfG FPR 2008, 238 (240).

726 BVerfG FPR 2013, 278 (278 f.).

absichert.[727] Diese Aufgabe kommt insbesondere im Wächteramt des Staates aus Art. 6 II 2 GG zum Ausdruck.[728]

Dieses ist abzugrenzen von der Konkretisierung des Elternrechts, welche bloß dessen Grenzen konturiert.[729] Angesichts der vollständigen Aufhebung der Eltern-Kind-Beziehung kann aber von Konturierung nicht mehr gesprochen werden.

Dem Pflichtaspekt der Norm entsprechend kann ein Elternteil, wenn dies dem Wohl des Kindes dient, unter Umständen zum Umgang mit dem Kind verpflichtet und gezwungen werden.[730] Demgegenüber kann sich der Elternteil nicht auf Art. 6 II 1 GG stützen, weil die Verweigerung des Umgangs nicht mehr als Pflege und Erziehung begriffen werden kann.[731]

bb) Persönlicher Schutzbereich

Träger des Grundrechts sind die leiblichen Eltern und damit – auch bei unehelichen Kindern – Mutter *und* Vater.[732]

Wie bereits angeklungen ist, ergibt sich aus Art. 6 II 1 GG nicht eine einzelne Schutzdimension, die für alle Berechtigten identisch wäre. Vielmehr beinhaltet die Norm für die Träger des Grundrechts verschiedene Gewährleistungen in Abhängigkeit vom Status des Berechtigten.

Dem Kind steht ein Anspruch auf Pflege und Erziehung zu, welchen der Staat abzusichern verpflichtet ist. Dem rechtlichen Vater kommt – ebenso wie der Mutter das Recht zu, Pflege und Erziehung des Kindes zu übernehmen.

Demgegenüber wird der leibliche Vater durch die Bereitstellung eines Verfahrens zur Verrechtlichung seiner Vaterposition geschützt.[733] Dem steht nicht entgegen, dass noch keine Beziehung zwischen ihm und dem Kind besteht. Ob eine solche vorhanden ist, kann pauschal nicht beantwortet werden, sondern nur im Einzelfall. Eine derartige Einzelfallprüfung wird aber von vornherein verhindert, wenn der Vater mangels Kenntnis von der Geburt seines Kindes vom Zugang zum Verfahren ausgeschlossen ist. Zugleich kann ein möglicher rechtlicher Vater noch keine Beziehung zum Kind aufgebaut haben, sodass insoweit

---

727 BVerfG FPR 2013, 278 (278 f.).
728 BVerfG FPR 2013, 278 (279).
729 Sachs/*von Coelln*, Art. 6 Rn. 77.
730 BVerfG FPR 2008, 238 (243).
731 V. Münch/Mager, Grundrechte, Rn. 353.
732 Jarass/Pieroth-GG/*Jarass*, Art. 6 Rn. 46; dezidiert auch Beck-OK-GG[06-17]/*Uhle*, Art. 6 Rn. 58 m.w.N.
733 Oben unter b) aa).

(auch noch) keine schutzwürdige Familienbindung besteht.[734] Dieser Befund steht nicht im Widerspruch zum oben gefundenen Ergebnis, demzufolge der leibliche Vater kein Recht auf Integration in den Familienverband hat, denn das Recht aus Art. 6 II 1 GG gewährt eben nur die verfahrensrechtliche Garantie für den Vater, von der Position der rechtlichen Vaterschaft nicht von vornherein ausgeschlossen zu sein. Art. 6 II 1 GG verhindert auch, dass der nichteheliche Vater nach dem bloßen Willen der Mutter von der elterlichen Sorge ausgeschlossen wird.[735]

cc) Beeinträchtigung

Der Vater kann die personenstandsrechtliche Anzeige vervollständigen und, sollte er nicht der rechtliche Vater sein, die Vaterschaft anerkennen und sich um die elterliche Sorge bemühen. Der Vater, der nicht über die vertrauliche Geburt informiert ist, kann seiner Elternverantwortung nicht nachkommen und geht ihrer mit der Adoption endgültig verlustig. Dass der Vater von der Geburt (oder der Schwangerschaft per se) keine Kenntnis hat, gilt für die weit überwiegende Anzahl der Fälle, und auch der Gesetzgeber geht von diesem Fall aus.

Das Recht des Kindes auf Pflege und Erziehung wird durch die Trennung von den Eltern beeinträchtigt. Diese Beeinträchtigung wirkt schwer, weil – anders als bei der regulären Adoption – keine Familie (jedenfalls nicht zwangsläufig) an die Stelle der leiblichen Eltern tritt.[736]

dd) Nichtausübung

Soweit die Eltern sich willentlich der Sorge und Pflege für das Kind begeben, steht ihnen die Elternverantwortung nicht mehr zu, da die Nichtwahrnehmung derselben nicht von Art. 6 II 1 GG gedeckt ist.[737] Der Annahme eines Verzichts bedarf es nicht. Wie schon betreffs Art. 6 I GG ist zu betonen, dass die Elternverantwortung wieder auflebt, wenn und soweit die Eltern sich zu ihrer Wahrnehmung bereiterklären.[738] Auch Art. 6 II 1 GG steht aber dann nicht das Gesetz zur vertraulichen Geburt entgegen, sondern vielmehr andere Vorschriften, deren Verfassungsmäßigkeit nicht Gegenstand dieser Prüfung sein soll.

---

734 Vgl. Mielitz, Anonyme Kindesabgabe, S. 194 ff.: Der Vater hat schließlich auch keine Möglichkeit, eine Beziehung zu dem Kind aufzubauen.

735 BVerfG FPR 2010, 465 (470).

736 Elbel, Rechtliche Bewertung anonymer Geburt und Kindesabgabe, S. 129 (Fn. 445).

737 Ähnlich Elbel, Rechtliche Bewertung anonymer Geburt und Kindesabgabe, S. 147 für den Vater.

738 Oben unter b) ee).

ee) Zwischenergebnis

Ähnlich der Schutzwirkung des Art. 6 I GG bietet Art. 6 II 1 GG Schutz für das Kind und den rechtlichen Vater, der von der Geburt keine Kenntnis hat. Darüber hinaus schützt Art. 6 II 1 GG jedoch auch den nur leiblichen Vater, dessen verfahrensmäßige Garantie durch die vertrauliche Geburt von vornherein unterlaufen wird.

ff) Schranke(n)

(1) Das staatliche Wächteramt (Art. 6 II 2 GG)

Art. 6 II 2 GG bildet die Grundlage für Eingriffe in das Elternrecht und aktualisiert diese bei elterlichem Versagen.[739] Die Ausübung des Wächteramtes steht nicht im Ermessen des Staates, sondern ist für diesen zugleich Recht und Pflicht.[740]

Die Überwachungsfunktion des Staates berechtigt diesen nicht zur beliebigen Einflussnahme, sondern nur zu (Wieder-)Herstellung des verantwortungsvollen Elternverhaltens. Schutzrichtung und Maßstab des staatlichen Handelns ist das Kindeswohl.[741] Dabei ist der Grundsatz der Verhältnismäßigkeit zu wahren. Daher ist die Herstellung des verantwortungsgerechten Elternverhaltens einem Eingriff vorzuziehen, der die Entziehungs- und Pflegerechte entzieht.[742]

(2) Die Schranke des Art. 6 III GG

Aus Art. 6 III GG ergibt sich kein Grundrecht des Kindes.[743] Die systematische Anbindung an Art. 6 II GG, der das Recht der Eltern zu Pflege und Erziehung regelt, spricht, insbesondere mit Blick auf die Entstehungsgeschichte von Art. 6 GG, gegen ein solches.[744] Vor dem Hintergrund der neuen Rechtsprechung des BVerfG, die dem Kind ein eigenes Grundrecht aus Art. 6 II 1 GG zugesteht, überzeugt es, Art. 6 III GG als qualifizierten Eingriffsvorbehalt für dieses Recht zu begreifen.

---

739 V. Münch/Mager, Grundrechte, Rn. 354.

740 Beck-OK-GG[06-17]/*Uhle*, Art. 6 Rn. 60 m.N. Das Wächteramt ist Ausdruck der aus Art. 6 II 1 GG und Art. 2 I GG erwachsenden Pflicht des Staates, das „Wie und Ob" der elterlichen Pflichtenwahrnehmung zu sichern, BVerfG FPR 2013, 278 (279).

741 Sachs/*von Coelln*, Art. 6 Rn. 79 m.N.

742 Beck-OK-GG[06-17]/*Uhle*, Art. 6 Rn. 61 m.N.

743 So noch Mangoldt, Hermann v./Klein, Friedrich/Starck, Christian (Hg.): Kommentar zum Grundgesetz: 1. Band: Präambel, Artikel 1 bis 19. 5. Auflage, München 2005/ *Robbers*, Art. 6 Rn. 255 (str.). Offen gelassen von BVerfG NJW 1970, 1176 (1176).

744 Mielitz, Anonyme Kindesabgabe, S. 178 f. m.w.N.; Teubel, Geboren und Weggegeben, S. 110.

Ob Art. 6 III GG für die Eltern ein eigenständiges Grundrecht enthält, einen speziellen Eingriffsvorbehalt oder eine Schranken-Schranke ist umstritten.[745] Die Entscheidung zwischen diesen Möglichkeiten kann nicht schon deswegen dahinstehen, weil im Regelfall die Trennung des Kindes mit dem Willen der Mutter erfolgt, und der Vater nicht erziehungsberechtigt ist,[746] sodass die Trennung nicht gegen den Willen der Erziehungsberechtigten erfolgte und Art. 6 III GG bereits tatbestandlich nicht einschlägig wäre. Dass nämlich auch verheiratete Mütter ihr Kind abgeben – auch ohne Wissen des Vaters[747] – ist sehr wahrscheinlich. Tatbestandlich kann Art. 6 III GG daher durchaus einschlägig sein. Das gilt allerdings nur für den Vater, nicht aber für die Mutter, deren Rechte aus Art. 6 GG – wie gezeigt – von der vertraulichen Geburt nicht betroffen sind.

Der Wortlaut allein schließt eine Qualifizierung als Grundrecht nicht von vornherein aus – schließlich lassen sich die Schutzrichtung der Norm sowie die von ihrem Schutzbereich erfassten Personen ermitteln. Da Art. 6 III GG jedoch in erster Linie die Voraussetzungen für einen staatlichen Eingriff normiert, überzeugt es, einen qualifizierten Eingriffsvorbehalt anzunehmen. Zwar ist zuzugeben, dass durch den Wortlaut („Erziehungsberechtigte[...]") im Gegensatz zur Art. 6 II 1 GG der Bereich der betroffenen Personen erweitert wird,[748] doch behält Art. 6 III GG dessen ungeachtet eine sinnvolle Funktion, wenn man ihn für andere Erziehungsberechtigte auch auf Art. 6 I GG bezieht.[749][750]

Doch kann eine Entscheidung letztlich offenbleiben, da in den Fällen der vertraulichen Geburt andere Erziehungsberechtigte als die Eltern nicht betroffen sind. Für Letztere überzeugt eine Einordnung der Norm als Eingriffsvorbehalt.[751]

---

745 Nachweise bei Mielitz, Anonyme Kindesabgabe, S. 234; vgl. auch Beck-OK-GG[06-17]/Uhle, Art. 6 Rn. 63.

746 So Mielitz, Anonyme Kindesabgabe, S. 235.

747 Das genügt bereits. Es ist nicht erforderlich, dass die Eltern oder ein Elternteil eine ausdrückliche Gegenerklärung abgeben, Mangoldt, Hermann v./Klein, Friedrich/Starck, Christian (Hg.): Kommentar zum Grundgesetz: 1. Band: Präambel, Artikel 1 bis 19. 6. Auflage, München 2010/*Robbers,* Art. 6 Rn. 261.

748 Kahl, Wolfgang/Waldhoff, Christian/Walter, Christian (Hg.): Bonner Kommentar: Grundgesetz. 2. Ordner, Art. 4–6 III, München 2017, 75. EL 1995/*Jestaedt*, Art. 6 Abs. 2 und 3 Rn. 217.

749 Mielitz, Anonyme Kindesabgabe, S. 235.

750 Der Kreis der geschützten Personen in Art. 6 I GG ist deutlich größer als der des Art. 6 II 1 GG. Auch stellt Art. 6 I GG auf die Familie, nicht nur auf die Eltern ab.

751 Ebenso Schmidt-Bleibtreu/Hofmann/Hopfauf/Henneke-GG/*Hofmann*, Art. 6 Rn. 64.

(3) Verhältnis von Art. 6 II 2 GG und Art. 6 III GG

Art. 6 II 2 GG bietet die Grundlage für ein Einschreiten des Staates aufgrund einer gesetzlichen Regelung nach Maßgabe des Kindeswohls.[752] Es handelt sich um einen qualifizierten Gesetzesvorbehalt.[753] Art. 6 III GG beschreibt einen möglichen Eingriff in das Elternrecht aufgrund des staatlichen Wächteramtes und regelt und begrenzt zugleich diesen Eingriff.[754] Vielfach wird daher Art. 6 III GG als lex specialis zu Art. 6 II 2 GG aufgefasst.[755] Wird das Elternrecht mit Blick auf das Kindeswohl[756] dementsprechend eingeschränkt, ist damit zwangsläufig die Möglichkeit eröffnet, das Recht des Kindes einzuschränken.

(4) Tatbestand

Art. 6 III GG ist im Zusammenhang mit Art. 6 I und II 1 GG zu verstehen.[757]

Die Trennung des Kindes von den Eltern, wie Art. 6 III GG sie voraussetzt, ist die tatsächliche Trennung unter Beibehaltung der rechtlichen Verbindung.[758] Der Einordnung als Trennung steht dabei nicht entgegen, dass das Kind bereits kurz nach der Geburt von der Familie getrennt wird.[759]

Voraussetzung ist weiter die Gefahr der Verwahrlosung durch Versagen der Erziehungsberechtigten oder aus anderen Gründen. Dies verlangt wiederum die nachhaltige Nichterfüllung der Erziehungspflichten, wobei es auf ein Verschulden nicht ankommt.[760] Der Auffassung, Art. 6 III GG sei nicht einschlägig, wenn eine Trennung mit dem Ziel erfolge, ein funktionsfähiges Eltern-Kind-Verhältnis herzustellen,[761] kann nicht gefolgt werden, weil Art. 6 III GG jede Trennung, die mit staatlicher Gewalt erfolgt, verhindern will.[762] Die Trennung

---

752 Maunz/Dürig-GG-Kommentar I, 69. EL 2013/*Badura*, Art. 6 Rn. 139.

753 Sachs/*von Coelln*, Art. 6 Rn. 76.

754 BVerfG NJW 1968, 2233 (2234).

755 Nachweise bei Beck-OK-GG[06-17]/*Uhle*, Art. 6 Rn. 63; AA (Art. 6 III GG als Schranken-Schranke des staatlichen Wächteramtes) Maunz/Dürig-GG-Kommentar I, 69. EL 2013/*Badura*, Art. 6 Rn. 141.

756 Diese Richtschnur gilt auch für Fälle des Art. 6 III GG, Sachs/*von Coelln*, Art. 6 Rn. 84 (Fn. 592) i.V.m. Rn. 79.

757 Maunz/Dürig-GG-Kommentar I, 69. EL 2013/*Badura*, Art. 6 Rn. 141.

758 Sachs/*von Coelln*, Art. 6 Rn. 89.

759 BVerfG NJW 2013, 1867.

760 BVerfG NJW 1982, 1379; Sachs/*von Coelln*, Art. 6 Rn. 85; Maunz/Dürig-GG-Kommentar I, 69. EL 2013/*Badura*, Art. 6 Rn. 141.

761 BVerfG NJW 1968, 2233 (2235).

762 Sachs/*von Coelln*, Art. 6 Rn. 86.

des Kindes von den Eltern dient der Abwendung einer (unter Umständen schwerwiegenden) Gefahr für die körperliche Unversehrtheit, sodass insoweit von der Abwendung der Verwahrlosung gesprochen werden kann. Soweit ein sorgeberechtigter Vater existiert, gegen oder ohne dessen Willen[763] die Trennung durch die vertrauliche Geburt vollzogen wird, ist Art. 6 III GG als Schranke zur Anwendung zu bringen.

Für alle anderen Fälle bietet Art. 6 II 2 GG eine Schranke, deren Voraussetzung der Schutz des Kindeswohls ist.[764] Auch die Voraussetzungen dieser Schranke sind gewahrt.

d) Der Schutzanspruch der Mutter (Art. 6 IV GG)

Ein Grundrecht von Müttern ergibt sich im Allgemeinen aus Art. 6 IV GG.[765] Dieser kann seinem Wortlaut entsprechend als Ermächtigung, ja gar als Gebot zur Hilfe für Schwangere und Mütter mittels einer vertraulichen Geburt verstanden werden.[766] Indes schützt Art. 6 IV GG die Frau gerade in ihrer Position als (werdende) Mutter und damit mit Blick auf die Förderung der künftigen Familie.[767] Dafür spricht auch, dass Art. 6 GG aus zwei, ursprünglich getrennten Normen[768] hervorging, Art. 6 IV GG daher zunächst einen deutlich engeren Bezug zu Art. 6 I GG und dem darin enthaltenen Förderauftrag zugunsten der Familie aufwies. Zu guter Letzt endet der Schutz aus Art. 6 IV GG nicht mit einer Fehl- oder Totgeburt, wohl aber mit einer Abtreibung.[769] Gewisslich kann eine Abgabe des Kindes nicht mit einer Abtreibung gleichgesetzt werden, dennoch eint beide – im Unterschied zur Totgeburt – der willentliche Entschluss, keine Familienbande zum Kind herzustellen. Soweit sich also das Handeln der Mutter gegen die Herstellung der Familiengemeinschaft richtet, kommt ihr kein Schutz aus Art. 6 IV GG zu.

---

763 V. Mangoldt/Klein/Starck-GG I/*Robbers*, Art. 6 Rn. 261.

764 Sachs/*von Coelln*, Art. 6 Rn. 79 m.N.

765 Schmidt-Bleibtreu/Hofmann/Hopfauf/Henneke-GG/*Hofmann*, Art. 6 Rn. 65 f. m.N.

766 Heyers, JR 2003, 45 (47); ähnlich Hassemer/Eidam, Babyklappen und Grundgesetz, S. 80.

767 V. Münch/Kunig-GG I/*Coester-Waltjen*, Art. 6 Rn. 109; Elbel, Rechtliche Bewertung anonymer Geburt und Kindesabgabe, S. 168 f.

768 Art. 6 I, IV und V bildeten einen Verfassungsartikel, Art. 6 II und III dagegen einen anderen, Mielitz, Anonyme Kindesabgabe, S. 178.

769 Sachs/*v. Coelln*, Art. 6 Rn. 96.

e) Schutz der Intimsphäre (Art. 2 I GG i.V.m. Art. 1 I GG)

Das allgemeine Persönlichkeitsrecht tritt auch in seiner Form als Recht auf Achtung der Privat- und Intimsphäre[770] als abwägungsrelevante Größe auf. Umfasst sind der familiäre Bereich und die persönlichen, also auch die geschlechtlichen Beziehungen.[771] Das schließt das Recht ein, zu entscheiden, ob, inwieweit und wem Einblick in das eigene Geschlechtsleben gewährt wird.[772] Zuvörderst ist es die Mutter des vertraulich geborenen, die den Schutz durch das allgemeine Persönlichkeitsrecht genießt, jedoch steht der Schutz gleichermaßen dem Vater des Kindes beziehungsweise dem Partner der Mutter im Allgemeinen zu. Auch dieser ist bei einer Auskunft der Mutter mittelbar betroffen.[773] Durch die Geheimhaltung der Geburt wird die Intimsphäre der betroffenen Personen geschützt. Fraglich und für das Gewicht der Grundrechtsposition von Belang ist, ob hier bereits die unantastbare[774] Intimsphäre betroffen ist. Es zeigt sich, dass auch in diesem Bereich das Geheimhaltungsinteresse der Abwägung mit gegenläufigen Interessen – unter anderem dem Recht auf Kenntnis der eigenen Abstammung – zugänglich ist.[775] Eine Grenze für das Persönlichkeitsrecht anzunehmen, überzeugt, weil das durch den betreffenden Sexualakt gezeugte Kind zwangsläufig von diesem Vorgang berührt wird.[776] Das Gleiche gilt für die Abwägung mit dem Recht des Vaters auf Kenntnis der Abstammung eines Kindes von ihm.[777] Dennoch sollte nicht übersehen werden, dass – anders als bei den vorgenannten Fällen -[778] Gegenstand der Prüfung nicht ein bloßer Auskunftsanspruch gegen die Mutter ist, sondern die Aufnahme ihrer Personenstandsdaten. Ihren Belangen kommt also ein vergleichsweise höheres Gewicht zu.

Ein absoluter Schutz wäre hingegen anzunehmen, wenn nicht nur das Persönlichkeitsrecht, sondern die Menschwürde (Art. 1 I 1, 2 GG) selbst durch die Preisgabe des eigenen Sexuallebens berührt wäre. Dann könnte der Staat sogar

---

770 BVerfG NJW 1970, 555 (555).

771 BVerfG NJW 1997, 1769 (1769); BVerfG NJW 2015, 1506 (1 LS.).

772 NJW 2015, 1506 (1. LS.).

773 NJW 2015, 1506 (1509).

774 Da auch die Intimsphäre der Abwägung zugänglich ist (s. dazu sogleich), ist der Begriff „unantastbar“ unangebracht.

775 V. Mangoldt/Klein/Starck-GG I/*Starck*, Art. 2 Rn. 108; BVerfG NJW 1988, 3010; OLG Hamm FamRZ 1991, 1229; OLG Oldenburg NJOZ 2011, 585.

776 Vgl. Eidenmüller, JuS 1998, 789 (791).

777 BVerfG NJW 2007, 753 (765).

778 Vgl. Fn.775.

verpflichtet sein, eine geheime Geburt zur Verfügung zu stellen.[779] Durch die Angabe der Personenstandsdaten wird aber nur ein Ausschnitt des Sexuallebens bekannt, nämlich die Person des Erzeugers des Kindes. Intime Details sind davon nicht betroffen. Es wird daher zwar das Persönlichkeitsrecht der Betroffenen berührt, nicht aber die Menschenwürde.[780]

f) Recht des Vaters auf Kenntnis der Abstammung seines Kindes von ihm (Art. 2 I i.V.m. Art. 1 I GG)

So wie dem Kind ein Recht auf Kenntnis der eigenen Abstammung zukommt, erwächst dem rechtlichen wie dem leiblichen Vater ein Recht auf Kenntnis der Abstammung seines Kindes von ihm. Zur Wahrung dieses Rechts hat der Gesetzgeber ein geeignetes Verfahren zur Feststellung der Vaterschaft bereitzustellen.[781] Dieses Recht wird – wie schon das Recht auf Gewährleistung eines Verfahrens zur Erlangung der rechtlichen Vaterschaft – durch die vertrauliche Geburt von vornherein vereitelt. Ist der Vater mit der vertraulichen Geburt einverstanden oder hat er zumindest Kenntnis von seinem Kind, ist seinem Recht auf Kenntnis bereits Genüge getan, weil er um das Kind und seine Beziehung zu diesem weiß.

Die Herstellung einer fortdauernden Beziehung zum Kind ist sodann eine Frage des Rechts auf Familie und des Elternrechts (Art. 6 I und II 1 GG).

Auch hier besteht die Möglichkeit einer Einschränkung durch eine gesetzliche Regelung, die einen verfassungskonformen Zweck verfolgt.[782]

g) Recht auf Leben und körperliche Unversehrtheit

Die Annahme einer Betroffenheit des Rechts auf Leben und körperliche Unversehrtheit, Art. 2 II 1 GG, ist im Zusammenhang mit der vertraulichen Geburt aus zwei Gründen problematisch.

Der erste Aspekt war schon im Zusammenhang der anonymen Abgabe heftig umstritten. Der Beweis, dass ein bestimmtes Kind durch die vertrauliche Geburt

---

779 So auch Elbel, Rechtliche Bewertung anonymer Geburt und Kindesabgabe, S. 165.

780 Vgl. auch BVerfG NJW 2007, 753 (756): Damit sei kein unzulässiger Eingriff in den unantastbaren Bereich privater Lebensgestaltung verbunden.

781 BVerfG NJW 2007, 753 (1. LS. und 754); der Umsetzung dieses Rechts dient § 1598a BGB, Beck-OK-BGB[02-17]/*Hahn*, § 1598a Rn. 1. Dieses Recht ergänzt den Schutz des leiblichen Vaters aus Art. 6 GG, der keine isolierte Feststellung der Abstammung gestattet, BVerfG BeckRS 2015, 13474 = NJW-RR 2016, 63.

782 BVerfG NJW 2007, 753 (754).

gerettet wurde, ist praktisch nicht zu führen. Eine intrapersonale Abwägung des Rechtsgutes Leben mit den durch die vertrauliche Geburt beeinträchtigten Positionen scheidet aus. Somit kann leidglich eine Abwägung mit dem Leben eines anderen Kindes stattfinden, dessen Leben durch die vertrauliche Geburt gerettet wurde (interpersonale Abwägung). Auf die Frage der Wirkung der vertraulichen Geburt auf Kindstötungen (Abtreibungen, Misshandlungen) wird unter aa) eingegangen werden. Dort wird ebenfalls der Aspekt einer verbesserten medizinischen Versorgung im Vergleich zu Hausgeburten besprochen werden wie auch der Vorbeugung gegen eine Gefahr, der Mutter und Kind seitens Dritter ausgesetzt sind.

Darüber hinaus kann das Grundrecht unter einem weiteren Gesichtspunkt Bedeutung erlangen. Schadet nämlich die Trennung des Kindes von der Mutter durch Auflösung der frühkindlichen Bindung der Entwicklung, und/oder führt die Unkenntnis von der eigenen Abstammung zu psychischen Erkrankungen, die im Extremfall auch zur Selbsttötung des Betroffenen führen können,[783] so wirkt das Recht auf Leben und körperliche Unversehrtheit jedenfalls dann auch in die entgegengesetzte Richtung, wenn die Grenze zum pathologischen Befund überschritten ist.[784] Das gilt für die Kinder, welche gerade infolge des durch die vertrauliche Geburt geschaffenen Anreizes von ihren Eltern abgegeben wurden, aber auch für Kinder, die ohnehin von ihren Eltern getrennt worden wären, weil die vertrauliche Geburt die Beeinträchtigung aufrechterhält. Wegen der späteren Möglichkeit der Einsichtnahme in den Herkunftsnachweis und der Möglichkeit der Mutter, dem Kind Informationen über seinen familiären Hintergrund zu hinterlassen, dürften diese gravierenden Folgen kaum auftreten.

Auch für die Mutter selbst kann die Abgabe des Kindes mitunter gravierende Spätfolgen zeitigen.[785] Die Mutter ist aber Stein des Anstoßes für die vertrauliche Geburt und wird – anders als bei einer Babyklappe – auch durch die Schwangerschaftsberatungsstellen unterstützt. Damit kommt ihren Belangen insoweit ein vergleichsweise geringes Gewicht zu.

aa) Verhinderung eines Neonatizides/Schutz gegen Gefahren seitens Dritter

Art. 2 II 1 GG garantiert dem Kind das Recht auf Leben und körperliche Unversehrtheit.[786] Könnte also mit einer hinreichenden Wahrscheinlichkeit davon aus-

783 Dazu oben unter B. IV. 2.

784 Beck-OK-GG$^{06\text{-}17}$/*Lang*, Art. 2 Rn. 62; Sachs/*Murswiek*, Art. 2 Rn. 149.

785 Oben unter B. IV. 3.

786 BVerfGE 39, 37 = NJW 1975, 573.

gegangen werden, dass die vertrauliche Geburt Leben retten werde, so wäre das Recht auf Leben betroffen.[787]

Der körperlichen Unversehrtheit ist die vertrauliche Geburt schon deswegen zuträglich, weil sie im Gegensatz zur nicht betreuten Geburt eine bessere medizinische Versorgung für Mutter und Kind bietet. Dabei spielt es keine Rolle, welche Gründe die Mutter bewogen haben, eine betreute Geburt einer solchen ohne medizinische Versorgung vorzuziehen.[788]

Gleichermaßen wäre das Grundrecht insoweit betroffen, als Abtreibungen verhindert würden.[789] Schließlich träte der Schutz der körperlichen Unversehrtheit hinzu, wenn es um den Schutz des Neugeborenen vor mit Aussetzungen einhergehenden körperlichen Schäden geht.[790] All diese Aspekte kommen jedoch erst zur Geltung, wenn die vertrauliche Geburt als Alternative zu den ebengenannten Szenarien gewählt wird und nicht etwa davon unabhängig. Das bedeutet: In einer gewissen *Zahl von Fällen* muss mit einer *gewissen Wahrscheinlichkeit* die vertrauliche Geburt anstelle der anderen Handlungsoptionen (Tötung/Aussetzung des Kindes) gewählt worden sein. Wie bereits festgestellt wurde, lässt das im Augenblick vorhandene Datenmaterial Zweifel an der Wirksamkeit der anonymen Abgabe zu. Jüngste Befunde[791] machen aber einen suppressiven Effekt anonymer Geburten auf die Anzahl der Neonatizide wahrscheinlich.[792] Diesen hingegen mit an Sicherheit grenzender Wahrscheinlichkeit festzustellen ist nicht möglich. Zum einen gestaltet es sich problematisch, einen hypothetischen Kausalverlauf zu rekonstruieren.[793] Dieses Problem wird dadurch noch verschärft, dass die praktizierten Konzepte der anonymen Abgabe zwangsläufig und größtenteils die Umstände der Abgabe verdecken.[794]

Zum anderen konnten von staatlicher Seite nicht umfassend Daten über Angebote erhoben werden, die überwiegend als rechtswidrig eingeschätzt wurden, ohne dass zugleich dagegen hätte vorgegangen werden müssen.[795] Weitere Er-

787 Zur Babyklappe: Hassemer/Eidam, Babyklappen und Grundgesetz, S. 64.

788 So auch Hepting, FamRZ 2001, 1573 (1578).

789 Hassemer/Eidam, Babyklappen und Grundgesetz, S. 64.

790 Hassemer/Eidam, Babyklappen und Grundgesetz, S. 64.

791 Zu den entsprechenden empirischen Daten siehe oben unter B. III. 2. b) bb) (2).

792 Hepting, FamRZ 2001, 1573 (1577): „sehr wahrscheinlich“; als „äußerst wahrscheinlich“ schätzt dies auch Heyers, JR 2003, 45 (46 f.) ein.

793 Oben unter B. III. 2. a).

794 Hassemer/Eidam, Babyklappen und Grundgesetz, S. 67.

795 Eines expliziten Verbots der anonymen Abgabe hätte es nicht bedurft. Vielmehr hätten die Ordnungsbehörden wegen der damit verbundenen Straftaten die An-

kenntnisse sind daher erst bei der Evaluation nach Art. 8 des Gesetzes zum Ausbau der Hilfen für Schwangere und zur Regelung der vertraulichen Geburt zu erwarten.[796] Wollte der Gesetzgeber wirklich umfassende Daten erheben, war er gezwungen ein Modell der anonymen oder vertraulichen Geburt zu ermöglichen.[797] Es handelt sich um eine Entscheidung unter Nichtwissen.[798] Äußerst problematisch bleibt aber die Frage, ob der Gesetzgeber des neuen SchKG befugt war, eine prognostische Entscheidung zu treffen, oder ob nicht vielmehr die vorhandenen Erkenntnismöglichkeiten noch nicht ausgeschöpft waren.[799]

Sicher ist nach dem bisher Gesagten hingegen bereits, dass das Leben des Kindes insoweit eine abwägungsrelevante Größe ist, denn auch wenn nur die Wahrscheinlichkeit eines Schadens besteht, kann sich daraus eine Schutzpflicht oder wenigstens eine abwägungsrelevante Größe ergeben.[800]

---

gebote mit sicherheitsrechtlichen Maßnahmen unterbinden müssen. Beurteilt man auch die Angebote anonymer Abgabe selbst nicht als strafrechtlich relevant, hätte die Figur des Zweckveranlassers dazu die Möglichkeit geboten. Natürlich wäre der Staat ungeachtet einer etwaigen statistischen Erfassung verpflichtet, rechtswidrige Handlungen zu unterbinden. Erneut offenbart sich das Spannungsfeld zwischen dieser Pflicht (vgl. etwa § 152 II StPO) und der (andauernden) Duldung der anonymen Abgabe. Zu den weiteren Optionen staatlichen Handelns gegen die anonyme Abgabe siehe Mielitz, Anonyme Kindesabgabe, S. 269 ff.

796 Dazu auch Hassemer/Eidam, Babyklappen und Grundgesetz, S. 66 f.; vgl. auch BVerfG NJW 1963, 1243 (1246).

797 Hält man es nicht von vornherein für ausgeschlossen, dass die vertrauliche Geburt Leben rette, ist aufgrund der staatlichen Schutzpflicht für das Leben sogar eine Pflicht zur Einführung der vertraulichen Geburt probeweise diskutabel (weitergehend Hassemer/Eidam, Babyklappen und Grundgesetz, S. 69). Siehe dazu auch BVerfG NJW 1977, 2255 (Schleyer): Welche Maßnahmen der Staat wählt, ist ihm indes selbst überlassen. Dass hier schon eine Verengung auf eine einzelne, einzig zulässige Maßnahme vorliegt, ist zweifelhaft.

798 Vgl. Hassemer/Eidam, Babyklappen und Grundgesetz, S. 66; dazu auch Kingreen, KritV 2009, 88 (99 f.), der aber wohl davon ausgeht, die Erkenntnismöglichkeiten des Gesetzgebers seien (zum damaligen Zeitpunkt) noch nicht ausgeschöpft (gewesen).

799 Wie bereits erwähnt, hätten immerhin amtlich Informationen über die Zahlen der Kindstötungen erhoben und Meldepflichten für die Angebote anonymer Abgabe eingeführt werden können. Die Gesetzesbegründung (BT-Drucks. 17/12814, S. 1) begnügt sich insoweit mit dem Hinweis auf die Expertise Neonatizid (Höynck/Zähringer/Behnsen, Neonatizid) und die dort genannten Fallzahlen sowie auf das Fehlen offizieller Statistiken zur Anzahl der Angebote.

800 BVerfG NJW 1979, 359 (361); BVerfG NJW 1979, 2349 (2350 f.) zufolge genügt die bloße Möglichkeit einer Gefahr nicht. Ein sicherer Schadeneintritt sei hingegen auch nicht erforderlich. Der erforderliche Grad an Wahrscheinlichkeit liege zwischen

Es steht zu vermuten, dass die zahlenmäßige Relevanz der betroffenen Fälle gering ist. Fraglich bleibt, welches Gewicht der Grundrechtsposition Leben zukommt.

Das Leben stellt im Grundgesetz einen Höchstwert dar.[801] Soweit diese Position jedoch darauf gestützt wird, das Leben stelle die vitale Basis für alle anderen Grundrechte dar, verfängt dieses Argument für die Fälle der anonymen Abgabe nur teilweise. Nur in den Fällen, in denen nach einem bereits vorausgesetzten Grad an Wahrscheinlichkeit[802] eine Gefährdung für das Leben besteht, stärkt deren Abwendung alle anderen Grundrechtspositionen des Betroffenen. Dabei darf nicht verkannt werden, dass der veränderte Wahrscheinlichkeitsmaßstab im Rahmen des Möglichen keineswegs von der vorherigen Aufklärung der drohenden Gefahr entbindet[803] und stets unter dem Vorbehalt zukünftiger Erkenntnisse steht, die zu einer veränderten Bewertung zwingen.[804] Dann ist es folgerichtig, dem Gesetzgeber eine Pflicht zur Beobachtung aufzuerlegen. Wenn diesem nämlich nur wegen der unsicheren Faktenlage von einer vollständigen Aufklärung der drohenden Gefahr Dispens gewährt wird, muss dieser Dispens entfallen, sobald und soweit eine Aufklärung möglich wird. Diese Möglichkeit bietet Art. 8 des neuen Gesetzes, der bereits drei Jahre nach Inkrafttreten eine Überprüfung vorsieht.

Ein absoluter Schutz des Lebens, der jede Abwägung obsolet machte, kann nicht angenommen werden. Auch das Leben kann hinter andere Rechtsgüter

---

diesen beiden Positionen; BVerfG NJW 1979, 2607; BVerfG NJW 1981, 1655 (1657); vgl. auch Maunz/Dürig 43. EL 2004/*Di Fabio*, Art. 2 Abs. 2 Satz 1 Rn. 90.

801 BVerfG, NJW 1975, 573 (575); BVerfG NJW 1977, 2255; BVerfG NJW 1978, 2235 (2236); BVerfG NJW 1993, 1751 (1777); Schmidt-Bleibtreu/Hofmann/Hopfauf/Henneke-GG/*Hofmann*, Art. 2 Rn. 60; v. Münch/Kunig-GG I/*Kunig*, Art. 2 Rn. 55.

802 Dagegen begegnet es Bedenken, den Grad der erforderlichen Wahrscheinlichkeit mit der Bedeutung des Lebens für die anderen Grundrechte eines geretteten Kindes zu begründen, wie es wohl *Hassemer/Eidam* (Babyklappen und Grundgesetz, S. 69 f.) vorschlagen. Denn das setzt gerade voraus, dass das betreffende Kind durch die vertrauliche Geburt gerettet wurde. Dies aber wiederum zu ermitteln, setzt einen bereits festgelegten Wahrscheinlichkeitsmaßstab voraus. Ein Mindestmaß an Wahrscheinlichkeit für eine Gefährdung des Lebens muss daher die Prämisse aller weiteren Überlegungen sein (so letztlich auch *Hassemer/Eidam*, aaO mit einem sehr großzügigen Maßstab).

803 BVerfG NJW 1979, 359, (362).

804 BVerfG NJW 1979, 359 (360 f.); BVerfG NJW 1979, 699 (702).

zurücktreten.[805] Andernfalls würde der Staat bei Drohungen gegen das Leben ohne weiteres erpressbar.[806]

Im Ergebnis nimmt das Leben nichtsdestoweniger eine bedeutende Rolle ein und muss mit anderen Grundrechten in Ausgleich gebracht werden.

Bei der konkreten Ausgestaltung des Konzepts ist darauf zu achten, dass eine Entscheidung für die vertrauliche Geburt nicht durch deren Ausgestaltung konterkariert wird.[807]

Schutzwirkung für das Leben hat die vertrauliche Geburt auch bei einer Bedrohung, der Mutter oder Kind seitens Dritter ausgesetzt sind.

bb) Spätfolgen der Unkenntnis der eigenen Herkunft/ Trennung von der Pflegefamilie

Zusätzlich kann sich die fehlende Kenntnis der eigenen Abstammung negativ auf die Psyche und mittelbar auf die (physische) Gesundheit des Kindes auswirken. Ebenso birgt die Herausnahme des Kindes aus einer Pflegefamilie eine Gefahr für die Entwicklung des Kindes. Zu berücksichtigen, aber in ihrer Tragweite kaum einzuschätzen, ist auch die Auflösung der frühen Bindung des Neugeborenen zu seiner Mutter.[808] Sie wird daher im Folgenden außer Betracht gelassen.

Auch für die Mutter kann die Abgabe insoweit negative Folgen zeitigen.[809]

h) Eigentum und Erbrecht (Art. 14 I 1 GG)

Der Schutz des Art. 14 I 1 GG umfasst private Forderungen[810] und damit auch die Unterhaltsansprüche des Kindes gegen seine Eltern sowie andere Verwandte (und umgekehrt).[811] Gleichsam wird der Erbe durch Art. 14 I 1 GG dahingehend geschützt, kraft Erbfolge eine Mindestbeteiligung an dem Nachlass des Erblassers

805 Benda, JZ 2003, 533 (537); AA Hassemer/Eidam, Babyklappen und Grundgesetz, S. 69 f.: Andere Grundrechte könnten gegen den Lebensschutz nicht erfolgreich ins Feld geführt werden.

806 Benda, JZ 2003, 533 (537); zustimmend Mielitz, Anonyme Kindesabgabe, S. 246 f. Diese Argumentation entspricht der des BVerfG im Fall Schleyer (NJW 1977, 2255).

807 Zutreffend Hepting, FamRZ 2001, 1573 (1582).

808 Oben unter B. IV. 2. (Fn. 124); Balloff, FPR 2013, 208 (212): Nahezu jede Fremdunterbringung beinhalte eine Kindeswohlgefährdung; vgl. auch Dornes, Der kompetente Säugling, S. 39 ff.

809 Oben unter B. IV. 3.

810 BVerfG NJW 2005, 879 (880); BVerfG NJW 1991, 1807; BVerfG NJW 1977, 2024 (2028).

811 Vgl. auch Wolf, FPR 2001, 345 (345).

zu erhalten.[812] Beide Positionen werden erst durch die Auflösung der verwandtschaftlichen Beziehungen infolge der Adoption aufgehoben.[813] Dennoch werden sie bereits durch die Aussetzung der Beziehung zwischen dem vertraulich geborenen Kind und seiner Familie beeinträchtigt. Die Mutter erhält nicht nur faktisch, sondern rechtlich die Möglichkeit, die genannten Rechtspositionen des Kindes zu vereiteln.

Eigentums- und Erbrechtspositionen erfahren eine Bestimmung ihres Inhalts und ihrer Schranken durch einfachgesetzliches Recht, Art. 14 I 2 GG. Eine Inhalts- und Schrankenbestimmung ist eine generelle und abstrakte Regelung von Rechten und Pflichten durch den Gesetzgeber bezüglich solcher Rechtsgüter, die als Eigentum geschützt werden.[814] Um eine solche abstrakte Regelung des Eigentums- und Erbrechts, nicht um eine Entziehung konkreter Eigentumspositionen zur Erfüllung bestimmter Aufgaben,[815] handelt es sich im Falle der vertraulichen Geburt.

i) Grundsatz der Gleichbehandlung (Art. 3 GG)

Der allgemeine Gleichheitssatz aus Art. 3 I GG verbietet es der staatlichen Gewalt, wesentlich Gleiches ungleich zu behandeln.[816] Nur mit einem sachlich vertretbaren Grund (also nicht willkürlich) ist eine Differenzierung erlaubt.[817] Je nach Sachlage kann eine Prüfung anhand eines strengeren Maßstabs bis hin zur Prüfung an strengen Verhältnismäßigkeitsanforderungen geboten sein.[818] Eine Ungleichbehandlung ergibt sich aus der Bevorzugung der Mütter, welche ihre Kinder vertraulich zur Welt bringen gegenüber denjenigen, welche eine reguläre Geburt wählen. Erstere haben bis zum Abschluss des Adoptionsverfahrens stets die Möglichkeit die von ihnen „konkludent erteilte" Einwilligung de facto zu

---

812 BVerfG NJW-RR 2010, 156 (157); BVerfG NJW 2005, 1561 (1. LS).

813 MüKo-BGB IX/*Maurer*, § 1755 Rn. 16.

814 BVerfG NJW 2004, 2073 (2077); BVerfG NJW 1999, 2877 (2877); BVerfG NJW 1980 985 (987) (st. Rspr.).

815 Dann läge eine Enteignung vor, BVerfG NJW 1999, 2877 (2877).

816 BVerfG NJW 1951, 877 (879); BVerfG NJW 1960, 1659 (1660); BVerfG NVwZ 2011, 1316 (1317) m.w.N. (st. Rspr.).

817 BVerfG NJW 1980, 879 (879); BVerfG NJW 1997, 1975, (1979); BVerfG DNotZ 1988, 754 (763) (st. Rspr.).

818 BVerfG NVwZ 2011, 1316 (1 LS.). Der Sache nach war die Verhältnismäßigkeitsprüfung schon immer in der reinen Willkürprüfung angelegt, da die Frage, ob ein Differenzierungsgrund sachlich einleuchtet, stets vom Gewicht der Beeinträchtigung abhängt, zutreffend Beck-OK-GG[06-17]/*Kischel*, Art. 3 Rn. 29.

widerrufen. Erteilt eine Frau regulär ihre Einwilligung in eine Adoption, ist diese nach § 1750 II 2 HS. 2 BGB unwiderruflich.[819] Für diese Unterscheidung bedarf es zunächst eines sachlichen Grundes. Des Weiteren wird zu untersuchen sein, ob zwischen den genannten Gruppen Unterschiede von solcher Art und solchem Gewicht bestehen, dass sie die ungleiche Behandlung rechtfertigen können.[820] Die Ungleichbehandlung selbst ist eher von geringem Gewicht, handelt es sich doch lediglich um eine verfahrensrechtliche Regelung. Den willentlichen Akt der Einwilligung per se – und mag er auch nur fingiert werden wie im Fall der vertraulichen Geburt – haben beide Konstellationen gemein.

4. Schranken-Schranken und sachlicher Grund (Art. 3 GG)

Die Einschränkung der Grundrechte bedarf der Rechtfertigung. Die gesetzliche Schranke unterliegt ihrerseits Einschränkungen (sog. Schranken-Schranken). Nichts anderes gilt, wenn man entgegen der hier vertretenen Auffassung nicht von einem staatlichen Eingriff ausgeht. Dann müssten trotzdem die Schutzpflichten des Staates miteinander in Ausgleich gebracht werden.

a) Verhältnismäßigkeit

Namentlich muss das einschränkende Gesetz vor allem dem Grundsatz der Verhältnismäßigkeit im weiteren Sinne gerecht werden. Dieser setzt voraus, dass zur Erreichung eines verfassungsrechtlich erlaubten Zweckes ein geeignetes Mittel gewählt wird, dieses Mittel erforderlich ist, und die Freiheitsbeeinträchtigung nach Art und Gewicht nicht außer Verhältnis zur Förderung des Schutzgutes steht.[821]

aa) Legitimer Zweck

Es bestehen keine Zweifel, dass die neue gesetzliche Regelung legitime Zwecke verfolgt.[822]

---

819 Kritisch auch: Gernhuber, Joachim/Coester-Waltjen, Dagmar: Familienrecht. 6. Auflage, München 2010, § 51 Rn. 14.

820 BVerfG NJW 1981, 271 (271 f.): sogenannte „neue Formel“, vgl. Beck-OK-GG[06-17]/*Kischel*, Art. 3 Rn. 28. Dagegen knüpft die Unterscheidung nicht an Merkmale an, die sich an die in Art. 3 III GG genannten annähern, sodass eine Prüfung am Maßstab der „neuesten Formel“ (zur Terminologie vgl. erneut Beck-OK-GG[06-17]/*Kischel*, Art. 3 Rn. 28) nicht notwendig ist.

821 Beck-OK-GG[06-17]/ *Huster/Rux*, Art. 20 Rn. 192 ff.

822 Dazu oben unter D. III.

bb) Geeignetheit

Damit eine Maßnahme geeignet zur Erreichung eines Zieles ist, ist nicht notwendig, dass dieses umfassend und mit Sicherheit erreichtwird. Es genügt, wenn der angestrebte Zweck überhaupt gefördert wird.[823] Der Lebensschutz ist das einzige Ziel, das nicht mit an Sicherheit grenzender Wahrscheinlichkeit durch die vertrauliche Geburt erreicht wird. Bei schwierigen Sachverhalten kann die Bestimmung eines Kausalzusammenhangs Probleme bereiten,[824] sodass dem Gesetzgeber ein Einschätzungsspielraum bezüglich der Eignung des gewählten Mittels sowie der tatsächlichen Grundlagen einer gesetzlichen Regelung zusteht.[825] Hat sich der Gesetzgeber um eine Ermittlung der Sachlage bemüht, gehen verbleibende Zweifel nicht zu seinen Lasten.[826] Die Gesetzgebungsmaterialien lassen erkennen, dass der Gesetzgeber sich bei seiner Einschätzung maßgeblich auf die Ergebnisse der „Expertise Neonatizid" des Deutschen Jugendinstitutes[827] gestützt hat.[828] Diese beschäftigt sich nur am Rande mit Präventionsmaßnahmen gegen den Neonatizid und äußert sich vorsichtig skeptisch, was die Wirksamkeit der anonymen Abgabe angeht.[829] Demgegenüber geht der Gesetzgeber von der Eignung der vertraulichen Geburt als Maßnahme zum Lebensschutz aus.[830] Nach hiesiger Einschätzung ist es ausreichend wahrscheinlich, dass der Schutz des Lebens wenigstens gefördert wird. Durch den bundesweiten Notruf, der stetig beworben werden muss, (§ 1 V SchKG) wird die Erreichbarkeit des Angebots gefördert. Vor dem Hintergrund der immer noch bestehenden Unklarheiten ist die Annahme des Gesetzgebers vertretbar.[831] Die gesetzliche Gestattung der vertraulichen Geburt ist somit zur Erreichung der angestrebten Zwecke geeignet.

---

823 Beck-OK-GG$^{06\text{-}17}$/ *Huster/Rux*, Art. 20 Rn. 194.1.
824 Beck-OK-GG$^{06\text{-}17}$/ *Huster/Rux*, Art. 20 Rn. 195.
825 BVerfG NJW 2002, 663 (664).
826 Beck-OK-GG$^{06\text{-}17}$/ *Huster/Rux*, Art. 20 Rn. 195.
827 Höynck/Zähringer/Behnsen, Neonatizid.
828 BT-Drucks. 17/12814, S. 1.
829 Höynck/Zähringer/Behnsen, Neonatizid, S. 63.
830 Implizit BT-Drucks. 17/12814, S. 1 f.
831 Vgl. dazu auch BVerfG NJW 2002, 663 (664): Zum Zeitpunkt der Entscheidung war nicht geklärt, ob das Schlachten von Tieren ohne Betäubung für diese erheblich weniger Leiden bedeutet. Das BVerfG hielt die Entscheidung des Gesetzgebers, das Schlachten von Tieren ohne Betäubung (Schächten) nur in Ausnahmefällen zu erlauben, angesichts der nicht abschließend geklärten Tatsachengrundlage für vertretbar.

Zweifel wurden geäußert, ob die vertrauliche angesichts der Vielzahl der beteiligten staatlichen und nichtstaatlichen Stellen überhaupt geeignet sei, das Vertrauen der Schwangeren in die Geheimhaltung zu gewinnen,[832] sind zwar nicht von der Hand zu weisen, ändern aber nichts an der Geeignetheit. Denn zum einen werden die angestrebten Zwecke allemal gefördert, zum anderen haben lediglich die Beratungsstelle und das BaFzA Zugriff auf den Herkunftsnachweis, nicht aber die anderen beteiligten Stellen wie etwa das Standes- oder das Jugendamt.

Es wurde bereits dargelegt, dass der Gesetzgeber bei Inanspruchnahme eines Einschätzungsspielraums wegen einer ungeklärten Datenlage im Gegenzug verpflichtet ist, die Folgen seiner Maßnahmen zu beobachten und etwaige Fehlannahmen zu korrigieren.[833] Art. 8 des Gesetzes zum Ausbau der Hilfen für Schwangere und zur Regelung der vertraulichen Geburt sieht eine Evaluation der vertraulichen Geburt vor, insbesondere auch vor dem Hintergrund der weiterhin bestehenden Angebote der anonymen Abgabe.[834] Im Grundsatz kommt der Gesetzgeber seiner Pflicht zur Beobachtung nach. Die bereits aufgezeigten Mängel der vorgesehenen Evaluation sind dagegen kritisch zu bewerten, da eine Bewertung der angestrebten Ziele des Gesetzes merklich erschwert wird. Immerhin wird es möglich sein, auf Basis der Aufzeichnungen nach § 33 SchKG sowie auf der Grundlage von Presseberichten über Neonatizide und Befragungen der Betreiber eine Überprüfung vorzunehmen. Vorzugswürdig wäre es außerdem gewesen, eine weitere Evaluation über einen längeren Zeitraum verbindlich festzulegen und diese nicht nach Art. 8 Satz 2 ins Ermessen der Bundesregierung zu stellen.

cc) Erforderlichkeit

Erforderlich ist eine Maßnahme, wenn es kein Mittel gibt, das in gleichem Maße geeignet ist und zugleich eine geringere Belastung darstellt.[835]

Im Vergleich mit anderen Modellen wird zu zeigen sein, dass die vertrauliche Geburt erforderlich ist.

(1) Reguläre Adoption

Als weniger gravierende Maßnahme kommt insbesondere eine reguläre Adoption des Kindes in Betracht.[836]

---

832 Berkl, StAZ 2014, 65 (72) m.w.N.

833 Oben unter E. II. 3. g) aa).

834 Oben unter D. VI.

835 Sachs/*Sachs*, Art. 20 Rn. 152 m.w.N.

836 Dafür etwa Scheiwe, ZRP 2001, 368 (373).

Das BGB betrachtet die Inkognitoadoption als Regelfall, vgl. § 1747 II 2 BGB. Damit wird verhindert, dass die Integration des Kindes in die neue Familie durch die Intervention leiblicher Verwandter gestört wird. Das Ausforschungsverbot nach § 1758 BGB flankiert die Geheimhaltung der Adoption und ihrer Umstände.[837] Bei einer offenen/halboffenen Adoption verzichten die Adoptiveltern dauerhaft bzw. temporär auf diese „Anonymität".[838] Das ändert indessen nichts daran, dass die Daten der Mutter regulär nach § 21 I Nr. 4 PStG im Geburtenregister beurkundet werden. Den in § 63 I PStG genannten Personen wird die Einsichtnahme ermöglicht.[839] Dementsprechend steht das Ausforschungsverbot zur Disposition der Annehmenden und des Kindes, vgl. § 1758 I BGB. Gerade die leibliche Mutter ist es aber, deren Identität geschützt werden soll. Im Personenstandsrecht bietet § 64 I PStG die Möglichkeit, die Benutzung eines Personenstandsregisters durch Eintragung eines Sperrvermerks zu untersagen.[840] Von Nachteil ist daran, dass der Betroffene die Eintragung des Sperrvermerks selbst beantragen (§ 64 I 1 PStG) und überdies die Gefährdung nachweisen muss.[841] Das zwänge zum einen die Mutter dazu, selbst mit den Behörden in Kontakt zu treten – und das bereits direkt nach der Eintragung der Personenstandsdaten ins Personenstandsregister – und überdies den Antrag stetig zu erneuern. Zum anderen trüge sie die Beweislast für die Gefährdung. Schließlich ist der Schutz des Sperrvermerks nicht absolut, § 64 I 3 PStG.[842] Im Falle der vertraulichen Geburt wurde die Abwägung zwischen den verschiedenen Belangen hingegen für die ersten 16 Lebensjahre des Kindes zugunsten der (absoluten) Anonymität der Mutter entschieden. Ferner muss die Mutter nur mit der Beratungsstelle in Kontakt treten. Es darf angenommen werden, dass die Obliegenheiten einer regulären Adoption eine Schwangere abschrecken[843]. Das Hilfskonzept muss aber so konzipiert sein, dass die grundlegende Entscheidung zu seinen Gunsten nicht

837 Muscheler, FPR 2008, 496 (496).

838 Muscheler, FPR 2008, 496 (498).

839 Das adoptierte Kind hat ein Recht auf Auskunft aus den Registereinträgen seiner leiblichen Eltern zur Verwirklichung seines Rechts auf Kenntnis seiner Abstammung, Gaaz/Bornhofen-HK-PStG³/Gaaz, § 62 Rn. 12 m.N.

840 Gaaz/Bornhofen-HK-PStG³/Gaaz, § 64 Rn. 4.

841 Gaaz/Bornhofen-HK-PStG³/Gaaz, § 64 Rn. 5. Auch die Verlängerung der Sperre nach § 64 I 2 HS. 1 PStG bedarf eines Antrags, Gaaz/Bornhofen-HK-PStG³/Gaaz, § 64 Rn. 7.

842 Siehe zu den Ausnahmen Gaaz/Bornhofen-HK-PStG³/Gaaz, § 64 Rn. 11.

843 Dass den Frauen gerade auch die Anonymität gegenüber den Behörden wichtig ist, wurde bereits dargelegt, oben unter B. III. 4.

durch seine konkrete Ausgestaltung konterkariert wird.[844] Eine reguläre Adoption ist daher kein gleichermaßen geeignetes Mittel.[845] Das gilt vor allem dann, wenn die Mutter sich einer Gefahr durch Dritte ausgesetzt sieht.

(2) Das französische Modell

Daneben kommt als milderes Mittel ein Modell der vertraulichen Geburt in Betracht, das sich an dem der französischen anonymen Geburt orientiert. Nach Art. 341 C.C.[846] steht die Mutterschaftsklage unter dem Vorbehalt des Art. 341-1 C.C.. Nimmt eine Frau die anonyme Geburt in Anspruch, wird ihr lebenslange Anonymität zugesichert.[847] Nach einer Reform im Jahre 2002, die den „Conseil national pour l'accès aux origines personelles" (CNAOP) ins Leben rief, hat das Kind die Möglichkeit, die Identität der Mutter zu erfahren, wenn diese zustimmt. Bei der Inanspruchnahme der anonymen Geburt wird die Mutter über dieses Verfahren aufgeklärt und gebeten, Informationen etwa über die Umstände der Geburt und den Vater zu hinterlassen.[848] Das Kind hat also, die Zustimmung der Mutter vorausgesetzt, die Möglichkeit mit dieser in Kontakt zu treten. Eine Übertragung dieses Modells kommt insoweit in Frage, als dem Kind der Zugang zur eigenen Abstammung bereits vor dem 16. Lebensjahr eröffnet wird. So ist die Beratungsstelle bereits de lege lata (vgl. § 26 II SchKG) verpflichtet, die Identität der Mutter festzuhalten. Ähnlich dem französischen CNAOP könnte die Beratungsstelle als Mittler fungieren. Die Rechte der Beteiligten würden weniger stark beeinträchtigt. Eine Mehrbelastung der Mutter ergäbe sich lediglich daraus, dass sie mit einem Kontaktversuch seitens der Beratungsstelle rechnen müsste. Da ihre Zustimmung erforderlich bliebe, behielte die Mutter die Herrschaft über ihre Anonymität. Würde eine zentrale Stelle mit der Vermittlung betraut, steht auch nicht zu befürchten, dass der Wohnort der Mutter ermittelt werden kann. Ob Schwangere durch diese Modalitäten von der Inanspruchnahme der vertraulichen Geburt abgehalten würden, lässt sich nicht mit Sicherheit beurteilen. Freilich gewährleistet die anfänglich unantastbare Geheimhaltung ein höheres Maß an Sicherheit und stärkt das Vertrauen der Betroffenen. Davon auszugehen, das jetzt bestehende Modell der vertraulichen

844 Oben unter 3. g) aa).

845 I.E. auch Teubel, Geboren und Weggegeben, S. 118 (zur anonymen Abgabe) m.N. Gegenüber der fortdauernden Anonymität der anonymen Abgabe ist die vertrauliche Geburt milderes Mittel.

846 Code civil (das französische Zivilgesetzbuch).

847 Stürmann, KJ 2004, 54 (57).

848 Stürmann, KJ 2004, 54 (58).

Geburt sei erforderlich, ist daher vertretbar und fällt (noch) in den Einschätzungsspielraum des Gesetzgebers, der auch hier besteht.[849]

(3) Länge der Geheimhaltungsfrist

Ob eine kürzere Frist als 16 Jahre gleichermaßen geeignet wäre und den Rechten des Kindes zugleich besser zur Geltung verhülfe, weil der Eintritt des Kindes in die Pubertät und die damit beginnende Identitätsfindung zumeist bereits vor dem 16. Lebensjahr des Kindes einsetzen, ist erwägenswert, kann aber nur durch entwicklungspsychologische Untersuchungen beantwortet werden.[850] Zumindest wird damit nicht die Zulässigkeit einer vertraulichen Geburt per se in Frage gestellt, sondern allenfalls deren Ausgestaltung.

(4) Beratungslösung

Ein Konzept, das der Schwangeren eine auf ihre Situation zugeschnittene Beratung anbietet und ihr konventionelle Hilfemöglichkeiten aufzeigt, ist zwar das mildere Mittel im Vergleich mit der vertraulichen Geburt, jedoch nicht gleichermaßen geeignet, weil die Aussicht auf eine anonyme oder vertrauliche Geburt teilweise überhaupt erst den Zugang zu der Schwangeren und damit eine Beratung ermöglicht.[851]

Ein milderes Mittel wäre auch eine vertrauliche Geburt, in deren Rahmen die Beratung der Frau nahelegt, die Identität des Vaters zu offenbaren, sodass dieser gegebenenfalls die Sorge für das Kind übernehmen kann.[852] Da kaum davon auszugehen ist, dass der bloße Vorschlag der Einbeziehung des Kindesvaters im Beratungsgespräch die Mutter von der Inanspruchnahme der vertraulichen Geburt abhält, handelt es sich um ein Mittel, das ebenso geeignet ist.[853] Das damit erzielte Ergebnis lässt sich durch eine verfassungskonforme Auslegung von § 25 II 2 Nr. 3 SchKG erreichen.

Demgegenüber ist die zwingende Offenlegung der Identität des Vaters nicht gleich geeignet. Das gilt selbst dann, wenn die Identität des Vaters mit in den Herkunftsnachweis aufgenommen würde und nur dem Kind zugänglich gemacht

849 Beck-OK-GG[06-17]/ *Huster/Rux*, Art. 20 Rn. 196.1.

850 Elbel, Rechtliche Bewertung anonymer Geburt und Kindesabgabe, S. 393 (Fn. 1355).

851 Vgl. auch den Nachweis oben in Fn. 596.

852 Dazu Teubel, Geboren und Weggegeben, S. 160.

853 Ebenso wohl Teubel, Geboren und Weggegeben, S. 161; dazu auch Elbel, Rechtliche Bewertung anonymer Geburt und Kindesabgabe, S. 403; kritisch Pabst, Die rechtliche Stellung des leiblichen, nicht rechtlichen Vaters, S. 70.

würde.[854] Denn jedes Drängen, das über eine bloße Beratung hinausgeht,[855] könnte die vertrauliche Geburt gefährden.[856]

dd) Angemessenheit

Schließlich darf die Freiheitsbeeinträchtigung nach Art und Gewicht nicht außer Verhältnis zur Bedeutung des Schutzgutes stehen.[857] Zur Prüfung der Angemessenheit (auch Verhältnismäßigkeit i.e.S.) ist das Ausmaß des anvisierten Nutzens für die geförderten Belange dem Gewicht der Beschränkung der beeinträchtigten Positionen unter Einbeziehung aller erkennbaren Konsequenzen einschließlich etwaiger Kompensationen und relevanter Besonderheiten des Einzelfalls gegenüberzustellen.[858] Zum Zwecke der Abwägung sind die betroffenen Belange zu ermitteln und mit Blick auf die Zahl der betroffenen Grundrechtsträger und die Intensität der Beeinträchtigung zu gewichten.[859]

(1) Gewichtung der Belange

(a) Quantitative Beeinträchtigung

Die absolute Zahl der von der vertraulichen Geburt betroffenen Kinder lässt sich kaum prognostizieren,[860] ist indes im hiesigen Kontext auch nicht von Bedeutung. Interessant ist demgegenüber das Verhältnis der vertraulich geborenen Kinder zu der Zahl an Kindern, welche durch die vertrauliche Geburt gerettet wurden. Mangels statistischer Erfassung von Neonatiziden und infolge des Dunkelfelds sowie wegen der Schwierigkeiten bei der Beschreibung hypothetischer Kausalverläufe,[861] ist die Zahl der geretteten Kinder gleichfalls nicht zuverlässig festzustellen.

---

854 Eine Pflicht zur Offenbarung der Identität des Vaters schlägt Elbel, Rechtliche Bewertung anonymer Geburt und Kindesabgabe, S. 381 vor. Im Folgenden wird diese „Verpflichtung“ allerdings relativiert, ebenda, S. 403 f.

855 Von einer echten Pflicht ganz zu schweigen.

856 Teubel, Geboren und Weggegeben, S. 161; letztlich wohl auch Elbel, Rechtliche Bewertung anonymer Geburt und Kindesabgabe, S. 403 f. Dem dort genannten Argument, es sei ohnehin nicht zu verhindern, dass Kinder die Identität ihrer Väter nicht erführen, ist jedoch mit Vorsicht zu begegnen. Denn es ist wahrscheinlich, dass die vertrauliche Geburt Anreizwirkung hat, sodass Kinder betroffen sein werden, die normalerweise nicht abgegeben würden.

857 Beck-OK-GG[06-17]/ *Huster/Rux*, Art. 20 Rn. 197.

858 Sachs/*Sachs*, Art. 20 Rn. 154 m.N.

859 BVerfG NJW 2006, 1939 (1942); BVerfG NJW 2000, 55 (61).

860 Zu den bereits bekannten Zahlen oben unter D. VIII.

861 Oben unter B. I. 2.

Es kann jedoch gesagt werden, dass die Zahl der geretteten Kinder kleiner ist als die Zahl derjenigen, deren Herkunft verborgen bleibt. Ebenso werden weniger Kinder gerettet, als es Väter gibt, deren Rechte (die Rechte aus Art. 6 GG sowie das Recht auf Kenntnis der eigenen Nachkommen aus Art. 2 I i.V.m. Art. 1 I GG) beschnitten werden. Die Rechte des Kindes aus Art. 6 GG sind ebenfalls in allen Fällen betroffen.

Das Persönlichkeitsrecht der Mutter – in Gestalt ihres Rechts auf Schutz ihrer Intimsphäre – wird durch die vertrauliche Geburt stets gefördert.

Da die Unkenntnis der eigenen Herkunft so schwerwiegende Folgen zeitigen kann, dass das Kind unter psychischen Belastungen leidet, und diese Belastungen die Schwelle einer körperlichen Beeinträchtigung erreichen können – einzelne Betroffene nehmen sich gar das Leben[862] – ist Art. 2 II 1 GG relevant. Wie groß die Zahl der Betroffenen ist, ist nicht festzustellen. Manche Kinder, deren Herkunft unbekannt bleibt, lernen mit der Zeit, mit der Situation umzugehen,[863] sodass dies keineswegs alle Kinder betrifft.

Auch die Zahl der Kinder und Mütter, die bei einer Bedrohungslage, die von Dritten ausgeht, geschützt werden, ist nicht zu ermitteln. Die Gruppe der Mütter, welche sich einer Lebensbedrohung durch Dritte ausgesetzt sahen, gehört immerhin zu einer der Größten.[864]

(b) Intensität der Grundrechtsbeeinträchtigung

Die betroffenen Grundrechte sind in sehr unterschiedlicher Intensität beeinträchtigt. Das Recht des Kindes auf Kenntnis seiner Abstammung ist in den ersten 16 Jahren intensiv betroffen, danach ist die Schwere der Beeinträchtigung nicht mehr pauschal zu ermitteln, da die Abwägung nach § 32 I 2 SchKG über die Rechte des Kindes entscheidet. Es handelt sich sodann um eine Frage des Einzelfalls, was die Kenntnis um die Abstammung von der Mutter angeht. Das Recht auf Kenntnis des Vaters liegt in den Händen der Mutter, wenn das Kind schließlich Kenntnis von dieser erlangt hat. Sodann kann das Kind von seiner Mutter den Namen des Vaters erfahren, ggf. mittels eines Auskunftsanspruchs.[865]

Der Eingriff in die Rechte des Kindes aus Art. 6 GG wird in der Folgezeit durch die Pflege- und Adoptivfamilie zumindest in Teilen kompensiert. Es ist daher

862 Unter B. IV. 2. und E. II. 3. g).

863 Wiemann, Irmela: Adoption und Identitätsfindung. In: terre des hommes e. V. (Hg.): „Babyklappen und anonyme Geburt – ohne Alternative?". Aktualisierte Auflage, Osnabrück 2007, S. 112 f.

864 Couintho/Krell, Anonyme Geburt und Babyklappen in Deutschland, S. 142.

865 Elbel, Rechtliche Bewertung anonymer Geburt und Kindesabgabe, S. 404.

dafür Sorge zu tragen, dass eine geeignete Familie gefunden wird, welche den Verlust der Herkunftsfamilie kompensiert.

Sehr schwer wiegt die Beeinträchtigung der Rechte des Vaters aus Art. 6 GG und Art. 2 I i.V.m. Art. 1 I GG. Seine Rechte werden weitgehend gegenstandslos.[866] Gleichfalls von großer Bedeutung ist das Recht des Kindes auf Leben und körperliche Unversehrtheit. Dass die Bedrohungslage mit der erfolgreichen Inanspruchnahme der vertraulichen Geburt endet, ändert daran nichts. Denn für die geretteten Kinder drohte eine vollständige Aufhebung des Lebensgrundrechts. Bedeutsam sind auch das Leben und die körperliche Unversehrtheit der Mutter, wenn sich diese von Dritten bedroht sieht.

Ein geringes Gewicht kommt im Verhältnis dazu ihrem Recht auf Schutz ihrer Intimsphäre zu.[867] Zwar ist das Grundrecht per se bedeutsam, doch ist hier lediglich ein kleiner Teilausschnitt der Persönlichkeit tangiert, wohingegen die Persönlichkeitsrechte der anderen Beteiligten massiv, weitreichend und unter Umständen dauerhaft beeinträchtigt werden.

(2) Entbehrlichkeit der Abwägung wegen des Grundrechts auf Leben?

Die Abwägung wird nicht bereits dadurch entbehrlich, dass das Grundrecht auf Leben betroffen ist. Dass eine intrapersonale Kollision zwischen dem Grundrecht auf Leben und den anderen Grundrechten des jeweiligen Kindes nicht zur Entbehrlichkeit der Abwägung führt, wurde bereits dargelegt.[868] Wie sich Art. 2 II 3 GG und im Zusammenhang damit auch Art. 102 GG entnehmen lässt, geht das Grundgesetz selbst nicht von einem absoluten Lebensschutz aus. Vielmehr muss das Leben mitunter hinter anderen Schutzgütern zurücktreten.[869]

(3) Abwägung

Wegen der vergleichsweise geringen Beeinträchtigung der Intimsphäre der Frau in Fällen einer regulären Geburt vermag das insoweit einschlägige Persönlichkeitsrecht der Mutter den folgenschweren Eingriff in die Grundrechte der anderen Beteiligten nicht zu rechtfertigen. Es ist ferner nicht pauschal möglich, das Recht

866 Es mag Ausnahmen geben. So läge es, wenn es dem Vater gelänge, die Angaben zur Geburt zu machen und so die Abgabe des Kindes zu verhindern, oder die Mutter sich selbst entschlösse, ihre Identität zu offenbaren. Außerdem ist nicht unwahrscheinlich, dass das Kind später seinen Vater aufsucht, sodass dessen Recht auf Kenntnis der eigenen Nachkommen nicht länger beeinträchtigt wird.

867 Ebenso Elbel, Rechtliche Bewertung anonymer Geburt und Kindesabgabe, S. 395.

868 Kingreen, KritV 2009, 88 (101).

869 Ausführlich Kingreen, KritV 2009, 88 (101 f.).

eines Kindes auf Leben gegen sein Recht auf Kenntnis der eigenen Abstammung abzuwägen, da der dafür notwendige Kausalzusammenhang (Rettung des Kindes unter Inkaufnahme der Unkenntnis der eigenen Abstammung) nicht für alle Fälle der vertraulichen Geburt nachweisbar ist. Wäre eine solche Abwägung möglich, bestünden wohl kaum Zweifel an der Verhältnismäßigkeit der vertraulichen Geburt. Weil aber auch Kinder vertraulich geboren werden, die andernfalls nicht zu Schaden gekommen wären, muss zusätzlich eine interpersonale Abwägung durchgeführt werden: das Leben der geretteten Kinder gegen das Recht auf Abstammung aller Kinder.

Das SchKG ist sichtlich darauf bedacht, einen Ausgleich herbeizuführen zwischen den Interessen von Mutter und Kind.[870] Während bei den herkömmlichen Modellen der anonymen Abgabe das Recht des Kindes auf Kenntnis seiner Abstammung keine Berücksichtigung findet, bietet das SchKG mit der Erstellung des Herkunftsnachweises und dem Einsichtsrecht nach § 31 I SchKG dafür eine Lösung an. Zugleich bleibt die Beeinträchtigung der Intimsphäre der Mutter gering, weil nur das Kind Einsicht in den Herkunftsnachweis erhält. Dem Kind gegenüber ist der Wunsch nach Anonymität eher schwach ausgeprägt.[871] Das familiengerichtliche Verfahren nach § 32 SchKG eröffnet die Möglichkeit einer einzelfallgerechten Betrachtung der Belange von Mutter und Kind.

Dabei ist für den Einzelfall Folgendes zu berücksichtigen:

Die in § 32 I 2 SchKG namentlich bezeichneten Belange können dem Recht des Kindes auf Kenntnis seiner Abstammung vorgehen, wie es schon der Wortlaut festlegt. Dagegen ist mit Blick auf „ähnliche schutzwürdige Belange" Zurückhaltung geboten, da bei Zurückweisung des Antrages dem Kind die Kenntnis seiner Herkunft für weitere drei Jahre vorenthalten wird, vgl. § 32 V SchKG.

Wie vorstehend ausgeführt, kann nach hier vertretener Auffassung etwa das Persönlichkeitsrecht der Mutter allenfalls noch in Ausnahmefällen eine weitere Geheimhaltung rechtfertigen. Trotzdem ist in Rechnung zu stellen, dass das Recht des Kindes auf Leben (anknüpfend an die Rettung des Kindes) zwar im Zeitpunkt der Abwägung keine Rolle (jedenfalls nicht unmittelbar) mehr spielt, aber deswegen Bedeutung erlangt, weil die Durchführung der Abwägung im konkreten Fall sich auf die Attraktivität der vertraulichen Geburt für die hilfesuchende Schwangere auswirkt. Genauer: Sollte in der Praxis dem Recht des Kindes gegenüber den Rechten der Mutter in einer Vielzahl von Fällen der Vorrang eingeräumt

870 Dagegen werden die Belange des Vaters kaum berücksichtigt. Darauf wird noch zurückzukommen sein.

871 Unter B. III. 4.

werden, kann es Schwangere davon abhalten, sich auf die vertrauliche Geburt einzulassen. Dann wäre der angestrebte Schutz des neugeborenen Lebens wiederum in Gefahr. Soweit die Unkenntnis der eigenen Abstammung auf die körperliche Gesundheit des Kindes durchschlägt, muss dies in die Abwägung Eingang finden. Ausdrücklich schreibt § 32 I 2 SchKG das nicht vor, jedoch hat diese Position in die Gewichtung des Rechts auf Kenntnis der Abstammung einzufließen.

Unabhängig vom Einzelfall federt das SchKG die Beeinträchtigung der Interessen des Kindes bereits dadurch ab, dass nach § 26 VIII SchKG die Mutter die Möglichkeit hat, ihrem Kind Nachrichten zukommen zu lassen.[872] Die Beratung nach § 25 II 2 Nr. 2, III SchKG hält erklärtermaßen die Frau dazu an, dem Kind möglichst ausführliche Informationen über seine Herkunft und die Hintergründe seiner Abgabe zu geben. Die Lücke in der eigenen Identität, wie sie bei Adoptivkindern beschrieben wird,[873] ist dann weniger gravierend. Mag auch die Identität der Mutter selbst unbekannt sein, so bietet die Kenntnis der Umstände doch die Chance, das eigene Sein in einen Kontext einzubetten. Damit wird es zugleich weniger wahrscheinlich, dass die Unkenntnis der eigenen Herkunft körperliche Schäden herbeiführt. Dass die Beratung die Bereitschaft der Mutter steigert, dem Kind entsprechende Nachrichten zu überlassen, ist plausibel. Gleichermaßen nimmt dadurch die Belastung der Mutter durch die Abgabe des Kindes ab, weil das Kind in „geordnete Verhältnisse" gegeben wird.[874]

Damit wurde dem Recht des Kindes auf Kenntnis seiner Abstammung Rechnung getragen, soweit die Geheimhaltung dies zulässt. Der verbleibenden Beeinträchtigung steht in erster Linie das Recht des Kindes und der Mutter auf Leben und körperliche Unversehrtheit gegenüber. Das Leben der geretteten Kinder, die medizinische Versorgung der Mütter, die von einer Hausgeburt absehen und schließlich das Leben der Mütter und Kinder, die sich einer Bedrohung durch Dritte ausgesetzt sehen, stehen dem Recht der Kinder auf Kenntnis der eigenen Abstammung und dem Recht auf Einbindung in den Familienverband gegenüber. Nur der hohe Wert dieser Grundrechte kann die Beeinträchtigung der vorgenannten Grundrechte rechtfertigen.

872 In diesem Rahmen hat die Frau auch die Möglichkeit, das Kind über die Person des Vaters zu informieren, wenngleich sie kaum dessen Identität offenlegen dürfte.

873 Wiemann, Irmela: Adoption und Identitätsfindung. In: terre des hommes e. V. (Hg.): „Babyklappen und anonyme Geburt – ohne Alternative?". Aktualisierte Auflage, Osnabrück 2007, S. 112 f.

874 Zu diesem Gedanken: Badenberg, Das Recht des Kindes auf Kenntnis der eigenen Abstammung unter Berücksichtigung der Problematik der anonymen Geburt, S. 129.

Es kann auch nicht etwa das Leben des Kindes aus der Betrachtung ausgeklammert werden ab dem Zeitpunkt, da das Kind auf der Welt ist.[875] Dem Modell der vertraulichen Geburt entsprechend muss nämlich die Abwägung zwischen den widerstreitenden Interessen basierend auf ungewisser Faktenlage getroffen werden. Zum Zeitpunkt der Inanspruchnahme der vertraulichen Geburt ist nicht zu ermitteln, *welche* Grundrechte, *welcher* Personen in *welchem* Ausmaß betroffen sind oder sein werden. Das gilt auch deswegen, weil die dem Gesetz zugrunde liegende Abwägung abstrakter Natur ist. Die Betrachtung der in Frage kommenden Einzelfälle findet darin keinen Eingang.

Die Grundechte des Vaters, die in noch stärkerem Maße betroffen sind, können gleichfalls nur wegen der starken Position des Lebensrechts zurückgedrängt werden.[876]

Wer also die vertrauliche Geburt als zur Rettung von Leben und zum Schutz der Mutter ungeeignet einstuft, kann die Beeinträchtigung des Persönlichkeitsrechts des Kindes – mag sie auch geringer sein als bei der anonymen Abgabe – kaum für verfassungsrechtlich zulässig halten. Daraus folgt zugleich, dass der Gesetzgeber verpflichtet ist, die vertrauliche Geburt abzuschaffen, sollte diese sich als zur Rettung von Kindern untauglich erweisen.

Anders als bei der anonymen Abgabe birgt die vertrauliche Geburt wegen der Einbindung der Behörden nicht die Gefahr des Missbrauchs durch Kinderhandel. Ein „Missbrauch" dahingehend, dass auch Mütter, die keiner Gefahr ausgesetzt sind und keine Gefährdung für ihr Kind darstellen, die vertrauliche Geburt in Anspruch nehmen, ist zu befürchten, im Interesse der angestrebten Ziele aber hinzunehmen.

875 So aber Badenberg, Das Recht des Kindes auf Kenntnis der eigenen Abstammung unter Berücksichtigung der Problematik der anonymen Geburt, S. 113.

876 In seiner Entscheidung zum damals geltenden § 1747 II 1, 2 BGB hat das BVerfG diesen für verfassungswidrig erklärt mit der Begründung, es sei mit Art. 6 II 1 GG nicht zu vereinbaren, dass der nichteheliche Vater vollständig seine väterlichen Rechte verlustig gehe, ohne dass er seine Einwilligung erteilt habe oder wenigstens seine Rechte in die Abwägung mit einbezogen worden seien, BVerfG NJW 1995, 2155 (2156 f.). Diese Entscheidung hebt auch Teubel, Geboren und Weggegeben, S. 152 (Fn. 98) hervor. Diesem Fall ähnelt die Konstellation der vertraulichen Geburt. Im Rahmen der vertraulichen Geburt hat der Vater darüber hinaus oft nicht einmal Kenntnis von seinem Recht, sodass seine Position noch schwächer ausfällt. Anders als in BVerfG NJW 1995, 2155 stehen den Väterrechten hier aber eben hinreichend bedeutsame Grundrechte entgegen.

Schließlich wird die Beeinträchtigung der betroffenen Grundrechte durch das abgestufte Beratungskonzept nach §§ 2, 25 SchKG abgefedert, da andere Lösungsmöglichkeiten der vertraulichen Geburt grundsätzlich vorzuziehen sind.[877]

ee) Zwischenergebnis

Nach derzeitigem Kenntnisstand hält das Gesetz zur vertraulichen Geburt nach hiesiger Einschätzung der Prüfung der Verhältnismäßigkeit stand.

b) Die Wesensgehaltsgarantie (Art. 19 II GG)

Anlass zur Prüfung gibt auch die Frage, ob das Gesetz mit der Garantie des Wesensgehalts aus Art. 19 II GG zu vereinbaren ist.[878] Diese Schranken-Schranke legt fest, dass in keinem Fall ein Grundrecht in seinem Wesensgehalt angetastet werden dürfe. Wie sich im Rahmen der Verhältnismäßigkeit gezeigt hat, sind das Erziehungsrecht des Vaters und sein Familiengrundrecht ebenso wie sein Recht auf Kenntnis der Abstammung des Kindes von ihm in bestimmten Fällen der vertraulichen Geburt betreffs des jeweiligen Kindes aufgehoben. Es ist daher zu untersuchen, ob dadurch bereits der Wesensgehalt der vorgenannten Grundrechte angetastet ist. Demgegenüber verbleibt dem Recht des Kindes auf Kenntnis seiner Abstammung wegen der Möglichkeit späterer Kenntnisnahme ausreichend Substanz, sodass der Wesensgehalt nicht betroffen ist.

Ob Art. 19 II GG wegen des systematischen Zusammenhangs mit Art. 19 I 1 GG nur auf solche Gesetze Anwendung findet, die auf einem ausdrücklichen Schrankenvorbehalt fußen,[879] oder vielmehr etwa auch bei verfassungsimmanenten Schranken zur Geltung gelangt,[880] ist strittig. Nach zutreffender Auffassung ist Art. 19 II GG auf die Einschränkung sämtlicher Grundrechte zur Anwendung zu bringen.[881] Selbst wenn man von einer Bezugnahme des Art. 19 II GG auf Absatz 1 ausginge,[882] erklärt sich doch dessen Beschränkung auf ausdrückliche Schranken-

---

877 Pabst, Die rechtliche Stellung des leiblichen, nicht rechtlichen Vaters, S. 65.

878 Diese Frage wirft bereits Wiesner-Berg, Anonyme Kindesabgabe in Deutschland und der Schweiz, S. 471 (Fn. 2759) bezüglich der Wahrung des Rechts auf Kenntnis der eigenen Abstammung bei einer anonymen Geburt auf.

879 Beck-OK-GG$^{6\text{-}17}$/*Enders*, Art. 19 Rn. 21.

880 BVerwG NJW 1975, 1135 (1143); Jarass/Pieroth-GG/*Jarass*, Art. 19 Rn. 8 m.N.; Dreier-GG-Kommentar I/*Dreier*, Art. 19 II Rn. 9 m.w.N.; Nachweise auch bei Beck-OK-GG$^{6\text{-}17}$/*Enders*, Art. 19 Rn. 22.

881 Dreier-GG-Kommentar I/*Dreier*, Art. 19 II Rn. 9 m.N. auch zur Gegenauffassung.

882 Etwa Jarass/Pieroth-GG/*Jarass*, Art. 19 Rn. 8. Dieses Verständnis ist nicht zwingend. Denn Art. 19 II GG nimmt in seinem Wortlaut – anders als Art. 19 I 2 GG („das

vorbehalte im Wortlaut ohne weiteres daraus, dass schrankenlos gewährleistete Grundrechte des Schutzes durch Art. 19 II GG ursprünglich gar nicht bedurften. Dem Ziel der Wesensgehaltsgarantie, den Einschränkungsmöglichkeiten grundrechtlicher Freiheiten eine letzte Grenze zu setzen,[883] wird das Konzept der herrschenden Meinung besser gerecht.[884]

Zwei weitere Aspekte der Wesensgehaltsgarantie sind in höchstem Maße umstritten. Die unwahrscheinlich breite Diskussion kann und soll hier nicht in Gänze wiedergegeben werden. Lediglich die wichtigsten Eckpunkte des Meinungsstandes sollen dargestellt werden.

Einigkeit besteht über den institutionellen Schutzgehalt von Art. 19 II GG. Es ist dem einfachen (!)[885] Gesetzgeber verwehrt, die Grundrechte dergestalt einzuschränken, dass diesen gesamtgesellschaftlich keine Bedeutung mehr zukäme.[886] Überwiegend wird Art. 19 II GG darüber hinaus als subjektiver Grundrechtsschutz verstanden, der somit auch dem Einzelnen eine unverrückbare Grundrechtsposition zusichert.[887] Dafür spricht die Funktion der Grundrechte, die in erster Linie Abwehrrechte des Einzelnen sind.[888]

Zum anderen ist unklar, ob Art. 19 II GG einen relativen oder einen absoluten Schutzgehalt aufweist, ob also der Schutzgehalt eines Grundrechts mit Blick auf das Gesamtsystem der anderen Grundrechte verstanden werden muss (daher relativ), oder ob nicht vielmehr die Grundrechte einen Kern aufweisen, der jeder Einschränkung, jeder Abwägung entzogen ist.[889] Dem Wortlaut des Art. 19 II

Gesetz“) – nicht Bezug auf Absatz 1. Auch die Stellung nach Art. 19 I GG zwingt nicht zu einem anderen Verständnis, zumal unter dem Dach des Art. 19 GG diverse, ganz unterschiedliche Regelungen versammelt sind.

883 Dreier-GG-Kommentar I/*Dreier*, Art. 19 II Rn. 7.

884 Dreier-GG-Kommentar I/*Dreier*, Art. 19 II Rn. 9 m.w.N.

885 Art. 19 II GG bildet keinen Maßstab für die Änderung des Grundgesetzes.

886 Dreier-GG-Kommentar I/*Dreier*, Art. 19 II Rn. 12 f. m.w.N.

887 Dreier-GG-Kommentar I/*Dreier*, Art. 19 II Rn. 13 m.w.N. Die Gegenauffassung (ebenda, Rn. 13) weist auf die Gefahr unstimmiger Ergebnisse hin. Während sich eine Verletzung des Wesensgehaltes betreffs Art. 2 II 1 Alt. 1 GG durch den Todesschuss noch mit Blick auf die Schranke des Art. 2 II 3 GG verneinen lässt (die Beschränkung beendet das Grundrecht auf Leben stets, sodass das Grundgesetz diese Einschränkung selbst offenbar nicht als Verstoß gegen Art. 19 II GG verstanden wissen will), bereitet die lebenslange Freiheitstrafe bei einem subjektiv-absoluten Verständnis von Art. 19 II GG Probleme; siehe auch Sachs/*Sachs*, Art. 19 Rn. 45 m.w.N

888 Dreier-GG-Kommentar I/*Dreier*, Art. 19 II Rn. 13 m.w.N.

889 Zum Streitstand: Maunz/Dürig-GG-Kommentar I, 52. EL 2008/*Remmert*, Art. 19 Abs. 2 Rn. 36. Das BVerfG hat sich in einer frühen Entscheidung formal eher in Rich-

GG („in keinem Falle“) kann kein Argument entnommen werden, weil dieser eben keine Aussage darüber trifft, was nicht angetastet werden dürfe.[890] Das erstgenannte Verständnis bringt aber die Wesensgehaltsgarantie in die Nähe einer Verhältnismäßigkeitsprüfung (Art. 20 III GG) und damit in die Gefahr, einer eigenständigen Funktion verlustig zu gehen.[891] Nicht zu leugnen ist allerdings, dass sich das relative Gewicht eines Grundrechts im Verhältnis zu anderen Grundrechten mittels einer Abwägungsentscheidung – wie eben die Frage nach der Angemessenheit – bestimmen lässt, während es Schwierigkeiten bereitet, einen abwägungsfesten Grundrechtskern zu ermitteln, gar eine allgemein-abstrakte Definition des Wesensgehaltes der Grundrechte.[892] Dennoch gibt es Versuche, den Wesensgehalt näher einzugrenzen und mit Blick auf einzelne Grundrechte Wesenskerne herauszuarbeiten.[893] Wo immer möglich, sollte der Kern einer grundrechtlichen Gewährleistung aus der Grundrechtsnorm selbst, ihrem Wortlaut und mittels der anderen gängigen Auslegungsmethoden gewonnen werden.[894]

Einer Entscheidung zwischen den verschiedenen Auslegungsmöglichkeiten bedarf es nicht, wenn selbst bei Zugrundelegung einer subjektiv-absoluten Theorie kein Verstoß gegen Art. 19 II GG festzustellen wäre.

---

tung eines absoluten Verständnisses geäußert, BVerfG NJW 1958, 1035 (1039): Der Wesensgehalt eines Grundrechts dürfe in keinem Fall angetastet werden. Die Frage nach den Voraussetzungen eines entsprechenden Eingriffs sei gegenstandslos. In der Rechtsprechung finden sich jedoch vielfältige Beispiele für eine relative Bestimmung des Wesensgehaltes. Etwa BVerfG NJW 1967, 1795 (1800); BVerfG NJW 2007, 1933 (1937). Des Weiteren ist strittig, wie sich die Garantie des Wesensgehaltes zu einem (etwaigen) Menschenwürdegehalt des Grundrechts verhält, Maunz/Dürig-GG-Kommentar I, 52. EL 2008/*Remmert*, Art. 19 Abs. 2 Rn. 36 m.N. Die verschiedenen Theorien zum Wesensgehalt lassen sich zudem in verschiedener Weise miteinander kombinieren: objektiv-absolut, subjektiv-absolut, objektiv-relativ, subjektiv-relativ.

890 V. Münch/Kunig-GG I/*Krebs*, Art. 19 Rn. 23.

891 Beck-OK-GG[06-17]/*Enders*, Art. 19 Rn. 31; Sachs/*Sachs*, Art. 19 Rn. 42; AA v. Münch/Kunig-GG I/*Krebs*, Art. 19 Rn. 25 a.E.

892 BK-GG IV 132. EL 2008/*Nierhaus*, Art. 19 Abs. 2 Rn. 69 f..

893 Nach Stern, Klaus: Das Staatsrecht der Bundesrepublik Deutschland: Band III/2: Allgemeine Lehren der Grundrechte: Grundrechtstatbestand, Grundrechtsbeeinträchtigungen und Grundrechtsbegrenzungen, Grundrechtsverluste und Grundpflichten, Schutz der Grundrechte, Grundrechtskonkurrenzen, Grundrechtssystem. München 1994, § 85 III 2 gilt es, für jedes Grundrecht einen sachspezifischen Bereich abzustecken, der für dieses derart wichtig ist, dass es im Falle der Antastung dieses Bereichs nicht mehr gerechtfertigt wäre von einem Grundrecht dieses Namens und Typus zu sprechen. Es geht damit um Identitätsschutz.

894 Beck-OK-GG[06-17]/*Enders*, Art. 19 Rn. 31.

aa) *Das Recht des Vaters auf Kenntnis der Abstammung des Kindes von ihm (Art. 2 I i.V.m. Art. 1 GG)*

Für das allgemeine Persönlichkeitsrecht gibt es Ansätze, die einen unantastbaren Kern des Grundrechts umreißen. Der Wesenskern dieses Grundrechts schützt einen unantastbaren Kernbereich privater Lebensgestaltung.[895] Er schützt zudem vor einem Eingriff, wenn dieser darauf abzielt, auf die Persönlichkeitsbildung des Einzelnen einzuwirken zum Zwecke der Persönlichkeitsbildung oder um den Betreffenden der Fremdregie zu unterwerfen.[896] Es ist einsichtig, dass zwar das Recht des Vaters auf Kenntnis des vertraulich geborenen Kindes mit großer Wahrscheinlichkeit – eventuell auch nach Einsichtnahme des Kindes – nicht zur Geltung gelangen kann, jedoch stellt sich dies nicht als Aushöhlung des Persönlichkeitsrechts insgesamt dar. Zudem beschränkt sich die Verkürzung des grundrechtlichen Schutzes der Kenntnis der eigenen Abkömmlinge auf einen einzelnen Abkömmling des Vaters. Es ist ferner nicht anzunehmen, das Unwissen über eigene Nachkommen zeitige derart gravierende Auswirkungen, dass das Persönlichkeitsrecht als Ganzes in seinem Wesenskern getroffen würde.[897] Der Wesensgehalt des Persönlichkeitsrechts ist demnach nicht berührt.

bb) *Recht des Vaters auf Einbindung in die Familie (Art. 6 I GG) und das Elternrecht (Art. 6 II 1 GG)*

Es wurde bereits dargelegt, dass die Rechte des Vaters aus Art. 6 GG in weitem Ausmaß betroffen sind. Ebenso wie das Persönlichkeitsrecht wird jedoch das Familiengrundrecht wie auch das Elternrecht des Vaters lediglich im Hinblick auf die Familie berührt, die mit dem vertraulich geborenen Kind entsteht. Das Grundrecht verliert nicht vollständig seine Bedeutung für den Vater, ähnlich dem Eigentumsgrundrecht, das nicht durch Entziehung einzelner Eigentumsobjekte beseitigt wird,[898] oder dem Versammlungsgrundrecht, das nicht durch das Verbot einzelner Versammlungen vollständig an Bedeutung einbüßt. Art. 19 II GG ist insoweit nicht verletzt.

---

895 V. Mangoldt/Klein/Starck-GG I/*Huber*, Art. 19 Abs. 2 Rn. 175 mit Nachweisen aus der Rechtsprechung.

896 Beck-OK-GG$^{06-17}$/*Enders*, Art. 19 Rn. 31.1 m.N.

897 Betreffs des Rechts des Kindes auf Kenntnis seiner Abstammung im Rahmen einer anonymen Abgabe mag es anders liegen, weil die eigene Identitätsfindung eng mit diesem Wissen verknüpft ist, sodass die Auswirkungen gravierender sein können. Deshalb begegnet eine Legalisierung der anonymen Abgabe Bedenken, auch wenn man der hier vertretenen Prämisse folgt, anonyme und vertrauliche Geburt seien zur Rettung von Leben geeignet.

898 Sachs/*Sachs*, Art. 19 Rn. 46.

cc) *Das Grundrecht des Kindes auf Familie (Art. 6 I GG) und auf Pflege und Erziehung (Art. 6 II 1 GG)*

Das Familiengrundrecht des Kindes wie auch sein Recht auf Erziehung wird in stärkerem Maße beeinträchtigt als die spiegelbildlichen Rechte des Vaters. Denn für diesen ist – wie gezeigt – lediglich ein Teilaspekt betroffen, während das Kind seiner Familie insgesamt verlustig geht. Soweit in der Folge der vertraulichen Geburt eine Adoption gelingt, wird dieser Verlust durch die dann entstehende, rechtlich gesicherte Verbindung zwischen dem Kind und den Adoptiveltern kompensiert.[899] Sollte eine Adoption nicht gelingen, muss sichergestellt werden, dass anderweitig eine verfestigte Familiengemeinschaft hergestellt wird.[900] Sind die leiblichen Eltern nicht in der Lage, die elterlichen Funktionen wahrzunehmen, muss die elterliche Sorge durch die Sorge anderer Personen ersetzt werden,[901] sodass das Recht des Kindes auf Familie und auf Pflege und Erziehung nicht seines Gehalts beraubt wird. Die Personen, welche an die Stelle der Eltern treten, müssen zur Übernahme der Sorge bereit und in der Lage sein.[902] Nur so kann dem Grundrecht des Kindes auf Pflege und Erziehung Rechnung getragen werden.[903] Sollte sich herausstellen,[904] dass vertraulich geborene Kinder keinen entsprechenden Ersatz für ihre Herkunftsfamilie erhalten, der eine am Kindeswohl ausgerichtete Entwicklung ermöglicht, wäre dies als Verstoß gegen die Wesensgehaltsgarantie zu werten.[905] In der Praxis

899 Zum Begriff des Rechtsbandes: Maunz/Dürig-GG-Kommentar I, 69. EL 2013/*Badura*, Art. 6 Rn. 99.

900 Dagegen kann nicht eingewandt werden, auch ohne die vertrauliche Geburt wüchsen Kinder in Pflegefamilien auf, weil die Annahme, durch die vertrauliche Geburt würden weitere Mütter zur Abgabe gebracht, durchaus plausibel ist, sodass das staatliche Handeln kausal für die Beeinträchtigung ist.

901 Vgl. BVerfG FPR 2013 278 (279) m.w.N.; vgl. auch BVerfG NJW 1995 2155 (2157), wo die rechtliche Absicherung der bereits bestehenden Familiensituation für die Entwicklung des Kindes als nicht zwingend eingestuft wird. Einschränkend muss aber berücksichtigt werden, dass dort eine rechtliche Verbindung zur Mutter existierte.

902 Maunz/Dürig-GG-Kommentar I, 69. EL 2013/*Badura*, Art. 6 Rn. 99.

903 Es sollte nicht verkannt werden, dass trotz aller Schwierigkeiten bei der Bestimmung eines absoluten Wesensgehaltes der Grundrechte eine Berührung des Wesensgehaltes (im Einzelfall) zu bejahen wäre, wenn das Recht des Kindes auf Familie und auf Pflege und Erziehung nicht gewahrt wäre und somit vollständig entfiele. Bei Zugrundelegung einer subjektiv-absoluten Lehre läge dann ein Verstoß gegen Art. 19 II GG vor.

904 Die vorgesehene Evaluation bietet die Möglichkeit, die Wirksamkeit der vertraulichen Geburt auch dahingehend zu überprüfen.

905 Das gilt – wie soeben gesagt – nur bei einem absoluten Verständnis von Art. 19 II GG. Wer aber wollte bei einer vollständigen Entziehung der Herkunftsfamilie ohne

ist daher unbedingt darauf zu achten, dass das Konzept der vertraulichen Geburt in verfassungskonformer Weise umgesetzt wird!

dd) Grundrecht auf Eigentum und Erbrecht (Art. 14 I 1 GG)

Während im Rahmen einer Abwägung das Grundrecht auf Leben das Eigentumsgrundrecht zweifelsohne zurückzudrängen vermag, stellt sich auch insoweit die Frage, ob der Wesensgehalt des Grundrechts angetastet ist. Beim Verlust der Unterhaltsansprüche ist lediglich ein Ausschnitt aller Eigentumspositionen betroffen.

Da die Gewährleistung des Erbrechts als eigenständige Position neben das Eigentumsgrundrecht tritt und nicht etwa von diesem konsumiert wird,[906] kann die vollständige Aushöhlung des Erbrechts eine Verletzung der Wesensgehaltsgarantie bedeuten. Insofern gilt das zu Art. 6 GG Gesagte. Die schon wegen des Familiengrundrechts notwendige Kompensation der Ursprungsfamilie, kompensiert zugleich den Verlust des Erbanspruchs gegen diese, wenn das Kind adoptiert wird. Kommt es nicht zu einer Adoption, bleiben die erbrechtlichen Ansprüche des Kindes gegen Verwandte bestehen. Eine Geltendmachung wird möglich, sobald das Kind nach § 31 f. SchKG die Identität seiner Mutter erfährt. Mögliche Erbansprüche können im Zuge der Abwägung des § 32 SchKG berücksichtigt werden.

ee) Zwischenergebnis

Eine Verletzung von Art. 19 II GG liegt nicht vor.

c) Das Zitiergebot (Art. 19 I 2 GG)

Fraglich ist schließlich, ob der Gesetzgeber verpflichtet gewesen wäre, die eingeschränkten Grundrechte zu bezeichnen, wie es Art. 19 I 2 GG verlangt. Läge ein Verstoß gegen die Vorschrift vor, wäre die Folge die (Teil-)Nichtigkeit des Gesetzes.[907] Die Nichtigkeit beträfe diejenigen Vorschriften, welche zur Geheimhaltung der Identität und den damit verbundenen Folgen für die Grundrechte der Betroffenen führen, namentlich § 26 SchKG. Die meisten anderen Vorschriften des neuen SchKG, wie auch § 1674a BGB und § 1747 IV 2 BGB würden gegen-

---

angemessene Kompensation bestreiten, dass das Grundrecht dadurch in seinem Kern getroffen wäre?

906 Beck-OK-GG[06-17]/*Axer*, Art. 14 Rn. 141 m.w.N.

907 Dreier-GG-Kommentar I/*Dreier*, Art. 19 I Rn. 29 m.w.N.; Kahl, Wolfgang/Waldhoff, Christian/Walter, Christian (Hg.): Bonner Kommentar: Grundgesetz. 4. Ordner, Art. 15–19, München 2017, 156. EL 2012/*Hufeld*, Art. 19 Abs. 1 Satz 2 Rn. 224 m.w.N.

standlos. Im Fall des Gesetzes zur vertraulichen Geburt hat der Gesetzgeber keinerlei Kennzeichnung der eingeschränkten Normen vorgenommen. Damit muss nicht entschieden werden, welche formalen Anforderungen an das Zitat zu stellen wären.[908]

In Streit steht aber, welche Grundrechtseinschränkungen das Zitiergebot aktivieren. Unstrittig, weil der Gesetzgeber hier aufgrund eines ausdrücklich formulierten „Einschränkungsvorbehalts" tätig wird, ist Art. 6 III GG von Art. 19 I 2 GG erfasst.[909]

Davon abgesehen erfährt der Anwendungsbereich des Zitiergebots in der Praxis des BVerfG und in der Literatur zahlreiche Einschränkungen.

Es überzeugt, die allgemeine Handlungsfreiheit aus Art. 2 I GG vom Zitiergebot auszunehmen,[910] da dieses sonst insoweit tatsächlich zur „leeren Förmlichkeit"[911] erstarrte und seiner Warn- und Besinnungsfunktion[912] nicht gerecht würde. Darüber hinaus hat das BVerfG in ständiger Rechtsprechung unter anderem diejenigen Fälle von Art. 19 I 2 GG ausgenommen, in denen der Gesetzgeber im Grundgesetz enthaltenen Schranken- und Regelungsvorbehalte aktualisiert oder entsprechende Inhaltsbestimmungen vornimmt.[913] Auch vorbehaltlos gewährleistete Grundrechte sollen nicht unter das Zitiergebot fallen.[914]

Demgegenüber spricht sich eine Gegenauffassung mit Nachdruck für ein weiteres Verständnis von Art. 19 I 2 GG aus. Auch die sonstigen und die ungeschriebenen Vorbehalte verkürzten den Schutzbereich und fielen daher unter Art. 19 I 2 GG.[915] Auf der anderen Seite darf nicht verkannt werden, dass die prophylaktische Aufzählung jedweden Grundrechts, das womöglich betroffen

---

908 Dazu BK-GG IV 156. EL 2012/*Hufeld*, Art. 19 Abs. 1 Satz 2 Rn. 220 ff.

909 Maunz/Dürig-GG-Kommentar I, 52. EL 2008/*Remmert*, Art. 19 Abs. 2 Rn. 53.

910 AA v. Mangoldt/Klein/Starck-GG I/*Huber*, Art. 19 Abs. 1 Rn. 94.

911 Vgl. BVerfG NJW 1970, 1268 (1269).

912 Vgl. Beck-OK-GG[06-17]/Enders, Art. 19 Rn. 15.

913 V. Mangoldt/Klein/Starck-GG I/*Huber*, Art. 19 Abs. 1 Rn. 74 m.N.; zur zustimmenden Literatur vgl. die Nachweise bei Maunz/Dürig-GG-Kommentar I, 52. EL 2008/*Remmert*, Art. 19 Abs. 2 Rn. 54 (Fn. 1).

914 Dazu und zu den weiteren Ausnahmen: v. Münch/Kunig-GG I/*Krebs*, Art. 19 Rn. 16 f. Zur Kritik etwa Dreier-GG-Kommentar I/*Dreier*, Art. 19 I Rn. 21.

915 V. Mangoldt/Klein/Starck-GG I/*Huber*, Art. 19 Abs. 1 Rn. 94: „praktisch jede gesetzliche Beschränkung des effektiven Schutzbereichs eines Grundrechts" müsse erfasst sein. BK-GG IV 156. EL 2012/*Hufeld*, Art. 19 Abs. 1 Satz 2 Rn. 215 mit zahlreichen Nachweisen; Isensee, Josef/Kirchhof, Paul (Hg.): Handbuch des Staatsrechts der Bundesrepublik Deutschland. Band IX, Allgemeine Grundrechtslehren, 3. Auflage, Heidelberg 2011/*Hillgruber*, § 201 Rn. 45.

sein könnte, die Funktion des Zitiergebots untergräbt, weil dann dessen Warn- und Besinnungsfunktion ebenfalls kaum noch zum Tragen kommt.[916] Auf Grundlage der letztgenannten Ansicht bindet das Zitiergebot den Gesetzgeber auch betreffs des allgemeinen Persönlichkeitsrechts (Art. 2 I i.V.m. Art. 1 I GG),[917] des Eigentums- und Erbrechts (Art. 14 I 1 GG), der Einschränkung des Art. 6 I GG auf Basis verfassungsimmanenter Schranken[918] und die Einschränkung des Elternrechts aus Art. 6 II 1 GG, soweit sie auf Art. 6 II 2 GG fußt.[919] Dem kann nicht entgegengehalten werden, es handle sich um eine bloß inhaltliche Konturierung des Grundrechts oder eine Aktualisierung der Pflichtenbindung von Art. 6 II 1 GG. Vielmehr steht die vollständige Aufhebung des Elternrechts betreffs des vertraulich geborenen Kindes im Raum.

Der weitläufigen Aushöhlung des Zitiergebots in der Praxis kann nicht gefolgt werden. Das Argument, Art. 19 I 2 GG bedürfe als Formvorschrift enger Auslegung, damit es nicht zur leeren Förmlichkeit erstarre und den Gesetzgeber nicht unnötig in seiner Arbeit behindere,[920] ist zu pauschal. Das Zitiergebot wendet sich nicht zuletzt an den grundrechtseinschränkenden Gesetzgeber und soll diesen im Interesse effektiven Grundrechtsschutzes gerade – wenngleich nicht unnötig – behindern.[921] Zwar ist Art. 19 I 2 eine Formvorschrift, doch ist eine enge Auslegung damit keineswegs vorgezeichnet.[922] Vielmehr kommt dem Zitiergebot eine materielle Funktion zu, da es das Bewusstsein für Freiheitseinschränkungen schärft.[923] Diese Zielsetzung ist aber bei der Konturierung verfassungsimmanenter Schranken mindestens ebenso wichtig. Überdies darf nicht verkannt werden, dass das Zitiergebot – gerade wenn eine Vielzahl von Grundrechten betroffen ist – auch die Adressaten eines Normgefüges über dessen Wirkungen auf ihre Grundrechte aufklärt.

Schließlich werden solche Beeinträchtigungen aus dem Anwendungsbereich des Zitiergebots ausgespart, die objektiv nicht vorhersehbar oder zufälliger Natur

---

916 Maunz/Dürig-GG-Kommentar I, 52. EL 2008/*Remmert*, Art. 19 Abs. 2 Rn. 57.

917 Insbesondere: BK-GG IV 156. EL 2012/*Hufeld*, Art. 19 Abs. 1 Satz 2 Rn. 215 m.w.N.; HbdStR IX/*Hillgruber*, § 201 Rn. 45 m.w.N.; Sachs/*Sachs*, Art. 19 Rn. 29.

918 BK-GG IV 156. EL 2012/*Hufeld*, Art. 19 Abs. 1 Satz 2 Rn. 215.

919 AA OVG Münster, Beschluss vom 7.11.2011–5 A 1352/10 (BeckRS 2011, 55807); offen gelassen für Art. 6 III GG.

920 BVerfG NJW 1973, 1363 (1364).

921 V. Mangoldt/Klein/Starck-GG I/*Huber*, Art. 19 Abs. 1 Rn. 90.

922 Maunz/Dürig-GG-Kommentar I, 52. EL 2008/*Remmert*, Art. 19 Abs. 2 Rn. 57.

923 V. Mangoldt/Klein/Starck-GG I/*Huber*, Art. 19 Abs. 1 Rn. 92.

sind.[924] Wie sich aus den obigen Ausführungen zum Eingriff[925] ergibt, greift diese Einschränkung hier nicht Platz. Die betroffenen Grundrechte sind vom Gesetzgeber entweder in der Gesetzesbegründung aufgeführt worden oder hätten von ihm zumindest erkannt werden können.

§ 26 SchKG – als zentrale Vorschrift der vertraulichen Geburt – ist somit wegen Verstoßes gegen Art. 19 I 2 GG verfassungswidrig und daher nichtig. Das gilt selbst dann, wenn man der hier vertretenen, weiten Auslegung von Art. 19 I 2 GG nicht folgen wollte, da eine Einschränkung nach Art. 6 III GG unstreitig erfasst ist. Der Gesetzgeber muss daher zur Herstellung von Verfassungskonformität das Gesetz zur vertraulichen Geburt novellieren und dabei seiner Pflicht aus Art. 19 I 2 GG nachkommen.

Was die Einschränkung aufgrund anderer Schrankenvorbehalte anbelangt, ist es aus Gründen der Rechtssicherheit angebracht, aufgrund der abweichenden Judikatur des BVerfG dem Gesetz Bestandsschutz zuzubilligen.[926]

d) Sachlicher Grund (Art. 3 I GG)

Nach dem unter a) Gesagten erschließt sich ohne weiteres, dass die unterschiedliche Behandlung vertraulich gebärender Mütter und anderer Mütter im Hinblick auf die Widerruflichkeit der Einwilligung in die Adoption[927] durch einen sachlichen Grund gerechtfertigt ist. Bei Zugrundelegung der „neuen Formel“ ergibt sich nichts anderes, weil zwischen den Vergleichsgruppen Unterschiede von ausreichendem Gewicht bestehen. Mit Blick auf Art. 3 I GG ist das Gesetz zur vertraulichen Geburt nicht zu beanstanden.

5. Zwischenergebnis

Es wurde gezeigt, dass die vertrauliche Geburt mit einer Vielzahl von Grundrechten im Konflikt steht. Insbesondere das Recht auf Kenntnis der eigenen Abstammung des Kindes sowie die Rechte des Kindes und des Vaters aus Art. 6 GG werden beeinträchtigt.

Insbesondere liegt dem Gesetz zur vertraulichen Geburt nicht nur eine Abwägung verschiedener Schutzpflichten des Staates zugrunde. Das Gesetz ermöglicht vielmehr selbst (teilweise) einen Eingriff in grundrechtliche Positionen.

---

924 Maunz/Dürig-GG-Kommentar I, 52. EL 2008/*Remmert*, Art. 19 Abs. 2 Rn. 57 f. m.w.N.; HbdStR IX/*Hillgruber*, § 201 Rn. 46.

925 Oben unter 2.

926 Sachs/*Sachs*, Art. 19 Rn. 32.

927 Oben unter 3. i).

Dennoch erweist sich die vom Gesetzgeber mit dem Gesetz zur vertraulichen Geburt getroffene Abwägung zwischen den widerstreitenden Grundrechten im Rahmen der Verhältnismäßigkeit – nach dem derzeitigen Erkenntnisstand – als vertretbar. Der Gesetzgeber hat damit eine insoweit verfassungskonforme Lösung geschaffen. Auch der Wesensgehalt der betroffenen Grundrechte wurde nicht angetastet.

Der Gesetzgeber hat aber dem Zitiergebot nicht Rechnung getragen.

Eine verfassungskonforme Regelung der vertraulichen Geburt ist also möglich, wenngleich die derzeitige Regelung an formalen Mängeln leidet.

F. Ergebnis und Änderungsvorschläge

I. Zusammenfassung der Ergebnisse

Die vorliegende Arbeit hat eingangs gezeigt, dass eine anonyme/vertrauliche Geburt nicht in dem Maße erfolgversprechend ist, wie es anfangs – vor nunmehr über 15 Jahren – gehofft und vermutet worden war. Doch auch das Bild der Kritiker, das mitunter ebenso düster gezeichnet wurde, wie die Vorstellungen der Befürworter hoffnungsfroh gewesen waren, wirkt zu pessimistisch. Auf der Grundlage der wenigen Untersuchungen, die vorliegen, ist es vertretbar, einen lebensschützenden Effekt der vorgestellten Modelle für eine nicht näher zu bestimmende Zahl von Fällen anzunehmen. Sollten weitere Untersuchungen und nicht zuletzt die Evaluation der vertraulichen Geburt mittel- und langfristig zu einem anderen Ergebnis kommen, wäre die Bewertung neu vorzunehmen.

Dem vorherrschenden Meinungsbild, das von Verstößen der klassischen anonymen Abgabe gegen Vorschriften des Familien-, Personenstands- und Strafrechts ausgeht, schließt sich die Untersuchung an. Insbesondere hat das Gesetz zur Einführung der vertraulichen Geburt insoweit keine Legalisierungswirkung.

Dem *Gesetz zum Ausbau der Hilfen für Schwangere und zur Regelung der vertraulichen Geburt* ist es erstmals geglückt, einen gesetzlichen Rahmen für eine vertrauliche Geburt zu schaffen. Es wurde gezeigt, dass die meisten Reibungspunkte, die zwischen dem alten Recht und den herkömmlichen Modellen der anonymen Abgabe bestehen, für die vertrauliche Geburt beseitigt wurden. Gleichwohl bleiben Fragen offen, die zum Teil durch entsprechende Auslegung oder Rechtsfortbildung mit der vertraulichen Geburt in Einklang gebracht werden können (bspw. die Strafbarkeit nach § 170 StGB), während andere einer Rechtsfortbildung kaum zugänglich sind (der Fortbestand der zivilrechtlichen Unterhaltsansprüche des Kindes). Darüber hinaus zeigen sich Schwächen der Neuregelung (etwa das sofortige Ruhen der mütterlichen Sorge), die nur de lege ferenda behoben werden können und sollten. Die in Art. 8 des Gesetzes vorgesehene Evaluation sollte ernstgenommen und genutzt werden, um weitere Erkenntnisse zu gewinnen und Defizite zu beseitigen. Den Fortbestand der Angebote anonymer Abgabe, die weiterhin existieren – und das in nicht unerheblichem Ausmaß – hat der Gesetzgeber in Kauf genommen. Er wird – so steht zu vermuten – auch weiterhin geduldet werden.

Die abschließende, verfassungsrechtliche Betrachtung hat ergeben, dass eine Vielzahl von Grundrechten im Rahmen der vertraulichen Geburt eine Rolle spielt. Durch das Gesetz beeinträchtigt der Gesetzgeber einige Grundrechtspositionen, während andere gefördert werden. Nach dem derzeitigen Stand der Wissenschaft ist die vom Gesetzgeber getroffene Einschätzung der Verhältnismäßigkeit, insbesondere der Eignung, vertretbar.

Trotzdem ist im Zuge des familiengerichtlichen Verfahrens auf eine sorgfältige Abwägung der widerstreitenden Positionen zu achten. Ebenso muss unbedingt dafür Sorge getragen werden, dass das vertraulich geborene Kind die Möglichkeit erhält, in einem familiären Umfeld aufzuwachsen.

Ein Wermutstropfen bleibt: Dem Verfasser sei an dieser Stelle der erneute Verweis auf den Verstoß gegen das Zitiergebot gestattet. Dies sollte nicht als formaljuristische Quengelei verstanden werden, sondern ist vielmehr der Hinweis auf die Pflicht des Gesetzgebers, im Bereich der Grundrechte mit der notwendigen Sensibilität und Gewissenhaftigkeit vorzugehen.

Es steht auch zu hoffen, der Gesetzgeber werde die Mängel der derzeitigen Regelung zeitnah beheben. Mit Vorschlägen zu möglichen Änderungen und entsprechenden Erläuterungen schließt diese Arbeit.

II. Änderungsvorschläge für das Gesetz zur vertraulichen Geburt[928]

1. Änderungen

§ 1601a BGB
§ 1601 gilt nicht, wenn ein Kind nach § 25 Absatz 1 des Schwangerschaftskonfliktgesetzes vertraulich geboren wurde. Das vertraulich geborene Kind und seine Eltern sind von dem Zeitpunkt an verpflichtet, einander Unterhalt zu gewähren, da ein Elternteil die in § 1674a Satz 2 bezeichneten Angaben macht.

§ 1674a BGB
Die Sorge der Eltern für ein nach § 25 Absatz 1 des Schwangerschaftskonfliktgesetzes vertraulich geborenes Kind ruht ab dem zweiten Tag, der auf den Tag der Geburt folgt. Die Wirkung des Satzes 1 tritt nicht ein, wenn das Familiengericht feststellt, dass ein Elternteil ihm gegenüber die für den Geburtseintrag erforderlichen Angaben gemacht hat. Satz 2 gilt entsprechend, wenn die Angaben nach Ablauf der in Satz 2 bezeichneten Frist gemacht wurden, sobald das Familiengericht dies feststellt. § 1666 BGB bleibt unberührt.

§ 1747 BGB
(...)
(4) Die Einwilligung eines Elternteils ist nicht erforderlich, wenn er zur Abgabe einer Erklärung dauernd außerstande oder sein Aufenthalt dauernd unbekannt ist. Der Auf-

928 Neu zu schaffende Normen und Ergänzungen des bestehenden Rechts werden kursiv dargestellt.

enthalt einer Mutter eines gemäß § 25 Absatz 1 des Schwangerschaftskonfliktgesetzes vertraulich geborenen Kindes gilt als dauernd unbekannt, bis sie gegenüber dem Familiengericht die für den Geburtseintrag ihres Kindes erforderlichen Angaben macht. *Die Einwilligung der Mutter bleibt abweichend von Satz 2 entbehrlich, wenn die Annehmenden bereits feststehen; dies gilt nur dann, wenn das Kind bereits acht Wochen alt ist. Satz 2 und Satz 3 gelten für den Vater des vertraulich geborenen Kindes mit der Maßgabe, dass seine Einwilligung entbehrlich bleibt, wenn das Kind bereits sechs Monate alt ist.*

Nach § 27 SchKG wird ein *§ 27a eingefügt*

(1) Der Herkunftsnachweis sowie die nach § 33 angefertigten Dokumente unterliegen einem Beschlagnahmeverbot. Erkenntnisse, die unter Verletzung dieses Verbots erlangt wurden, dürfen nicht verwertet werden.
(2) Tatsachen, die geeignet sind, die vertrauliche Geburt und ihre Umstände aufzudecken, dürfen nicht offenbart oder ausgeforscht werden.

2. Erläuterungen

Die Einfügung eines § 1601a BGB schließt den Unterhaltsanspruch des vertraulich geborenen Kindes gegen seine Eltern[929] aus. Damit wird positiv geregelt, was ohnehin faktische Folge der vertraulichen Geburt ist. Zugleich entfällt damit die Strafbarkeit nach § 170 StGB. Macht ein Elternteil die in § 1674a Satz 2 bezeichneten Angaben, liegt keine vertrauliche Geburt mehr vor, sodass kein Grund besteht, die Eltern weiterhin von ihrer Unterhaltspflicht freizustellen.

§ 1674a BGB erfährt dreierlei Änderungen. Zum einen ruht nun auch die Sorge des Vaters mit der vertraulichen Geburt, sodass ein Nebeneinander von elterlicher Sorge und Vormundschaft von vornherein vermieden wird.[930]

Zum anderen ruht die elterliche (vor allem die mütterliche) Sorge nicht schon mit der Geburt. Vielmehr verbleibt der Mutter – je nach Zeitpunkt der Geburt – eine Zeitspanne von wenigstens einem Tag, in der sie sich entscheiden kann, ob sie das Kind zu sich nehmen möchte. Zugleich hat sie die Möglichkeit, sich an den Umgang mit dem Kind zu gewöhnen.[931] Diese Gewöhnungsfrist darf nicht beliebig ausgedehnt werden, da sonst die Gefahr besteht, dass eine Trennung von der Mutter nach längerer Zeit sich negativ auf das Wohl des Kindes auswirkt. Satz

929 Und gegen andere Verwandte in gerader Linie.
930 Bei der Mutter ist diesem Problem bereits abgeholfen worden, Beck OGK[03-17]/*Schwedler*, § 1674a Rn. 61.
931 Beck-OGK[03-17]/*Schwedler*, § 1674a Rn. 63 spricht sich für einen Fortbestand des Umgangsrechts aus.

3 stellt klar, dass die Mutter die Angaben sowohl während der Frist nach Satz 1 vornehmen kann, als auch dann, wenn die elterliche Sorge bereits ruht.[932]

Der Verweis auf § 1666 BGB ist lediglich deklaratorischer Natur, da eine Kindeswohlprüfung ohnehin vorzunehmen ist.[933]

Eine erhebliche Änderung erfährt § 1747 IV BGB, da die Möglichkeit der Mutter, die Annahme aufzuhalten, endet, sobald die Annehmenden feststehen. Damit wird vor allem für die Annehmenden Rechtssicherheit geschaffen, da diese nicht befürchten müssen, die Annahme könne jederzeit scheitern. Auch wird das Interesse des Kindes am Aufbau einer neuen, stabilen Familienbeziehung gefördert. Zugleich wird in Anlehnung an § 1747 II 1 BGB der Mutter eine weitere Überlegungsfrist eingeräumt, die ihr erlaubt, das Kind wieder zu sich zu nehmen. Auch eine längere Frist, zwischen drei und sechs Monaten, wäre denkbar. Ferner wird explizit klargestellt, dass auch der Vater die entsprechenden Angaben machen kann. Die ihm eingeräumte Frist von sechs Monaten trägt dem Umstand Rechnung, dass der Vater im Regelfall keine Kenntnis von den Umständen der Geburt hat, sodass ihm ein längerer Zeitraum für Nachforschungen verbleibt.

Insgesamt wird die Rechtsposition des Vaters nicht verschlechtert. Vielmehr wird lediglich explizit festgeschrieben, was sich aus dem Konzept der vertraulichen Geburt sowieso ergibt. Die weitreichende Beeinträchtigung der Väterrechte ist verfassungsrechtlich zu rechtfertigen. Ein Widerspruchsrecht des Vaters – ähnlich dem der Mutter – gegen Offenlegung seiner Identität nach Ablauf der Geheimhaltungsfrist wäre mit Blick auf den Persönlichkeitsschutz des Vaters wünschenswert, ist aber praktisch nicht zu realisieren, weil der Vater unbekannt ist. Daher ist eine Einbeziehung seiner Interessen in den Abwägungsvorgang nicht möglich.

Ein neu einzufügender § 27a SchKG schreibt ausdrücklich das hier mittels Rechtsfortbildung gewonnene Beschlagnahmeverbot fest. Absatz 2 verbietet in Anlehnung an § 1758 BGB sämtliche Nachforschungen mit Blick auf ein vertraulich geborenes Kind.

Schließlich wird empfohlen, einen Anspruch vertraulich geborener Kinder auf Beratung und Betreuung aufzunehmen, wie es für die Mutter bereits der Fall ist, vgl. § 30 SchKG. Angesichts der Belastung durch die Unkenntnis der eigenen Abstammung verwundert es, dass dies nicht schon geschehen ist.

---

932 Die Adoption steht dem Wiederaufleben der elterlichen Sorge entgegen, Beck-OGK[03-17]/*Schwedler*, § 1674a Rn. 59.

933 AA Beck-OGK[03-17]/*Schwedler*, § 1674a Rn. 63.

www.ingramcontent.com/pod-product-compliance
Ingram Content Group UK Ltd.
Pitfield, Milton Keynes, MK11 3LW, UK
UKHW021904290926
8980IPUK00015B/1047

9 783631 742969